JURISDICCIÓN CONSTITUCIONAL Y LEGISLADOR

DYKINSON-CONSTITUCIONAL

KLAUS STERN

JURISDICCIÓN CONSTITUCIONAL Y LEGISLADOR

Traduccion, notas y estudio preliminar de

ALBERTO OEHLING DE LOS REYES

DYKINSON

Colección Dykinson-Constitucional
Director: Prof. Dr. Francisco Fernandez Segado

Editorial DYKINSON, S.L. Meléndez Valdés, 61 - 28015 Madrid
Teléfono (+34) 91 544 28 46 - (+34) 91 544 28 69
e-mail: info@dykinson.com
http://www.dykinson.es
http://www.dykinson.com
Consejo Editorial véase www.dykinson.com/quienessomos

ISBN: 978-84-9849-683-3
Depósito Legal: M-23585-2009

Maquetación:
BALAGUER VALDIVIA, S.L.
gbalaguer@telefonica.net

Impresión:
SAFEKAT, S. L.
Laguna del Marquesado, Naves 32 K y L - Complejo Neural - 28021 Madrid
www.safekat.com

ÍNDICE

ESTUDIO PRELIMINAR. APROXIMACIÓN A LA TRAYECTORIA ACADÉMICA Y A LA OBRA DE KLAUS STERN: UNA VIDA CONSAGRADA AL DERECHO

Por Alberto Oehling de los Reyes*

SUMARIO. 1. Introducción.- 2. Una vida consagrada al Derecho.- 3. Stern y su «Derecho del Estado de la República Federal de Alemania».- 4. La dignidad humana.- 5. Los derechos sociales.- 6. Liberalización y desregulación.- 7. Nuestra traducción

1. INTRODUCCIÓN

Reflexionar sobre las circunstancias, la vida y la trayectoria de los autores alemanes de la Ciencia del Derecho público de las generaciones que habían nacido inmediatamente antes a la Segunda Guerra Mundial –por ejemplo, Böckenförde nace en 1930, Stern y von Münch en 1932, Häberle y Peter Badura en 1934, Stärck y Dieter Grimm en 1937[1]– es un elemento que podría dar algunas pistas para comprender todavía más cómo y por qué, después de este conflicto, se produce en Alemania un reconocimiento y una teoría sobre la garantía de la dignidad de la persona y los derechos fundamentales como nunca

* Profesor ayudante de Derecho Constitucional de la Universidad de las Islas Baleares.

[1] Así, también, por ejemplo, Ernst Benda nace en 1925, Robert Spaemann en 1927, Reinhold Zippelius y Peter Lerche en 1928, Jürgen Habermas y Adalbert Podlech en 1929, Klaus Vogel y Dietrich Brüning en 1930, Martin Kriele en 1931, Werner Krawietz y Albert Bleckmann en 1933, Roman Herzog, Hasso Hofmann, Klaus von Beyme, Jochen Abraham Frowein y Fritz Ossenbühl en 1934, Paul Tiedermann en 1935, Hans Hugo Klein y Ludger Honnefelder en 1936, Dieter Grimm, Josef Isensee, Norbert Hoerster, Hans Peter Schneider y Rupert Scholz en 1937, Friedrich Müller y Ulrich Karpen en 1938.

antes se había visto[2]. Esto no es tarea baladí, aun cuando solamente se hiciera respecto a un único autor, como en este caso es Klaus Stern. De hecho, esta tarea sería incluso casi más ardua que la propia traducción de los textos que ahora presentamos y que me ha llevado casi dos años. Sólo señalar las notas más esenciales y la influencia de la obra de Stern en la doctrina europea sería ya una labor demasiado ambiciosa, para lo cual me remito a los importantes Homenajes Académicos escritos que ha recibido este autor[3]. Ni siquiera el propósito de este, por fuerza breve, análisis preliminar puede ser estudiar de forma profunda la incidencia de sus ensayos en la doctrina española, de la que son prueba, por ejemplo, las traducciones al español de algunas de sus contribuciones científicas[4], también la traducción de este trabajo. Aún así, trataremos

[2] En este sentido, Klaus Stern, «Der Schutz der Grundrechte in den Verfassungen Ostmitteleuropas», en Rudolf WEILER (Coord.), *Die Wiederkehr des Naturrechts und die Neuevangelisierung Europas*, Oldenburg Wissenschaftsverlag, Oldenburg, 2005, p. 189, para quien tras la Segunda Guerra Mundial se habría producido una incansable disposición, sobretodo de los profesores de Derecho público, hacia el estudio de temas sobre derechos fundamentales. Véase, también, Klaus VON BEYME, *Das politische System der Bundesrepublick Deutschland, eine Einführung*, R. Piper & Co. Verlag, Munich, 1979, p. 27, quien habla, asimismo, de esa tendencia hacia una protección de los derechos «sin precedentes».

[3] Véase J. BURMEISTER / M. NIERHAUS / F. OSSENBÜHL / G. PÜTTNER / M. SACHS / P.J. TETTINGER, *Germania restituta, Wissenschaftliches Symposium anlässlich des. 60. Geburtstages von Klaus Stern am 11. Januar 1992, am 7. und 8. Februar 1992 in der Universität zu Köln*, C. Heydemans Verlag, Colonia, 1993; J. BURMEISTER / M. NIERHAUS, *Verfassungsstaatlichkeit: Festschrift für Klaus Stern zum 65. Geburtstag*, Beck, Munich, 1997; Michael SACHS «Klaus Stern zum 75. Geburtstag», en *Archiv des öffentlichen Rechts*, 132, 2007, Heft 1, Mohr Siebeck, Tübingen 2007, pp. 1-3.

[4] Véase así, por ejemplo, la traducción parcial del Tomo I de su obra *Staatsrecht der Bundesrepublik Deutschland*, Beck, Munich 1977, por Javier Pérez Royo y Pedro Cruz Villalón, bajo el título *Derecho del Estado de la República Federal Alemana*, Centro de Estudios Constitucionales, Madrid, 1987; «El sistema de los derechos fundamentales en Alemania», en *Revista del Centro de Estudios Constitucionales*, n.º 1, Centro de Estudios Políticos y Constitucionales, Madrid, 1988, pp. 261-277, traducción de Jaime Nicolás Muñiz; «La influencia de la Ley Fundamental de Bonn sobre las Constituciones extranjeras», en *Cuadernos constitucionales de la Cátedra Fabrique Furió Ceriol*, n.º 25, Universitat de València, 1998, pp. 5-30, traducción de Cristina Elías Méndez; «Los valores culturales en el Derecho constitucional alemán», en *Anuario Iberoamericano de Justicia Constitucional*, n.º 8, Centro de Estudios Políticos y Constitucionales, Madrid, 2004, pp. 557-576, traducción al español a partir del texto en italiano de Cesar Astudillo Reyes; «La Unión Europea, en el camino hacia una comunidad de Derecho constitucional», en *Revista de Derecho político*, n.º 70, UNED, Madrid, 2007, pp. 13-35, texto de la Conferencia impartida el 6 de junio de 2007, en el Centro de Estudios Políticos y Constitucionales, traducción de Carlos Vidal Prado. Véase también el artículo «The genesis and evolution of European-American constitutionalism: some

de ofrecer un bosquejo de la vida y algunas pinceladas sobre la obra de este gran maestro que es Klaus Stern para, cuando menos, hacer una pequeñísima aproximación a su trayectoria académica y a su obra, e incitar, de algún modo, a la lectura de estos trabajos.

2. UNA VIDA CONSAGRADA AL DERECHO

Como he dicho, Klaus Stern nació el 11 de enero de 1932 en Nüremberg, ciudad de la región de Baviera, donde realiza sus primeros estudios. Durante la guerra, el pequeño Stern sufre, como también lo tuvieron que sufrir muchos de sus colegas, los bombardeos de su ciudad y de su propia casa. Esta vivencia, viendo su ciudad destruida, su casa reducida a escombros, la escasez y a su propio padre –médico militar– prisionero de los americanos, tuvo que incidir en el desarrollo del joven Stern. Él cuenta, en un pequeño trabajo sobre sus recuerdos de aquella época, que él mismo vio en una ocasión una hilera de presos que eran trasladados al campo de concentración de Dachau, «cadavéricos, con el traje de rayas y casi a rastras». Y luego dice: «la imagen de esos hombres permanecerá imborrable en mi memoria»[5]. Esta afirmación deja entrever, de algún modo, ya una realidad bastante clara: la profunda crisis moral general y la catástrofe en la que quedaría sumida Alemania tras la Segunda Guerra Mundial y que fue el contexto pero también el estímulo que otorgó a sus generaciones nacidas a finales de los años veinte y en los años treinta del siglo XX una sensibilidad especial para con los problemas humanos. Así, después de estudiar el Bachillerato en el Instituto Melanchthon –de carácter marcadamente humanista– en Nüremberg[6], en 1951, cuando el joven Stern se plantea iniciar sus estudios universitarios, decide precisamente estudiar la licenciatura de Derecho y Ciencias económicas. Citemos lo que el propio Stern dijera en

comments on the fundamental aspects», en *Anuario Iberoamericano de Justicia Constitucional*, n.º 9, Centro de Estudios Políticos y Constitucionales, Madrid, 2005, pp. 499-513.

[5] Klaus STERN, «Was würden die Sieger mit uns machen», en Werner FILMER y Heribert SCHWAN (coord.), *Besiegt, befreit... Zeitzeugen erinnern sich an das Kriegsende 1945*, C. Bertelsmann, Munich, 1995, pp. 331-335.

[6] Este instituto (Gymnasium) aún existe. Se trata de un colegio fundado en los principios humanistas del teólogo reformista Philipp Melanchthon (1497-1560), con fuerte impronta clásica. De hecho, por ejemplo, todavía hoy se imparten cursos y clases de latín y griego antiguo en este Centro.

otro trabajo (*Staats- und Verwaltungsrecht*), cuando se pregunta cuáles podían ser las razones que empujaban a un joven alemán en 1951 a estudiar Derecho: «buscar la justicia, ayudar a hacer realidad el Derecho tras un periodo de tiranía y servir a un nuevo Estado fundado en los derechos humanos, la libertad, la legalidad constitucional, la democracia parlamentaria, el Estado social de Derecho y el Estado federal como principios fundamentales»[7]. El fuerte compromiso de Stern con la dignidad humana y los derechos fundamentales, así como su convicción en la democracia y el Estado de Derecho son el resultado de las circunstancias y del destino. Y, por eso, su futuro estaría, por vocación, en el Derecho, principalmente en la especialidad del Derecho público, a la que habría de dedicar sus esfuerzos durante «más de medio siglo»[8].

En Erlangen y luego en Munich sigue sus estudios de licenciatura hasta doctorarse en 1956. Ese año fue muy decisivo en la incipiente carrera de Stern. En primer lugar, porque aparece su tesis, bajo el título *Interpretación jurídica y principios interpretativos del Tribunal Constitucional Federal*[9], relativa a un tema que «le fascinaba»[10]: los principios directrices de la Ley Fundamental y el *status* del Tribunal y la fuerza vinculante de sus resoluciones. Y en segundo lugar, porque, a la vez, inicia sus prácticas como pasante en la Audiencia Territorial (*Oberlandessgericht*) de Munich y consigue, incluso, un puesto como asistente en la Universidad de Munich.

La capacidad intelectual y de trabajo de Stern le proporcionó logros muy importantes rápidamente. En 1961, en la misma Universidad de Munich, consiguió la habilitación como profesor de Derecho Público y Teoría General del Estado, con una disertación titulada *Constitución económica y régimen económico de la energía*[11], bajo la dirección de Theodor Maunz y Hans Spanner. Con tan sólo treinta años sería nombrado profesor titular de Derecho público de la Universidad Libre de Berlín. Y en 1966 obtuvo la Cátedra

---

[7] Véase, Klaus STERN, «Staats- und Verwaltungsrecht», en *Forschung in der Bundesrepublik Deutschland. Beispiele, Kritik, Vorschläge*, Verlag Chemie, Weinheim, 1983, p. 268.

[8] Así, Michael SACHS, «Klaus Stern zum 75. Geburtstag», cit., p. 1.

[9] Klaus STERN, Gesetzesauslegung und Auslegungsgrundsätze der Bundeverfassungsgericht, Diss, München, 1956.

[10] Así Klaus STERN, «Juristische Lebensstationen im Zeichen des Grundgesetzes», en Dieter SIMON (coord..), *Rechtshistorisches Journal*, n.° 19, Löwenklau Gesellschaft e.V. Frankfurt am Main, 2000, p. 672.

[11] Klaus STERN, *Wirtschaftsverfassungs und Energiewirtschaftsrecht*, Munich, 1961.

de Derecho Público, Derecho administrativo y Teoría General del Derecho de la Universidad de Colonia, como sucesor de Hans Peters[12]. Ya en estos primeros años como docente Stern se mostró, además, como un investigador fecundo, publicando trabajos entre los que destacan estudios sobre temas tan heterogéneos como «la cosa pública»[13], los límites del poder discrecional[14], la posición jurídico-constitucional de las corporaciones territoriales en el suministro de electricidad[15] e importantes comentarios a diversos artículos de la Ley Fundamental[16], entre otros muchos trabajos[17]. En el año 1967, sería nombrado además Director del prestigioso *Instituts für Öffentliches Rechts und Verwaltungslehre*, cargo que no dejaría hasta 1997, y, poco después, en 1968, consigue también el cargo de Director del Instituto para la Radiodifusión de la Universidad de Colonia, cargo que desempeña todavía hoy. Particularmente significativo es también el hecho de su temprana elección, en 1969, como Decano de la Facultad de Derecho de la Universidad de Colonia. Y que, por cierto, muchos colegas, como él mismo me pudo decir a través de una carta, le hayan reconocido su labor en el buen funcionamiento de la Facultad como institución científica durante aquellos años de excitación estudiantil[18], lo que prueba además su capacidad como gestor.

Un año aún más importante para su meteórica carrera sería 1971. Primero, porque en ese año es elegido Rector de la Universidad de Colonia; segundo,

---

[12] Previamente Stern había rechazado ofertas de la Universidad Georg-August de Göttigen (1962), de la Universidad Christian-Albrechts de Kiel (1964) y de la Universidad Johann Wolfgang Goethe de Frankfurt am Main (1965).

[13] Klaus STERN, *Die öffentliche Sache*, en Veröffentlichungen der Vereinigung der Deutschen Staatsrechtslehrer (Heft. 21), Walter de Gruyter, Berlin 1964, pp. 183-223.

[14] Klaus STERN, *Ermessen und unzulässige Ermessensausübung – Eine Analyse der subjetiven und objetiven Elemente*, Duncker & Humblot, Berlin, 1964.

[15] Klaus STERN, *Die verfassungsrechtliche Position der kommunalen Gebietskörperschaften in der Elektrizitätsverordnung*, Vahlen, Berlin – Frankfurt am Main 1966.

[16] En concreto de los artículos 28, 94, 99 y 100 de la Ley Fundamental, en Jürgen ABRAHAM y otros, *Bonner Kommentar. Zweitarbeiterung*, Hamburgo, ediciones, respectivamente de 1964, 1965 y 1967.

[17] Para una relación cronológica exhaustiva de las obras del autor, puede consultarse la página de Internet del Institut für Rundfunkrecht de la Universidad de Colonia en http://www.uni-koeln.de/jur-fak/instrur/

[18] Sobre el movimiento estudiantil de finales de los sesenta y principios de los setenta en Alemania, véase, por ejemplo, Gerhard BAUSS, *Die Studentenbewegung der sechziger Jahre in der Bundesrepublik und Westberlin*, Paul-Rugenstein, Colonia, 1977.

porque también es nombrado Presidente de la Conferencia de Rectores del *Land* de Renania del Norte-Westfalia. Y, finalmente, porque es nombrado miembro de la Comisión-simposio de Trabajo para la Reforma Constitucional (*Enquête-Kommission Verfassungsreform*). Fue, además, el comienzo de una serie de nombramientos institucionales de mucha importancia a nivel *Land* y a nivel Federal. Se pueden destacar, por ejemplo, entre otros importantes nombramientos, por un lado, su designación como Juez del Tribunal Constitucional del *Land* de Renania del Norte-Westfalia (1976-2000), y, por otro, su elección, en 1978, como Presidente de la conocida Asociación alemana de Tratadistas de Derecho Público. Ya en esta época de intensa labor pública, Stern tiene incluso tiempo para publicar el primer tomo de su *Staatsrecht der Bundesrepublik Deutschland*[19] (Derecho del Estado [Derecho público] de la República Federal de Alemania), no sólo su mayor proyecto de investigación sino también el primero de una serie de seis impresionantes volúmenes, que se pueden considerar, hasta ahora, como «la síntesis más útil y más completa»[20] de la dogmática y del Derecho constitucional vigente en Alemania.

El periodo de los años ochenta es igualmente fructífero para Stern pero también trascendental para la historia de Alemania. Para Stern porque se consolida cada vez más como autor de primerísimo nivel. En efecto, en primer lugar, en la primera mitad de esta década, publica el segundo tomo de su *Staatsrecht*[21] y, poco después, también otras obras notables, entre las que *La jurisdicción constitucional en el Estado social de Derecho*[22], *La jurisdicción constitucional: Entre Derecho y política*[23] e *Ideas fundamentales del modelo*

[19] Klaus STERN, *Staatsrecht der Bundesrepublik Deutschland*, vol. I, C.H. Beck, Munich, 1977.

[20] Así, Juan José GONZÁLEZ ENCINAR, «Sobre el sistema de los derechos fundamentales. Con motivo del libro de Klaus Stern Das Staatsrecht der Bundesrepublik Deutschland, vol. III/2 (1)», en *Revista española de Derecho Constitucional*, año 15, n.º 25, Centro de Estudios Políticos y Constitucionales, Madrid, 1995, pp. 367-380.

[21] Klaus STERN, *Staatsrecht der Bundesrepublik Deutschland*, vol. II, C.H. Beck, Munich, 1980.

[22] Klaus STERN, *Verfassungsgerichtsbarkeit im sozialen Rechtsstaat*, Niedersächsischen Landeszentrale für Politische Bildung, Hannover, 1980.

[23] Klaus STERN, *Verfassungsgerichtsbarkeit zwischen Recht und Politik*, Westdeutscher Verlag, Opladen 1980.

de Estado constitucional europeo y americano[24] son las más conocidas. En segundo lugar, porque, también en 1983, es designado miembro del Consejo de la *Deutschen Forschungsgemeinschaft* (Fundación Alemana de Investigación), probablemente la institución científica más importante de Europa. Igualmente empezaría a recibir, aparte de cargos, honores no sólo en Alemania[25], alguno de ellos, como la investidura –en 1987– como doctor *honoris causa* por la Universidad de Breslau en Polonia, del máximo nivel académico. Fructífero, en fin, porque en 1988 publica además el tercer tomo de su *Staatsrecht* (III/1)[26]. Y, como he dicho antes, por otra parte, también trascendental para la historia de Alemania. Recuérdese que en 1989, *annus mirabilis*, había caído el muro de Berlín. Como suele ocurrir cuando se produce un hecho histórico de tal calado se removió todo y emergieron nuevas tendencias, también en lo jurídico.

Este acontecimiento que sobrevino de golpe a Alemania también tuvo que condicionar los proyectos de investigación de Stern. Prepara y publica así, en 1991, después de ser también investido doctor *honoris causa* por la Universidad de Ceara en Fortaleza (Brasil), tres tomos que contienen los tratados y actas de la Reunificación[27], que no sólo son una relación documental absolutamente imprescindible para la comprensión de la historia alemana más reciente, sino testimonio de una alegría que se percibe en gran parte de las obras de este autor con motivo de la «nueva Alemania»[28]. Y además de otros artículos sobre

---

[24] Klaus STERN, *Grundideen europäisch-amerikanischer Verfassungsstaatlichkeit*, Walter de Gruyter, Berlín-New York, 1984.

[25] Así, por ejemplo: Gran Orden de oro al mérito de la República de Austria, en 1981, Cruz Federal al mérito de primera clase (Alemania), en 1987, Gran Cruz Federal al mérito (Alemania), en 1989.

[26] Klaus STERN, *Staatsrecht der Bundesrepublik Deutschland*, vol. III/1, C.H. Beck, Munich, 1988.

[27] Klaus STERN y Bruno SCHMIDT-BLEIBTREU, *Verträge und Rechtsakte zur Deutschen Einheit*, Vol. I. Staatsvertrag zur Währungs-, Wirtschafts- und Sozialunion mit Vertragsgesetz, Begründen und Materialen, C.H. Beck, Munich, 1990; los mismos autores, *Verträge und Rechtsakte zur Deutschen Einheit*, Vol. II. Einigungsvertrag und Wahlvertrag mit Vertragsgesetzen Begründen und Materialen, C.H. Beck, Munich, 1990; los mismos, *Verträge und Rechtsakte zur Deutschen Einheit*, Vol. III. Zwei-plus-Vier-Vertrag, Partnerschaftsverträge, EG-Massnahmenpaket mit Begründen und Materialen, C.H. Beck, Munich, 1990.

[28] En efecto, hasta la caída del muro, es frecuente encontrar en los libros, ensayos cortos y artículos de Stern referencias a sus sentimientos encontrados respecto a la división. Y, después, con la Reunificación, comentarios que denotan su estado de ánimo por este hecho y sus propuestas para la resolución de problemas jurídicos al respecto. También, como se ha podido decir en

la cuestión[29], publica la siguiente entrega de su *Staatsrecht* (III/2)[30], que esta vez dedica «a los hombres y mujeres que en 1989/90 devolvieron a Alemania la unidad»[31].

Entretanto, gracias a dos de sus mejores atributos, la disciplina y la capacidad de trabajo, Stern seguiría sacando otras muchas importantísimas aportaciones científicas. Aparecería así su interesante estudio sobre *Los valores culturales en el Derecho constitucional alemán*[32]. Lección magistral que Stern impartió en la Universidad de Téramo, con motivo de la celebración de los cincuenta años de la Constitución italiana y que ocupa un lugar destacado en el pensamiento latino. De hecho ha sido publicado en italiano y español[33]. Stern, coincidiendo con Häberle[34], afirma aquí que las Constituciones y los derechos fundamentales son el resultado de un esfuerzo intelectual cultural con origen muchísimo tiempo atrás. En este proceso él destaca la obra de Pico della Mirandola (1463-1494) y su obra *De dignitate hominis*, como hito trascendental en la concepción europea del hombre. Igualmente, aparecería, en el año 2000, una nueva entrega de su *Staatsrecht* (V)[35] y coordina un nuevo libro para el décimo aniversario de la Reunificación[36]. Y, llegados a este punto, se suceden

alguno de los homenajes que ha recibido este autor, siempre en sus conferencias en el extranjero realizaba algún aserto sobre esta cuestión. Sobre ello, J. BURMEISTER / M. NIERHAUS, *Verfassungsstaatlichkeit...*, cit., p. V.

[29] Véase, por ejemplo, Klaus STERN, «Der Zwei-plus-Vier-Vertrag. Das völkerrechtliche Grundsatzsdokument zur Wiederherstellung der Deutschen Einheit», en *Bayerische Verwaltungsblätter*, 1991, pp. 523-529; el mismo, *Die Widerherstellung der deutschen Einheit – Retrospektive und Perspektive*, en Westdeutscher Verlag, Opladen, 1992; el mismo, «Die Widerherstellung der deutschen Einheit», en *Bitburger Gespräche*, Jahbuch 1991/92, Munich, 1992, pp. 11-26.

[30] Klaus STERN, *Staatsrecht der Bundesrepublik Deutschland*, vol. III/2, C.H. Beck, Munich, 1994.

[31] Ibidem, p. V.

[32] Klaus STERN, «Kulturelle Wert im deutschen Verfassungsrecht», en Karl-Hermann KÄSTNER Knut Wolfgang NÖRR y Klaus SCHLAICH (coord..), *Festschrift für Martin Heckel zum siebzigsten Geburtstag*, Mohr Siebeck, Tübingen, 1999, pp. 857-874.

[33] Véase la nota n.º 4. Respecto a la versión en italiano véase Klaus STERN, «I valori culturali nel diritto costituzionale tedesco», en *Diritto Pubblico*, Vol. 4, n.º 2, 1998, pp. 317-342.

[34] Véase, por ejemplo, Peter HÄBERLE, *Teoría de la Constitución como ciencia de la cultura*, Tecnos, Madrid, 2000. Traducción e introducción de Emilio Mikunda.

[35] Klaus STERN, *Staatsrecht der Bundesrepublik Deutschland*, vol. V, C.H. Beck, Munich, 2000.

[36] Klaus STERN (coord..), *Deutsche Wiedervereinigung*, Vol. V, Zehn Jahre deutsche Einheit, Heymann, Colonia, 2001.

otros tres eventos que le convertirían definitivamente, si es que no lo era ya, en un verdadero «gurú» de la Ciencia constitucional: la publicación, en el año 2002, del homenaje a Stern por su setenta cumpleaños, titulado *Al servicio del Derecho, del Estado y de la Ciencia; discursos escogidos*[37], codirigido por dos de sus discípulos más queridos Tettinger y Sachs; su nombramiento, en el año 2005, como doctor *honoris causa* por la Universidad de Verona en Italia; y, finalmente, su designación, en el 2006, como miembro de honor de la Academia Japonesa de Ciencias. Con la llegada de Stern a esta etapa de plenitud académica se han sucedido aún otras publicaciones[38], de las que no podemos sino subrayar ahora sobretodo el cuarto volumen del *Staatsrecht* (IV/1)[39], relativo a los derechos fundamentales individuales, publicado en 2006, y el numero IV/2, relativo a la misma materia, que aparecerá en breve. Todo ello fruto de esa tenaz dedicación del autor –recordemos ahora aquél lema, válido *in perpetuum*, que se marcara Stern al inicio de sus estudios– en pro de «los derechos humanos, la libertad, la legalidad constitucional, la democracia y el Estado de Derecho».

3. STERN Y SU «DERECHO DEL ESTADO DE LA REPÚBLICA FEDERAL DE ALEMANIA»

Desde la promulgación de una Constitución se inicia un proceso intenso de análisis por la doctrina científica, cuyo objeto de estudio es precisamente

[37] Klaus STERN / J. TETTINGER / Michael SACHS, *Im Dienste von Recht, Staat und Wissenschaft: ausgewählte Reden*, Heymann, Colonia, Berlín, 2002.

[38] Podemos destacar aquí, por ejemplo, Klaus STERN y Jörg GEERLINGS, *Nichtraucherschutz in Deutschland: international- und verfassungsrechtliche Vorgaben*, Vahlen, Munich, 2008; Klaus STERN y Hermann-Josef BLANKE, Verwaltungsprozessrecht in der Klausur, C. H. Beck, Munich, 2008. Respecto a artículos, particularmente, podemos reseñar desde nuestro punto de vista, Klaus STERN, «Die Idee der Menschen- und Grundrechte», en Detlef MERTEN / Hans-Jürgen PAPIER / Peter BADURA (coord..), *Handbuch der Grundrechte in Deutschland und Europa*, vol. I, C. F. Müller, Heidelberg, 2007, pp. 3-47.

[39] Klaus STERN, Michael SACHS y Johannes DIETLEIN, *Staatsrecht der Bundesrepublik Deutschland*, vol. IV/1, C.H. Beck, Munich, 2006. Sobre ello, véanse las recensiones de Christian STARCK, «Klaus Stern: Staatsrecht der Bundesrepublik Deutschland, Bd. VI/1. Die einzelnen Grundrechte», en *Juristenzeitung*, vol. 62, n.º 15-16, 2007, pp. 779-780; Ernst BENDA, «Klaus Stern (Hrsg.), Staatsrecht der Bundesrepublik Deutschland, Bd. VI/1. Die einzelnen Grundrechte», en *Die Öffentliche Verwaltung*, 60, 2007, pp. 486 y 487.

el propio texto constitucional. Resulta fácil imaginar hasta que punto se desarrolla toda una literatura especializada al respecto. Piénsese, además, como apunta Müller en «toda la actuación de los sujetos investidos de funciones estatales orientada a la Constitución»[40], particularmente en la función judicial y en la labor hermenéutica de los Tribunales Constitucionales. La principal característica de todo este material es su dispersión. En Alemania, ha sido Stern quien, precisamente, ha realizado el estudio y la síntesis más extensa del Derecho público alemán a partir de la aprobación de la Ley Fundamental. Él quería un trabajo que tuviera fuerza, que tuviera al menos una fuerza parecida a la que dimana de la Ley Fundamental. Su «gran» *Staatsrecht*[41], en 1977, inició así, en forma «pragmática»[42] lo que –según él– faltaba actualmente en la Ciencia alemana del Derecho: un *Handbuch des Staatsrecht der Bundesrepublik Deutschland* sistematizado. Y que constituye en su género una ímproba obra sin parangón en la literatura jurídica europea especializada. Nadie puede saber –sólo él– la de privaciones y sacrificios, en la vida personal, familiar y profesional, que este prohombre del Derecho habrá tenido que hacer para llevar esta ilusión a buen puerto.

A finales de los setenta Stern tenía unas inquietudes y una fe en sí mismo que sorprendía la labor de sistematización que pretendía sobrellevar[43]. Esto era un desafío y un reto por el ingente material que se debía analizar y sintetizar. De hecho, hasta ese momento, la mayoría de los trabajos jurídicos de divulgación estaban orientados hacia la monografía o los artículos en revistas de

[40] Así, Friedrich MÜLLER, *Métodos de trabajo del Derecho constitucional*, Edición bilingüe Alemán-Español, Marcial Pons, Madrid-Barcelona, 2006, p. 193. Traducción de Salvador Gómez de Arteche.

[41] Así, Hans Peter IPSEN, «Das grosse "Staatsrecht" von Klaus Stern», en el mismo autor, *Über das Grundgesetz. Gesammelte Beiträge SEIT 1949*, Mohr Siebeck, Tübingen, 1988, pp. 444-467. Véase también Hans Peter IPSEN, «Klaus Stern: Das Staatsrecht der Bundesrepublik Deutschland. Band. I; Grundbegriffe und Grundlagen des Staatsrecht. Strukturprinzipien der Verfassung», en *Archiv des öffentlichen Rechts*, 103, 1978, pp. 413-425. Para la edición de 1984, véase el mismo autor, «Klaus Stern: Das Staatsrecht der Bundesrepublik Deutschland. Band. I; Grundbegriffe und Grundlagen des Staatsrecht. Strukturprinzipien der Verfassung», en *Archiv des öffentlichen Rechts*, 110, 1985, pp. 144-146.

[42] Así, sobre el Staatsrecht de Stern, Ulrich SCHEUNER, en *Die Öffentliche Verwaltung*, 1978, pp. 339 y ss. cit. en Hans Peter IPSEN, *Über das Grundgesetz...*, cit., p. 459.

[43] Así, por ejemplo, Hans Peter IPSEN, «Klaus Stern: Das Staatsrecht...», en *Archiv des öffentlichen Rechts*, 103, 1978, pp. 413-425, quien habla de «confianza necesaria», para sobrellevar este proyecto.

prestigio y se había hecho poco en orden a hacer una obra de sistematización y reflexión de tal nivel sobre la doctrina y la jurisprudencia aparecida desde la aprobación de la Ley Fundamental en 1949. Incluso, desde determinados sectores, se advertiría de la indeterminación del objeto de estudio y de la dificultad metodológica que conlleva este tipo de trabajos[44]. También, entre nosotros, se hablaría de la posible desvirtuación del texto comentado que puede producirse y del desbordamiento de la materia a tratar[45]. Y, sin embargo, Stern, con su disciplina de trabajo y su deseo perentorio de comunicar, va presentando, poco a poco, los seis volúmenes que –por ahora– componen su *Staatsrecht*, entroncando con una tradición europea que busca el mismo objetivo pedagógico de sistematización, que tiene su precedente en Anschütz y Thoma y su *Handbuch des Staatsrecht* (1932)[46], y, más recientemente, en los conocidos *Grundgesetz Kommentar* coordinados por Maunz y Dürig[47] o von Münch[48], entre otros[49]. Este tipo de trabajos, de síntesis y evidente carácter didáctico, después, debido a la calidad de sus autores y sus comentarios, muchas veces se han considerado a la vez en libros técnicos de primer nivel en la investigación, a la vista de las citas de tales textos en la doctrina europea más reputada. Pero distingamos, antes que nada y siguiendo a González Encinar, entre el *Staatsrecht* y los *Kommentar* de otros autores: «al ser obras colectivas, lo que ofrecen es la superposición de los tratamientos que los diferentes autores hacen de los distintos aspectos»[50]. En efecto, la obra de Stern, al ser realizada según el método de un solo autor, ofrece una perspectiva más unitaria, lo que

[44] Véanse así las recensiones de Wilhelm HENKE, «Klaus Stern: *Das Staatsrecht der Bundesrepublik Deutschland Band I*», en *Der Staat* 18, 1979, pp. 441-446 y, el mismo, en «Klaus Stern: *Das Staatsrecht der Bundesrepublik Deutschland Band II* », en *Der Staat* 21, 1982, pp. 277-280.

[45] Así, Jaime NICOLAS MUÑIZ, «Notas sobre el Comentario constitucional en la República Federal de Alemania», en *Revista española de Derecho constitucional*, Centro de Estudios Políticos y Constitucionales, n.º 10, enero-abril, 1984, pp. 299-304.

[46] Gerhard ANSCHÜTZ y Richard THOMA (coord..), *Handbuch des Staatsrechts*, Mohr Siebeck, Tübingen, 1932.

[47] Theodor MAUNZ / Günter DÜRIG /Roman HERZOG, *Grundgesetz Kommentar*, C.H. Beck, Tübingen, 1971.

[48] Ingo von MÜNCH (coord.), *Grundgesetz-Kommentar*, vol. I, Athenäum-Fischer-Taschenbuch Verlag, Frankfurt am Main, 1974.

[49] Una lista exhaustiva en la página de Internet de la Biblioteca Nacional alemana: http://www.d-nb.de/

[50] José GONZÁLEZ ENCINAR, «Sobre el sistema de los derechos fundamentales...», cit., p. 369.

favorece su coherencia. Alemania, con el ejemplo más relevante de Stern, se ha convertido así en el mejor referente europeo para la realización de este tipo de trabajos de sistematización.

Estructuralmente, y de forma muy simplificada, la obra de Stern se puede dividir en cuatro bloques temáticos en los que el Estado y la Ley Fundamental se configuran como hilo conductor de toda la relación de conceptos. En el primero de esos bloques Stern explica aspectos relativos a «conceptos básicos y fundamentales de Derecho público y principios estructurales de la Constitución» (volumen I), y después, también las instituciones, funciones y formas de financiación del Estado (volumen II). Con ello, Stern buscó un acercamiento al tema totalmente nuevo, que es el no iniciar el estudio por la parte dedicada a los derechos fundamentales. Cosa que rompió un poco la tradición de este tipo de comentarios. En el segundo bloque (volumen III/1 y III/2) Stern profundiza en la «Teoría de los derechos fundamentales», haciendo énfasis en el concepto de dignidad y el desarrollo histórico de los derechos fundamentales, al mismo tiempo que analiza, entre otras cuestiones, el sentido de «universalidad de los derechos humanos» y la significación jurídica del catálogo de los derechos fundamentales; este segundo bloque se cierra con aspectos más técnicos de derechos fundamentales, como los límites, garantía, protección y concurrencia o colisión de los derechos fundamentales. El tercer bloque (volumen IV/1 y el, aún inconcluso, volumen IV/2), está dedicado a los derechos individuales y estudia la protección jurídica de aspectos como el libre desarrollo de la personalidad, el principio de igualdad y la libertad religiosa e ideológica. El cuarto bloque, finalmente (volumen V), trata de los fundamentos históricos del Derecho público alemán, desde el Imperio Carolingio y el *Sacrum Imperium Romanum* hasta la Reunificación de Alemania.

No puedo pretender hacer aquí un análisis exhaustivo sobre todos los conceptos relacionados en esta colección. Mas no quisiera terminar este punto sin señalar aún dos cosas. En primer lugar, la concepción de Stern del Estado como mejor estructura para garantizar la dignidad, la libertad y los derechos fundamentales del individuo. Stern cita al principio de su obra la virtualidad del «poder ordenador del Estado en cuanto baluarte indispensable de la libertad y de la seguridad del individuo»[51]. Más adelante (volumen II) habla

[51] Klaus Stern, *Derecho del Estado...*, cit., p. 15.

de Derecho público (*Staatsrecht*), y afirma: «trata del pueblo en su relación con el Estado». En otra ocasión nos dice: «el pueblo es un conjunto amplio de hombres que quedan unidos a través del Estado»[52]. Se trata de afirmaciones que recuerdan la *Allgemeine Staatslehre* de Krüger[53]. En efecto, de forma parecida, para Krüger «el Estado es la resolución de un grupo de hombres para ponerse de acuerdo con la mayor eficacia ante situaciones amenazadoras para todos ellos, mediante un esfuerzo comunitario organizado e institucionalizado». Su tendencia es mostrar una Teoría del Estado que parte de la libertad como un «ideal» absoluto. No obstante, ya en el pensamiento de Stern hay un sentido nuevo que adquiere valor constante en la medida en que, ante los nuevos retos sociales y peligros a que se enfrenta el Estado[54], retoma esta idea del Estado como «condición para el Derecho y la libertad»[55] y lo fortalece a través de los conceptos de dignidad y derechos fundamentales como fundamento de toda la actividad del Estado. Su tendencia es mostrar el Estado como medio para la consecución de esos conceptos fundamentales constitucionales (volumen III/2)[56]. Creado por el hombre, el Estado, piensa Stern, no puede sino asegurar la dignidad y la seguridad del individuo. En el seno de esa relación «el Estado queda así obligado a protegerla y respetarla [la dignidad], y queda excluida la posibilidad de su comprensión como mero principio programático (...) sin consecuencias jurídicas»[57].

Ha sido Stern quien ha introducido, por ejemplo, la expresión «muéstrame tu Derecho del Estado y te diré qué Estado tienes»[58]. Quizás una de las locuciones más conocidas de Stern. Este aserto no sólo se refiere obviamente a la idea de que el Derecho público es «reflejo de la vida y la existencia de un pueblo»; se refiere asimismo a la relación de sujeción del Estado constitucional al principio de Estado de Derecho. Stern quiere hacer ver a través de esta

---

[52] Klaus STERN, *Staatsrecht...*, vol. II. cit., p. 6.

[53] Herbert KRÜGER, *Allgemeine Staatslehre,* W. Kohlhammer, Stuttgart, Berlín, Köhn, 1966, p. XIII.

[54] Sobre tales peligros, por ejemplo, Pedro DE VEGA GARCÍA, «Mundialización y Derecho Constitucional: la crisis del principio democrático en el constitucionalismo actual», en *Revista de Estudios Políticos,* n.º 100, Centro de Estudios Políticos y Constitucionales, Madrid, 1998, pp. 13-55.

[55] Herbert KRÜGER, en *Allgemeine Staatslehre,* cit., p. 528.

[56] Klaus STERN, *Staatsrecht...*, vol. III/2. cit., pp. 1751 y 1752.

[57] Klaus STERN, *Staatsrecht...*, vol. III/1. cit., pp. 22 y 27.

[58] Klaus Stern, *Derecho del Estado...*, cit., p. 12.

afirmación precisamente su convicción en el Estado de Derecho «libremente configurado» como «base más apropiada para la vida en comunidad»[59]. El principio de Estado de Derecho, como expone también en su *Staatsrecht*, «supone que el ejercicio del poder estatal solamente es admisible bajo la base de la Constitución y la constitucionalidad de las leyes en sentido formal y material, y bajo los fines de garantía de la dignidad, la libertad, la justicia y la seguridad jurídica»[60]. Y esta supeditación inequívoca, esta complementación junto a la idea de sujeción del ordenamiento a los derechos fundamentales, es lo que se puede decir que constituye – en esencia – el concepto de Estado de Stern.

En segundo lugar, otro aspecto muy definitorio del pensamiento de Stern y que se percibe en esta obra, es su capacidad de anticipación a lo que estaba por llegar en Alemania. En efecto, fue él, desde su personal malestar por la separación en RFA y RDA, quien rechazó de forma más perspicaz la realidad de la división alemana como hecho consumado y ofreció, desde el principio, expresamente en su *Staatsrecht*, no una «teoría del Derecho público de la República Federal de Alemania» sino una «teoría del Derecho público alemán»[61] en general. Como se demostraría con la Reunificación en 1990, esto fue una extraordinaria anticipación de su pensamiento jurídico y político[62]. En este contexto, Stern observa, a partir de ese momento, la Ley Fundamental, más como la Constitución alemana y como un modelo constitucional reforzado para otras Constituciones, con un énfasis distinto al de sus orígenes[63]. Pero es que, además, en el pensamiento de Stern empieza a haber un elemento nuevo en relación a este hecho. Yendo aún más lejos comprendía la reunificación además como paso previo a la unión de Europa. El título de uno de sus artículos se llamaba: *La unidad de Alemania – hito en el camino a los Estados Unidos de Europa*[64]; un título por sí mismo revelador. Y lo que, posteriormente, empieza a exponer en sus trabajos y estudios sobre la Unión Europea, por ejemplo,

[59] Ibidem. p. 13.

[60] Klaus STERN, *Staatsrecht der Bundesrepublik Deutschland*, vol. I, C.H. Beck, Munich, 1984, p. 781.

[61] Véase Joachim BURMEISTER, Michael NIERHAUS, Günther PÜTTNER, Michael SACHS, Helmut SIEKMANN y Peter J. TETTINGER, «Geleitwort», en J. BURMEISTER / M. NIERHAUS, *Verfassungsstaatlichkeit...*, cit., p. VII.

[62] Ibidem, pp. VI y VII.

[63] Véase Klaus STERN, «Juristische Lebensstationen...», cit., pp. 674 y 675.

[64] Klaus STERN, «Die Einheit Deutschland – Meilenstein auf dem Weg zu den Vereinigten Staaten von Europa», en *Kölner Universitätsjournal*, Heft n.º 2, 1990, pp. 17-20.

en su librito titulado *La Ley Fundamental de Bonn en el marco de una visión europea constitucional comparada*, uno de los trabajos que aquí presentamos traducidos, es, precisamente, una derivación de esa línea de reflexión, mostrando la integración y la Constitución europea también ahora como un «nuevo nivel» a alcanzar[65].

4. LA DIGNIDAD HUMANA

Dos textos fundamentales pueden servir de base para dilucidar este otro concepto como elemento definitorio del pensamiento de Stern. Uno el artículo que presentó en 1983 bajo el título *La dignidad humana como origen de los derechos fundamentales y los derechos humanos*, publicado en un homenaje a Hans Ulrich Scupin[66]. El otro su comentario titulado *La dignidad del hombre como fundamento de los derechos fundamentales*, incluido en el volumen III/1 de su *Staatsrecht*. Ambos, desde nuestro punto de vista, se pueden considerar como dos de sus ensayos breves más bellos por estar dedicados a una materia tan especial, que Stern denomina también como *Grundnorm* del Estado constitucional[67] y principio constitucional supremo[68].

---

[65] Klaus STERN, *Das Grundgesetz im europäischen Verfassungsvergleich*, Walter de Gruyter, Berlín-New York, 2000, p. 20.

[66] Klaus STERN, «Menschenwürde als Wurzel der Menschen- und Grundrechte», en Norbert ACHTERBERG (coord..), *Recht und Staat im sozialen Wandel. Festschrift Hans Ulrich Scupin zum 80. Geburtstag*, Duncker & Humblot, Berlín, 1983, pp. 627-640.

[67] En tal forma de conceptualización ya se había expresado el Tribunal Constitucional Federal. Véase así, por ejemplo, BVerfGE 27, 344; 32, 373. Con este mismo término se han referido a la dignidad, entre nosotros, Pablo LUCAS VERDU, *Estimativa y política constitucionales*, Sección de Publicaciones de la Facultad de Derecho de la Universidad Complutense, Madrid, 1984, p. 117; el mismo en «El orden normativista puro (Supuestos culturales y políticos en la obra de Hans Kelsen)», en *Revista de Estudios Políticos*, n.º 68, Abril-junio 1990, Centro de Estudios Políticos y Constitucionales, Madrid, 1990, pp. 7-93. Sobre la dignidad como «Grundnorm», véase, Peter HÄBERLE, «La dignidad del hombre como fundamento de la comunidad estatal», en Francisco FERNÁNDEZ SEGADO (coord..), *Dignidad de la persona, derechos fundamentales, justicia constitucional*, Dykinson, Madrid, 2008, pp. 176-204; CHRISTIAN STARCK, «La dignidad del hombre como garantía constitucional, en especial, en el Derecho alemán», en Francisco FERNÁNDEZ SEGADO (coord..), *Dignidad de la persona...*, cit., pp. 240-298. Ambos traducidos por nosotros.

[68] Klaus STERN, *Staatsrecht...*, vol. III/1. cit., p. 23.

Stern comprende la dignidad como «valor existencial de todo hombre individual para sí mismo» y como «característica irrenunciable de su ser»[69]. A lo largo de sus explicaciones, para mí convincentes, deriva la positivación del concepto a partir de una interpretación histórica. La Historia, para Stern, supone un elemento necesario para tener una visión lógica de la realidad del Estado y del Derecho[70]. «La Historia nos enseña – dice Stern en una ocasión citando a Philipp Melanchthon – qué es deshonroso, qué es beneficioso y qué no»[71]. Desde este punto de partida, su tendencia en esta cuestión es mostrar cómo el reconocimiento de la dignidad y los derechos fundamentales son, según él, precisamente «la consecuencia más reciente de la comprensión del hombre de acuerdo a la tradición occidental, la filosofía de la antigüedad, el Cristianismo, el Derecho natural y el pensamiento ilustrado»[72]. Stern muestra así que no se trata de una progresión en la comprensión del concepto de dignidad, sino de un valor latente en la historia del pensamiento filosófico que fluye como noción jurídica definida tras la Segunda Guerra Mundial. Y esto en dos direcciones: a nivel del Estado constitucional y a nivel del reconocimiento internacional de los derechos humanos[73].

En términos generales, los derechos contenidos en la Ley Fundamental son para Stern «derechos humanos suprapositivos que han sido positivados en la Constitución y vinculados a una serie de objetivos para asegurar la condición existencial del hombre como persona individual y ser social»[74]. En este sentido, el concepto de dignidad opera, según él, en dos formas. Por un lado, como la base más importante de los derechos fundamentales. Aquí su idea es mostrar cómo es «la esencia del hombre mismo, su cualidad de sujeto como consecuencia de su personalidad y dignidad», lo que presupone los derechos del individuo, porque, según Stern, es la propia existencia humana misma y la protección de la dignidad del ser humano lo que lleva al reconocimiento de los derechos fundamentales[75]. Por otro lado, como consecuencia de lo anterior, reconoce el carácter de derecho subjetivo de la noción de dignidad, que lo

[69] Ibidem. p. 6.

[70] Klaus Stern, *Derecho del Estado...*, cit., p. 13.

[71] Klaus STERN, *Staatsrecht…*, vol. V. cit., p. VII.

[72] Véase en Klaus STERN, «Menschenwürde als Wurzel...», cit., pp. 639 y 640.

[73] Véase así, también, Klaus STERN, «Die Idee der Menschen- und Grundrechte», cit., p. 5.

[74] Klaus STERN, «Menschenwürde als Wurzel...», cit., p. 639.

[75] Klaus STERN, *Staatsrecht…*, vol. III/1. cit., p. 36.

deriva, además, del propio tenor del artículo 1.1 de la Ley Fundamental, de su posición sistemática y de la intención del constituyente[76].

5. LOS DERECHOS SOCIALES

Desde la Segunda Guerra Mundial comienza un esfuerzo progresivo para la implementación de los llamados derechos sociales. En el Derecho constitucional este objetivo de implementación se ha manifestado en la positivación expresa de este tipo de conceptos en muchos textos constitucionales de Europa y Latinoamérica. La doctrina se planteó, a partir de entonces, dilucidar hasta qué punto estos derechos sociales constituyen realmente «posiciones subjetivas iusfundamentales de naturaleza prestacional»[77]. En este sentido, por un lado, algunos juristas abogan por dar un mayor protagonismo a estos conceptos, considerándolos derechos que deben gozar de «eficacia inmediata». Por otro lado, otros autores los consideran más como meros «objetivos estatales»[78]. Los autores que han apoyado la evolución de este tipo de categorías incluso hacia su consideración como derechos fundamentales tienen importantes representantes: Häberle con su idea de los «derechos fundamentales de prestación»,[79] Alexy con su afirmación de los «derechos sociales fundamentales»[80] y Abramovich o Courtis con su teoría de «los derechos sociales como derechos exigibles»[81].

---

[76] Ibidem. pp. 26 y 27.

[77] Luis PRIETO SANCHÍS, «Derechos sociales y el principio de igualdad sustancial», en *Revista del Centro de Estudios Constitucionales*, n.º 22, Centro de Estudios Constitucionales, Madrid, 1995, p. 13.

[78] Véase Thilo RENSMANN, *Wertordnung und Verfassung*, Mohr Siebeck, Tübingen, 2007, p. 290.

[79] Véase Peter HÄBERLE, «La multifuncionalidad de los textos constitucionales a la luz de una comprensión mixta de Constitución», en *Cuadernos constitucionales de la Cátedra Furió Ceriol*, n.º 17, , Universidad de Valencia, 1997, pp. 5-13. Traducción de Carlos Ruiz Miguel.

[80] Robert ALEXY, *Teoría de los derechos fundamentales*, Centro de Estudios Constitucionales, Madrid, 1993, p. 482. Traducción de Ernesto Garzón Valdés.

[81] Victor ABRAMOVICH y Christian COURTIS, *Los derechos sociales como derechos exigibles*, Trotta, Madrid, 2001.

La comprensión de los derechos sociales como no fundamentales ha sido la posición de Stern[82]. En rigor, Stern se pregunta sobre cuál puede ser el contenido fundamental de estos conceptos que se deriva del principio de Estado social reconocido en el artículo 20 de la Ley Fundamental y en el artículo 79.3 de la Ley Fundamental. Desde este punto de partida, la derivación del nivel fundamental de los derechos sociales, según Stern, queda estructurado de la siguiente manera: en primer lugar, en los artículos 6.4 y 6.5 de la Ley Fundamental, que reconocen el derecho a la asistencia por la comunidad de las madres y de los hijos extramatrimoniales, y el artículo 14.2, que determina el posible interés social o utilidad pública de la propiedad; en segundo lugar, en el artículo 1.1 de la Ley Fundamental, relativo a la dignidad humana, que presupone un derecho a la aseguración de un mínimo existencial por parte del Estado[83]; y, en tercer lugar, en el reconocimiento de determinados derechos que suponen la posibilidad de exigir una protección o acción positiva del Estado como, por ejemplo, «el derecho al sufragio activo y pasivo, la garantía de la tutela judicial, el derecho de audiencia, el acceso a los cargos públicos, la concesión del asilo, la protección penal de los bienes jurídicos que incorporan derechos fundamentales, protección frente a la persecución en el extranjero, nacionalidad, equiparación de los sexos, etc»[84]. El nivel fundamental de estos derechos se basaría, según él, en su relación especial con la noción de dignidad, el principio de Estado social y el principio de igualdad (artículo 3 de la Ley Fundamental)[85]. Fuera de estos casos citados, tiende a una postura restrictiva respecto al reconocimiento del rango de derecho fundamental de este tipo de conceptos.

¿Qué es lo que dificulta la comprensión de esta nueva clase de derechos como fundamentales? Stern nos ofrece una respuesta bastante realista, que no gusta a todo el mundo[86]. La esencia de su afirmación parte nuevamente de su consideración del Estado como «condición previa» encargada de garantizar y

[82] Así, Óscar RODRÍGUEZ OLVERA, *Teoría de los derechos sociales en la Constitución abierta*, Comares, Granada, 1998, p. 250.

[83] Klaus STERN, *Staatsrecht*..., vol. III/2. cit., p. 1126.

[84] Klaus STERN, «El sistema de los derechos fundamentales...», cit., p. 263.

[85] Véase Klaus STERN, *Staatsrecht*..., vol. III/2. cit., pp. 1483, 1776 y 1785.

[86] Véase una crítica en Óscar RODRÍGUEZ OLVERA, *Teoría de los derechos*..., cit., pp. 249-257.

asegurar los derechos, también los derechos fundamentales[87]. Puesto que los derechos fundamentales en las Constituciones actuales nacen con vocación real de efectividad, se requiere también de unos medios para su implementación y garantía. Y esto también supone, de algún modo, un orden y gradación de prioridades. Los derechos fundamentales constituyen en este orden el mínimo «indiscutible», son de implementación incondicional. Por el contrario, los derechos sociales dependen en exceso de su desarrollo legislativo y de la cambiante situación del erario público[88]. De ahí que Stern dude de la posibilidad de denominar a estos derechos sociales como fundamentales en el sentido más estricto. Mas esto no significa para él que los derechos sociales no sean prioritarios para el Estado, sino que su calificación, de acuerdo a la Ley Fundamental, está en otro nivel, como «principios programáticos»[89]. Tal es, desde nuestro punto de vista, en resumen, la visión de este autor respecto a los derechos sociales.

6. LIBERALIZACIÓN Y DESREGULACIÓN

Bajo el título *La Reunificación interna en Alemania: un proceso de liberalización y desregulación*[90], se ofrece un ensayo que, por otra parte, deja ver perfectamente el pensamiento liberal de Stern. Se trata de un comentario sobre la necesaria adaptación, tras la Reunificación, de la Administración y de ciertos sectores de la extinta RDA, principalmente en el marco económico, a «estructuras privadas», por un lado, y sobre los riesgos de la «burocratización», por otro[91]. No obstante, Stern bajo la locución «desregulación y liberalización» (*Liberalisierung und Deregulierung*) se refiere a algo que va más allá de la cuestión referida a la coyuntura alemana tras la Reunificación y expresa aquí también su convicción en la idea de que el Estado debe tratar de mantenerse

[87] Klaus STERN, «El sistema de los derechos fundamentales...», cit., p. 273.

[88] Klaus STERN, «El sistema de los derechos fundamentales...», cit., p. 264.

[89] Klaus STERN, *Staatsrecht...*, vol. III/2. cit., pp. 1485 y 1486.

[90] Klaus STERN, «Innere Wiedervereinigung Deutschlands – auch ein Process der Liberalisierung und Deregulierung?», en Zentarō KITAGAWA (coord.), *Regulierung-Deregulierung-Liberalisierung: Tendenzen der Rechtsentwicklung in Deutschland und Japan zur Jahrhundertwende*, Mohr Siebeck, Tübingen, 2001, pp. 213-231.

[91] Ibidem. p. 317.

–en lo posible– al margen de la actividad privada. Esta obligación negativa, según él, supone reconocer la desregulación como un objetivo «jurídico-político fundamental» del Estado.

¿En qué se traduce este objetivo en la actividad estatal? Desde el punto de vista de Stern en lo siguiente: 1.º En el deber del legislador y de los operadores jurídicos de actuar dentro del criterio de «reducción normativa». 2.º En la concepción del «sistema jurídico estatal, sobre todo en relación al sistema económico, principalmente como un marco y no tanto como un ordenamiento de control rígido. En este sentido, no deben obstaculizarse tampoco las mejoras en inversión ni innovación, sino que deben de promoverse». 3.º En la comprensión de que «en cuestiones de tipo administrativo debe concederse un mayor margen de movimiento al nivel estatal». 4.º En que «la Unión Europea debe tratar de mantenerse estrictamente dentro de los términos del principio de subsidiariedad». 5.º En que «la actividad estatal debe de limitarse a aquellas obligaciones imprescindibles que se tienen que realizar por el Estado». 6.º En que «la autorregulación tiene prioridad frente a la regulación»[92]. De este modo, Stern también se observa como un defensor del liberalismo frente a la idea de intervencionismo estatal.

7. NUESTRA TRADUCCIÓN

Los estudios de Stern que aquí presentamos traducidos son un conjunto de ensayos y conferencias publicadas o pronunciadas tanto en Alemania como en otros países. El texto de *La Constitución de Alemania* es el que Stern publicó en 1995 en la colección *Bitburger Gespräche Jahrbuch* de la editorial Beck, y el texto *Jurisdicción constitucional y legislador* se publicó por la Academia de Ciencias de Renania del Norte-Westfalia en la editorial Westdeutscher en 1997. Respecto a las conferencias, se trata de un conjunto de tres ponencias que el autor ha pronunciado en Sudáfrica (*Génesis y evolución del constitucionalismo americano-europeo*), Japón (*Desarrollo constitucional universal y nuevas constituciones*) y en la misma Alemania, coincidiendo con el 50

[92] Ibidem. pp. 318 y 319.

aniversario de la Ley Fundamental (*La Ley Fundamental de Bonn en el marco de una visión constitucional comparada*).

La traducciones se han realizado tratando, en lo posible, de respetar la redacción de las respectivas versiones en su idioma original. Ahora bien, muchas veces las soluciones de traslación al español, desde una traducción totalmente literal, no se mostraban como las más claras para facilitar la comprensión de ciertos párrafos y, por tanto, en casos de especial dificultad, se ha preferido a veces la utilización de circunloquios y equivalencias de estilo libre en aras de facilitar y flexibilizar la lectura. Que duda cabe que en ciertas ocasiones esta labor de adaptación lingüística reviste momentos de particular complejidad y de difícil resolución, no ya por el hecho de la traducción en sí, sino por la propia esencia de las formas de expresión de determinadas locuciones, sobre todo en alemán. Esperamos que el resultado final del trabajo sea del agrado del lector.

Con referencia a las notas al texto, simplemente decir que también se han introducido, de forma lo más breve posible, para facilitar el carácter didáctico de la obra, y para que no se tenga que acudir a textos complementarios durante la lectura, que interrumpan su estudio. En algunos casos se trata de meras referencias a la Ley Fundamental, para lo cual también se ha utilizado el texto preparado por el Departamento de Prensa e información del Gobierno Federal alemán, el texto *online* disponible en la página de Internet del *Bundestag*[93] y la traducción realizada en la obra *Constituciones de los Estados de la Unión Europea* (a cargo de Rubio Llorente y Daranas Peláez)[94]. Otras notas hacen referencia, por un lado, al Código Penal alemán y, por otro, al Tratado de Reunificación entre la RFA y la RDA, para lo que, asimismo, también se ha acudido a la traducción del Tratado aportada por la Embajada de España en Bonn publicada en la *Revista de Derecho Político* (n.º 40) en 1995[95]. Las aclaraciones realizadas en este breve apunte sobre la traducción no han sido reiteradas en las sucesivas notas al texto.

---

[93] Véase en http://www.bundestag.de/parlament/funktion/gesetze/grundgesetz/index.html

[94] Francisco RUBIO LLORENTE y Mariano DARANAS PELÁEZ (edit.), *Las constituciones de los Estados de la Unión Europea,* Ariel, Barcelona, 1997, pp. 4-42.

[95] «Tratado de Unificación entre República Federal de Alemania y la República Democrática alemana», en *Revista de Derecho Político,* n.º 40, Universidad Nacional de Educación a Distancia, Madrid, 1995, pp. 241-305.

La iniciativa de esta traducción comenzó cuando mi querido maestro, el Catedrático de Derecho constitucional Don Francisco Fernández Segado, me propuso la traducción de una serie de ensayos del profesor Stern para su publicación por la editorial Dykinson. La razón principal de su propuesta radicaba en la extraordinaria valía de estos textos para la doctrina y en el interés que siempre suscitan cuestiones como la Constitución alemana en el marco comparado, su progresión desde la Reunificación en 1990 y las relaciones, a veces encontradas, entre el legislador y el juez constitucional. Pero también, que duda cabe, que esta labor de traducción, además se convertía, a la vez, en un medio de agradecimiento al mismo profesor Stern. Como ya hemos afirmado, sólo Dios sabe –y él mismo– la de sacrificios, en la vida personal, familiar y profesional, que este hombre ha tenido que realizar para legar al conocimiento del Derecho tan ingente obra, en especial su *Staatsrecht*. Valga así la traducción que ahora presentamos como pequeña muestra de nuestra gratitud al autor por todas esas privaciones, desvelos, y por su total dedicación a la Ciencia del Derecho y al estudio de la dignidad humana, la libertad y los derechos fundamentales. Pese a que, aún hoy, no está muy valorada la labor de traducción, aun cuando ésta es muy útil para entrar en un rápido intercambio científico, creo que no hay mejor forma para homenajear a un autor extranjero que a través de la traducción de alguna de sus obras.

Quiero, por último, expresar mi agradecimiento a mi mentor, Don Francisco Fernández Segado, por la confianza depositada en mí para la realización de este proyecto y su inestimable ayuda durante los dos años que ha durado su elaboración; al editor, Don Rafael Tigeras Sánchez, por su apoyo y paciencia en orden a la finalización de la traducción; a nuestro gran amigo el Catedrático de la asignatura Don Joan Oliver Araujo, por sus buenos consejos; a todo el Departamento de Derecho Publico de la Universidad de las Islas Baleares, por la rápida aportación de la bibliografía necesaria para la realización de este estudio; a mi tío Siegfried Oehling, doctor en Medicina y lingüista contumaz, por sus sugerencias y soluciones en orden a la traducción de puntos dudosos; y, finalmente, a mi madre y a mi mujer, sin cuyo apoyo y comprensión ni este trabajo de traducción, ni nada de nada, para mí, hubiera sido posible. A todos ellos, mi gratitud más sincera y profunda.

JURISDICCIÓN CONSTITUCIONAL Y LEGISLADOR*

Por Klaus Stern

SUMARIO. 1. La jurisdicción constitucional como guardián de la Constitución frente al poder estatal.- 2. La relación de tensión entre la jurisdicción constitucional y la legislación: *A) Reparto de roles conforme a la clasificación funcional. B) El Derecho constitucional como única medida del control de la ley. C) Posibilidades de control en varios niveles*.- 3. Labor de creación jurídica a través del Tribunal Constitucional: *A) Creación de Derecho constitucional por el Tribunal Constitucional. B) Creación de Derecho escrito por el Tribunal Constitucional*.- 4. Conclusiones.- 5. Discusión.

No se puede atravesar dos veces por el mismo río. Difícilmente podía pensar Heráclito, conocido con el sobrenombre de "el oscuro" y autor de tal frase, que ésta tendría un lugar en mi conferencia de 1979: "Jurisdicción Constitucional entre el Derecho y la Política"[1]. Es cierto que diecisiete años después ya en otras aguas, yo he vuelto a tratar este tema, pero desde entonces se había planteado una problemática que en principio no ha cambiado y que quizás se ha llegado a intensificar. Si yo ahora decido centrarme en esta área, la relación de tensión entre Jurisdicción constitucional y legislador, así de esta manera, es porque esta relación se ha convertido en los últimos tiempos a

* Conferencia G (Cuaderno n.º 350), publicada por la Nordrhein Westfälische Akademie der Wissenschaften, Westdeutschen Vernlag, Opladen, 1997.

[1] K. STERN, *Rheinisch -Westfälische Akademie der Wissenschaften*, Conferencia G 243, 1980. La literatura allí mencionada con respecto a tal problemática será ahora citada sólo excepcionalmente.

través de algunas resoluciones del Tribunal Constitucional Federal en el punto central de tal discusión.

Controversias del Tribunal Constitucional Federal con el Parlamento que igualmente se producen con el Gobierno. Esta situación ha acompañado el ámbito de la Jurisdicción constitucional desde sus mismos orígenes y era el efecto inmediato tras el establecimiento de un Tribunal con *status* de órgano constitucional para la resolución de litigios y la obtención de conclusiones[2]. En los años cincuenta ganaron importancia cuestiones tales como la intensidad de control de los Tratados de Derecho internacional[3], teniendo su punto culminante con la discusión sobre el llamado Tratado básico con la República Democrática de Alemania en el año 1973[4 *]. Discusiones llenas de tensión con el legislador que se produjeron también en los años 70 en las Universidades[5] en relación con diversos aspectos, como, por ejemplo, como consecuencia del tema del aborto[6], la objeción de conciencia[7], las dietas[8], así como también sobre

[2] Compárese "Denkschrift des Bundesverfassungsgerichts" de 27.6.1952 *JöR*, T. 6 (1957), pp. 144 y ss; también, particularmente, pp. 109 y ss., con introducción de G. LEIBHOLD; véase también en, Das Bundesverfassungsgericht 1951-1971, pp. 44 y ss; K. STERN, *Staatsrecht II,* 1980, § 32 II 1; R. DOLZER, *Die staatstheoretische und staatsrechtliche Stellung des Bundesverfassungsgerichts,* 1972; H. LAUFER, *Verfassungsgerichtsbarkeit und politischer Prozess,* 1968, pp. 293 y ss; A. SATTLER, *Die Rechtsstellung des Bundesverfassungsgerichts als Verfassungsorgan und Gericht,* tesis doctoral, Göttingen 1955, pp. 2 y ss; C. FRIECKE, *Zur Kritick an der Staats und Verfassungsgerichtsbarkeit im verfassungsstaatlichen Deutschland,* 1995.

[3] En detalle, K. STERN, *NWVBl.* 1994, p. 241.

[4] Compárese BVerfGE 36, 1 ss. También respecto a la controversia sobre el papel del Tribunal Constitucional Federal en relación con la resolución J. DELBRÜCK, en, Festschrift E. MENZEL, 1975, pp. 109 y ss; E. FRIESENHAHN, *ZRP*, 1973, p. 188.; Chr. TOMUSCHAT, *DÖV*, 1973, p. 801.; D. WILKE / G. H KOCH, *JZ* 1975, p. 233; G. ZIEGER (coord..), 5 *Jahre Grundlagenvertragsurteil des Bundesverfassungsgerichts*, 1979.

* *(Nota del traductor)* Este Tratado también se ha denominado Tratado Básico de normalización de las relaciones entre la RDA y la RFA. Por este Tratado los dos Estados se reconocían y prometían respetar mutuamente su soberanía y se establecían ciertas relaciones diplomáticas, comerciales, etc.

[5] Compárese BVerfGE 35, 97 ss; B. SCHLINK, *DÖV* 1973, p. 541; A. SATTLER, en *Festchrift W.Weber*, 1975, p. 325.

[6] Compárese BVerfGE 39, 1 ss; W. BRUGGER, NJW 1986, p. 896; M. KRIELE, ZRP 1975, p. 73.

[7] Compárese BVerfGE 48, 127 ss; W. BERG, *AöR* 107 (1982), p. 585; CHR. GUSY, *JuS* 1979, p. 254; J. IPSEN, *ZRP* 1987, p. 153.

[8] Compárese BVerfGE 40, 296 ss; H. H. V. ARNIM, Bonner Kommentar, Art. 48, p. 83.; P. HÄBERLE, *NJW* 1976, p. 537.; C. F. MENGER, Archivo Administrativo 67 (1976), p. 303.;

los llamados grupos ultras[9]. Sólo comenzaron tiempos más tranquilos a partir del año 1979, con la sentencia del Tribunal relativa a la cuestión de la cogestión, a efectos del control de constitucionalidad de la normativa que regulaba la cogestión empresarial, casi paritaria entre los empleados y sus sindicatos en los consejos de administración de las grandes empresas[10].

Pero esto parecía, más bien, un armisticio temporal que una calma verdadera. Así, por ejemplo, en la actualidad se han dado algunas resoluciones del Tribunal Constitucional Federal que han encontrado considerables criticas[11] dirigidas tanto a las decisiones como a ciertos votos particulares[12]. Una de ellas, la llamada "decisión del crucifijo", la trataré en detalle más tarde, la otra, la decisión "los soldados son asesinos"[13], dio lugar a que el legislador se plantease introducir cambios en el Código Penal a efectos de proteger mejor a los soldados[14]. La resolución referida al derecho de asilo de 14 de mayo de

---

K. SCHLAICH/H.J SCHREINER, *NJW* 1979, p. 673; K. STERN, *Staatsrecht I*, 2. Edición de 1984, p. 1063.

[9] Compárese BVerfGE 39, 334 ss; W. SCHICK, *NJW* 1975, p. 2169; R. SCHOLZ, en, *Festschrift Broermann* 1982, p. 409; R. ZUCK, *JuS* 1975, p. 695.; K. STERN, *Staatsrecht I*, § 11 IV 3 α.

[10] Compárese BVerfGE 50, 290 ss; K. M. MEESSEN, *NJW* 1979, p. 833; H.J. PAPIER, *ZGR* 1979, p. 444; REINER SCHMIDT, *Der Staat 19* (1980), p. 235 ss.

[11] De forma visual encontramos un punto medio de critica en las siguientes resoluciones: BVerfGE 84, 90; 94, 12 (expropiación en la Zona de Ocupación soviética); 88, 203 (aborto); 89, 1 (inquilino / arrendatario-propiedad); 92, 1; 92, 277 (Servicio secreto de la antigua RDA); 93, 121 (impuesto sobre el patrimonio); 93, 266 ("los soldados son asesinos"); 94, 49 y 115 (compromiso de derecho al asilo).

[12] Comparar, por ejemplo, BVerfGE 92, 341 ss; 93, 25 ss; 93, 149.; EuGRZ 1996, 268 ss., 288 ss.

[13] BVerfG, *NJW* 1995, 3303 = *JZ* 1996, 360 con nota de R. ZUCK. Además, véase, por ejemplo, G. GOUNALAKIS, *NJW* 1996, p. 481; W. SCHMITT GLAESER, *NJW* 1996, p. 873; BVerfGE 86, 1 ss. Esta jurisprudencia es suficientemente extensa y se basa en la importante valoración del Tribunal de la libertad de opinión y la libertad artística (compendio de D. GRIMM, *NJW* 1995, p. 1697.) frente a derechos fundamentales colindantes como el honor y la personalidad, que se han valorado a la baja (sobre el método y principios de solución de la colisión compárese K. STERN, *Staatsrecht III/2*, 1994, § 82. Para una panorámica jurídico privada veáse J. HAGER, *AcP* 196 [1996], p. 168 y ss.).

[14] Proyecto de ley del grupo parlamentario de la Unión Demócrata –Cristiana / Unión Social –Cristiana) y Partido Liberal, Boletín diario 13/3971, donde se propone una introducción (§ 109 b) en el Código Penal: "Quien públicamente, en un mitin o a través de la difusión de escritos, denigre de algún modo a los soldados en relación a sus servicios, desacredite al Ejercito Federal o a sus soldados, será castigado con pena de prisión de hasta tres años o con pena de multa".

1996 podría haber supuesto nuevamente una tendencia de moderación frente al Parlamento[15]. Pero debemos de tener en cuenta en este sentido, que no se trataba de una evaluación y examen de una parte de poca importancia de la actividad constitucional del legislador, si bien sólo quedaba delimitada por el artículo 79.3 de la Ley Fundamental, por lo que la regla de control era ciertamente reducida[16]. Fue acertado, no obstante, que el Tribunal, en estas tres resoluciones, nuevamente haya concedido un amplio margen de movimiento al legislador. Las razones son también considerables; se refieren al tema de la relación entre la jurisdicción constitucional y el legislador. Esta cuestión quiero analizarla en cuatro etapas:

1. La jurisdicción constitucional como guardián de la Constitución frente al poder estatal.
2. La relación de tensión entre la jurisdicción constitucional y la legislación.
3. La labor de creación jurídica a través del Tribunal Constitucional.
4. Conclusiones.

1. LA JURISDICCIÓN CONSTITUCIONAL COMO GUARDIÁN DE LA CONSTITUCIÓN FRENTE AL PODER ESTATAL

La creación de una jurisdicción constitucional con amplias competencias para abogar en favor del Estado Federal y los *Länder* conforme a los importantes compromisos surgidos tras la Segunda Guerra Mundial, ha modificado en ciertos puntos esenciales la comprensión constitucional de la República Federal de Alemania con respecto a las anteriores formas de constitucionalidad estatal. Esto no se observaría de una manera inmediata, pero ahora se percibe clara y generalmente, incluso no sólo por juristas y políticos. Esta modificación de la estructura constitucional se ha puesto especialmente de manifiesto en todas aquellas competencias propias del Tribunal Constitucional a través de las cuales se controlan las actuaciones políticas de los demás órganos, a

[15] BVerfG, EuGRZ 1986, 237 ss.

[16] Sobre ello, con todo detalle, K. STERN, *Staatsrecht III/2*, § 89. Para más detalles, BverfG, *aaO*, p. 252.

saber el Parlamento y el Gobierno. Son conflictos entre órganos, dentro también de los ámbitos de la Unión y los *Länder*, y, principalmente, sobre todo procedimiento que lleve a la revisión de actos legislativos en lo que se refiere al examen de constitucionalidad de las leyes. La decisión ya madurada de conformación de un Tribunal Constitucional como guardián de la Constitución se adoptaría en Alemania después de 1945 tanto en la Asamblea Constituyente de los *Länder* como en el Consejo Parlamentario de 1948 y 1949. Por ejemplo, en el Consejo Parlamentario se mencionó el siguiente comentario: "O bien se reconoce realmente el Derecho como el fundamento de la sociedad humana y también se le dota de las necesarias garantías para su realización, o por el contrario, se impone la conveniencia política como principio más importante, lo que nos conduciría de nuevo a los peligrosos fundamentos dogmáticos de la época pasada; la cuestión está, por tanto, en que le sea provechoso al pueblo, al Gobierno o al Estado"[17]. De ese modo se margina la idea según la cual la resolución de aspectos sobre la validez jurídica de las leyes y de los actos del Gobierno era una función incompatible con el carácter de los tribunales, y que daba lugar a una juridificación de la política y una politización de la justicia, mecanismo con el que ninguna de las dos facetas salía ganando. Formulaciones que se remontan a 1846 al historiador y político francés F. Guizot y que C. Schmitt y otros han ido modificando en distintas ocasiones[18].

Queda en tela de juicio si las consecuencias previstas en el Consejo Parlamentario, respecto al establecimiento de un Tribunal Constitucional Federal y la conformación de sus competencias, se entreveían en todo su alcance. Lo cierto es que ahora la existencia de una jurisdicción constitucional, tal y como se ha producido en el transcurso del tiempo, así como la significación y el efecto de la aprobación de la Constitución para todos los poderes del Estado, particularmente para los órganos legislativos, se ha conformado de un modo que no era previsible en 1949. Tal jurisdicción ha conferido al Estado de Derecho una

---

[17] A. SÜSTERHENN (Unión Demócrata Cristiana-CDU) en la segunda sesión del 8 de septiembre de 1948, Pleno del Consejo Parlamentario, informe taquigráfico p. 25; También, W. MENZEL (Partido Social Demócrata Alemán-SPD), p. 31.

[18] Véase K. STERN, *Verfassungsgerichtsbarkeit zwischen Recht und Politik,* 1980, p. 20; R. HÄUSSLER, *Der Komflikt zwischen Bundesverfassungsgericht und politischer Führung,* 1994; M. PIAZZOLO (edit.), *Das Bundesverfassungsgericht-Ein Gericht im Schnittpunkt von Recht und Politik,* 1995.

nueva dimensión y también un carácter específico al Estado constitucional[19]. El ahora ex juez del Tribunal Constitucional Federal Hans Hugo Klein ha mencionado recientemente esta fórmula: "La jurisdicción constitucional toma parte, conforme a la extensión y tipos tasados de sus distintas competencias, en la dirección del Estado. La coexistencia de la dirección política del Estado y la jurisdicción constitucional constituye el Estado constitucional"[20]. También el antiguo juez del Tribunal Constitucional Helmut Simon, de distinta ideología, ha determinado nuevamente este diagnostico[21]. A través de tal concepción, la jurisdicción constitucional ha llegado a legitimarse como un tercer poder, *pouvoir*, un carácter que Montesquieu había negado. Las jurisdicciones constitucionales de otros países, como la de España, Portugal, Hungría y también otras naciones del Oeste europeo, han imitado el modelo alemán, pero no han conseguido, por lo menos no todavía, tal significación. En el mejor de los casos, la *Supreme Court* de los Estados Unidos permite un cierto paralelismo, si bien fijando unos límites comparativos dadas sus particulares figuras de argumentación en cuestiones de dogmática política y sus principios de reserva práctica frente al legislador, y a pesar de otras consideraciones reseñables; así, por ejemplo, destacan afirmaciones como la de Ch. E. Hughes " *We are under a constitution; but the constitution is what the judges say it is*", o también F. Frankfurters, "*The court is the constitution*", y asimismo, carencias en orden al control normativo abstracto y al recurso constitucional.

Nos cuestionamos, tras la justificación del Estado constitucional caracterizado por la judicialidad constitucional, cómo la Constitución determina como norma suprema el ejercicio de todo el poder estatal. Sin embargo, si bien la Constitución es el modelo de toda la actuación estatal, la Constitución es también una norma jurídica, de modo que será lógico que la interpretación y salvaguarda de esta normativa se sitúe igualmente en manos de un órgano del Poder judicial, es decir, en una institución específica introducida para el control jurídico y no en un órgano de tipo político. Si no se hubiera conformado una jurisdicción constitucional, decidiría automáticamente el legislador si se

[19] Véase K. STERN, *Verfassungsgerichtsbarkeit zwischen Recht und Politik*, 1980, p. 20; P. KIRCHHOF, NJW 1996, p. 1497.

[20] *Festchrift Franz Klein*, 1994, p. 524.

[21] E. BENDA/W. MAIHOFER/H.J. VOGEL (edit.), *Handbuch des Verfassungsrechts*, 2. Edición, 1994, p. 1637 y ss.

ajusta al marco constitucional o no, ya que no hay ningún órgano sobre él que supervise los límites constitucionales. El control de constitucionalidad recaería sólo sobre él mismo. Esto sería ambiguo y, como todo mecanismo de control parlamentario, superable a través de un acuerdo mayoritario. El Tribunal, como guardián de la Constitución, es por tanto una expresión práctica para la división del trabajo de los órganos estatales. El Gobierno debe dirigir la política, el Parlamento crear las leyes y el Gobierno supervisar, el Jefe del Estado representar al conjunto del Estado y el Tribunal Constitucional garantizar el normal cumplimiento de la Constitución. La jurisdicción constitucional debe por lo tanto auxiliar, asegurar la estabilidad constitucional[22], pero también ser vía para el desarrollo constitucional[23] sin permitir permanentes cambios constitucionales.

Tal distribución de las funciones estatales tiene que ser, por principio, precisa, y se corresponde con el principio de separación de poderes como principio fundamental de la organización estatal de la democracia liberal moderna y del Estado constitucional y de Derecho. Ni la teoría de la legalidad jurídica ni la práctica política podrá llegar a sacudir la veracidad de esta concepción fundamental. Pero de tiempo en tiempo, y cada vez más en la actualidad, aunque no se ha puesto en duda la conformación de la jurisdicción constitucional como tal, se percibe que ni el Tribunal Constitucional Federal, ni menos aún los tribunales constitucionales de los *Länder*, atienden a los propios límites de los pronunciamientos de la esfera judicial constitucional, llegando incluso a resolver en un sentido casi inconstitucional. Por todo ello se ha ejercido una cierta crítica por parte de las partes litigantes perjudicadas[24]. Esto es comprensible, sin embargo, muchas veces se ha olvidado la naturaleza primordial de esta función crítica y ha sido sólo desde hace poco cuando se ha vuelto a hacer hincapié en su importancia. También el juez del Tribunal Constitucional Federal E. W. Böckenförde, por ejemplo, ha evocado el peligro de traspaso hacia un "Estado jurisdiccional constitucional",

---

[22] W. BRUGGER, "Verfassungsstabilität durch Verfassungsgerichtsbarkeit? Beobachtungen aus deutsch –americanischer Sicht", *StWissStPr* 1993, p. 319 ss.

[23] B. O. BRYDE, *Verfassunsentwicklung*, 1982, p. 162 ss; P. BADURA, *HStR* VII, 1992, § 160, nota al margen 15.

[24] Véase H. J VOGEL, *DÖV* 1978, p. 665.; el mismo autor en *NJW* 1996, p. 1505.; W. GEIGER, *DRiZ* 1991, p. 357.

un "Areópago constitucional", o un *autoritativen Praeceptor*[25]. Asimismo, I. v. Münch ha verificado esa atrofia de autoridad [26] y, en la misma línea, B. Grossfeld ha hablado incluso de "crepúsculo de los dioses" [27]. Antes, también, se hacía referencia críticamente al *government of judges*, a la "censura judicial", al "veto judicial" o a comentarios similares[28]. Deshecho, ya en 1975 J. Delbrück se había llegado a preguntar *Quo vadis Bundesverfassungsgericht?* [29], una cuestión que J. Isensee, en una reunión de juristas alemanes en septiembre de 1996, volvía a plantear[30].

Tres, como regla general, son los ámbitos de intrusión reales o presuntos que pueden ser mencionados:

a. Lo referido a la esfera de configuración de la política exterior del Gobierno[31];

b. La jurisprudencia de las denominadas jurisdicciones especiales[32] y, sobre todo,

c. La actividad o inactividad legislativa.

---

[25] *Der Staat* 29 (1990), p. 1 (25) y BverfGE 93, 121 (152) –voto particular.

[26] *NJW* 1993, 1673 (1675).

[27] *NJW* 1995, p. 1715. Véase, también, V. KREY, "Das Gericht laufe aus dem Ruder" (*JR* 1995, pp. 221, [228]).

[28] Véase K. STERN, *Verfassungsgerichtsbarkeit zwischen Recht und Politik*, p. 17.

[29] J. DELBRÜCK, *Festschrift E. Menzel*, 1975, pp. 83 y ss.

[30] A ciertas criticas ha contestado acertadamente H. H KLEIN, pero con la moderación correspondiente a un juez del Tribunal Constitucional Federal (véase en la Fundación Konrad Adenauer, Estudios internos n.º 119/1996, p. 39 y ss.). Véase, también, H. SENDLER, *NJW* 1996, p. 825.

[31] Así, K. STERN, *NWVBl.* 1994, pp. 241 y ss.; W.G GREWE, *HStR* III, 1988, § 77, nota al margen 89 –103; BVerfGE de 18.4.1996 II 1 y 2.

[32] Sobre esta problemática, véase, especialmente, U. STEINWEDEL, "Spezifisches Verfassungsrecht" y "einfaches Recht", 1976; R. HERZOG, en *Festschrift G. Dürig*, 1990, pp. 431 y ss; F. OSSENBÜHL, *Festschrift H. P. Ipsen*, 1977, pp. 129 y ss; H. P. PAPIER, "Spezifisches Verfassungsrecht" y " einfaches Recht", en, *Bundesverfassungsrecht und Grundgesetz*, T. I, 1976, pp. 432 y ss; G. F. SHUPPERT, *AÖR* 103 (1978), pp. 43 y ss; H. P. SCHNEIDER, *NJW* 1980, p. 2103; W.R. SCHENKE, *Vefassungsgerichtsbarkeit und Fachgerichtsbarkeit*, 1987; M. BENDER, *Die Befugnis der Bundesverfassungsgerichts zur Prüfung gerichtlicher Entscheidungen*, 1989. Respecto a la jurisprudencia BVerfGE 18, 85 (p. 92); 22, 93 (p. 99); 30, 173 (p. 196); 42, 143 (p. 148); 76, 143 (p. 161); 82, 6 (p. 11); 89, 276 (p. 285).

En el futuro se podría ceder una parte de estas relaciones particulares al Tribunal de la Unión Europea dadas las circunstancias[33]. Respecto al tema que nos atañe, las siguientes apreciaciones sólo están dirigidas respecto al legislativo.

2. LA RELACIÓN DE TENSIÓN ENTRE LA JURISDICCIÓN CONSTITUCIONAL Y LA LEGISLACIÓN

Queda fuera de toda duda, que el control de la función de creación del Derecho sobre todo del Parlamento a través del Tribunal Constitucional es un punto neurálgico de moderación y equilibrio entre el primer y el tercer poder. La larga historia del control de constitucionalidad de las leyes es un proceso que se muestra desde la resolución de la *Supreme Court* en el caso *Marbury vs. Madison* en 1803[34] y en Alemania se desarrolla también como una lucha por un control judicial, que no comienza sólo con la resolución del Tribunal Supremo del *Reich* de 4 de noviembre de 1925[35], sino que se remonta al siglo XIX[36], hasta el firme establecimiento de controles normativos en todos los tribunales constitucionales de los *Länder* y el Tribunal Constitucional Federal en la actualidad. Esta evolución no puede ser ahora descrita en su totalidad. Por tanto, sólo vamos a reseñar lo siguiente:

Desde que el Tribunal Constitucional puede y debe controlar la constitucionalidad de las leyes no existe absolutismo parlamentario. De hecho, el

---

[33] Véase BVerfGE 89, 155 (p. 174); U. EVERLING, "Gedächtnisschrift E. Grabitz", 1995, pp. 57 y ss; W. WEIDENFELD (coord..), "Reform der Europäischen Union", 1995, pp. 256 y ss; M. A DAUSES, *Festschrift U. Everling*, 1995, T. I, pp. 223 y ss; A. WEBER, en el mismo lugar, T. II, pp. 1625 (1633 y ss.); Chr. TOMUSCHAT, *EuGRZ* 1993, pp. 489 (494 y ss.); M. SCHRÖDER, *DVBl.* 1994, pp. 316 (323 y ss.); G. HUBERTUS, *DVBl.* 1994, p. 674.

[34] *United States Supreme Court Reports*, T, 5 (1803), pp. 137 y ss. Además, véase, W. HALLER, *Supreme Court und Politik der USA*, 1972, pp. 121 y ss; K. STERN, *Grundideen europäisch-amerikanischer Verfassungsstaatlichkeit*, 1984; H. STEINBERGER, *Konzeption und Grenzen freiheitlicher Demokratie*, 1974, p. 127; el mismo autor, *200 Jahre amerikanische Bundesverfassung*, 1987; W. BRUGGER, *Einführung in das öffentliche* Recht *der USA*, 1993, § 2.

[35] RGZ (Antología Oficial de resoluciones del Tribunal Supremo del Reich) 111, 320.

[36] Véase E. V. HIPPEL, *HdbDStr II*, 1932, p. 552. Respecto a la historia, G. MEYER-ANSCHÜTZ, *Lehrbuch des Deut. Staatsrechts*, 7. Edición de 1919, pp. 736 y ss.

legislador tiene ahora una gran delicadeza en la observancia de la Constitución al llevar a cabo sus funciones, lo que es fijado a través del artículo 20.3 de la Ley Fundamental de modo general y nuevamente a través del artículo 1.3 particularmente para los derechos fundamentales. Si tal examen ha sido siempre ejercitado con el conveniente esmero, no es el tema a tratar aquí –E. Benda ha advertido desde 1979 de múltiples deficiencias[37] y yo he señalado algunas mejoras en el tomo III /2 de mi *Staatsrecht*–[38], sino si el Tribunal Constitucional observa competencialmente que ambos poderes son comedidos respecto a la Constitución. Consecuentemente, esto significa, por un lado, que se debe observar el ámbito funcional de responsabilidad propia asignado al poder legislativo a través del principio de separación de poderes y a la estructuración de funcionamiento común, y que, por otro lado, no se puede alterar la función de control de la constitucionalidad del Tribunal Constitucional. En tal abstracción existe una cierta conformidad teórica y práctica[39]; también en la propia jurisprudencia del Tribunal Constitucional Federal hay muchas afirmaciones al respecto, algunas de las cuales deben de ser citadas aquí aunque sea de modo más general: "La Ley Fundamental parte precisamente de la relación de órganos constitucionales superiores respecto a otros más corrientes, órganos con responsabilidades delimitadas competencial y jurídicamente, que responden al ordenamiento jurídico en su forma de articulación, evaluación y margen de estimación"[40]. Sin embargo, en tales ámbitos puede haber conflictos entre asuntos respecto a la comprensión del caso concreto. Ingerencia en el ámbito de articulación política del Parlamento lo llaman unos[41], control amplio del Tribunal Constitucional otros[42]. Ahora bien, esta problemática no se limita de ningún modo en exclusiva a Alemania. De hecho, se ha llegado a discutir

[37] E. BENDA, *Grundrechtswidrige Gesetze*, 1979.

[38] K. STERN, *Staatsrecht* III /2, 1994, § 90 II; H. SCHÄFFER, *Juridisk Tidskrit*, 1994/94, pp. 985 y ss.

[39] Véase K. SCHLAICH, *Das Bundesverfassungsgericht*, 3ª Edición, 1994, nota al margen 468 m.w. N.; H. SIMON, *Handbuch des Verfassungsrecht*, 2ª Edición, 1994, § 34, nota al margen 48 y ss.

[40] BVerfGE 62, 1 (51).

[41] Véase H.J VOGEL, *DÖV* 1978, P. 685; E.W. BÖCKENFÖRDE, *Der Staat* 29 (1990), pp. 1 (25); W. GEIGER, *DRiZ* 1991, pp. 357; B. GROSSFELD, *NJW* 1995, p. 1719.

[42] H.K.J. RIDDER, en, *Festschrift A. Arndt*, 1969, pp. 323 (330); A. ARNDT, *NJW* 1960, pp. 1607 (1608). Recientemente, por ejemplo, BVerfGE 84, 90.

con igual intensidad en Estados Unidos, Austria[43]; y también en Hungría se ha llegado a ciertas controversias[44]. Por tanto, nos encontramos ante un problema generalizado de los Estados constitucionales con pleno desarrollo de un Tribunal Constitucional, por lo que la solución de esta relación de tensión tan sólo puede buscarse circunscrita en la concepción fundamental de la estatalidad constitucional.

A) Reparto de roles conforme a la clasificación funcional

Recientemente también se ha hecho hincapié sobre todo en reflexiones jurídicas sobre aspectos de carácter funcional. Se ha planteado así el sentido del reparto de roles entre el legislador y el Tribunal Constitucional[45]. Las clasificaciones funcionales permiten cierta delimitación competencial general, pero en ciertos casos éstas son imprecisas: el Parlamento está llamado a su función de creación del Derecho y los tribunales deben aplicar tales preceptos jurídicos, pero ¿cuál es la consideración del Tribunal Constitucional respecto a esta apreciación? La sistematización en el ordenamiento de las funciones del Tribunal Constitucional en varios niveles es, en cierto modo, un problema. El Tribunal Constitucional es ciertamente un tribunal indiscutible con todos sus atributos, que son los propios de esta institución, pero también es algo más si uno examina sus tareas respecto al control de las leyes y a la inobservancia legislativa de la norma constitucional. La teoría jurídico-funcional sólo cobra pleno sentido en tanto que el Tribunal Constitucional se cuenta como poder judicial, que queda regulado en el artículo 92 de la Ley Fundamental y la Ley del Tribunal Constitucional Federal (parágrafo 1) así como en las Constituciones de los *Länder* y las respectivas leyes reguladoras de sus Tribunales Constitucionales. Pero de este matiz no se deduce lo que el Tribunal Constitucional puede o no puede hacer en relación con el legislador, para ello necesitamos criterios más precisos.

---

[43] Véase K. STERN, *Staatsrecht* III /2, pp. 1345 y ss.

[44] Véase G. BRUNNER/L.SOLYOM, *Verfassungsgerichtsbarkeit in Ungarn, Budapester Kolloquium zur Verfassungsgerichtsbarkeit vom Mai 1995.*

[45] Véase K. STERN, *Staatsrecht* III /2, P. 1346; K. SCHLAICH, *aaO*, nota al margen 471; Th. V. DANWITZ, *JZ* 1996, p. 481 (483).

B) El Derecho Constitucional como única medida de control de la ley

La delimitación competencial decisiva de la jurisdicción constitucional está en el precepto constitucional. Éste determina la medida de control, por medio de la cual el Tribunal Constitucional realiza su función judicial. Por consiguiente, solamente la norma constitucional es la que determina la función[46]. E. W. Böckenförde tiene razón, cuando pone de relieve que "la idea de delimitación jurídico funcional se enreda en sí misma"[47]. Los límites de la jurisdicción constitucional se extraen de la Ley Fundamental y de las Constituciones de los *Länder*. Esto supone también una teoría de *political question*, según la cual hay *per se* cuestiones políticas no justiciables, y sólo cabe la anulación cuando la Constitución prevé tal posibilidad. Es determinante, por tanto, el análisis de las normas de Derecho constitucional especializadas, su interpretación o, si se prefiere, su concretización.

En lo tocante a este punto, hemos llegado a un principio que es de máxima importancia para la relación entre Tribunal Constitucional y legislador: por un lado, la naturaleza específica del Derecho constitucional y su interpretación característica resultante, y por otro, la singularidad de la jurisprudencia constitucional, que se ha ido formando a lo largo de casi 50 años de judicatura.

a.- El Derecho constitucional tiene una complejidad específica propia. Ha sido muchas veces explicada[48] y ahora me limitaré a señalar simplemente unos breves apuntes:

- Orientación en determinados valores o bienes jurídicos materiales;
- Redacción de la mayor parte de las normas en forma de cláusulas generales y de modo claro, concreto o veraz;

[46] Véase K. STERN, *Staatsrecht* II, § 44 II /2, p. 958; III /2, p. 1347; K. KORINEK, *VVDStRL* 39 (1981), pp. 4 (41 y ss); M. BRNNER, *AöR* 120 (1995) pp. 248 (255); Th. V. DANWITZ, *JZ* 1996, pp. 481 (487).

[47] *Der Staat* 29 (1990), pp. 1 (26).

[48] Véase K. STERN, *Staatsrecht* III /2, pp. 1694 y ss.

- Estabilidad, continuidad y carácter de garantía e integración;
- Previsión de ponderación en casos de bienes jurídico constitucionales colindantes;
- Efecto de irradiación de la totalidad del ordenamiento jurídico y máxima viabilidad de la Constitución.

b.- La complejidad específica del Derecho constitucional lleva a una serie de particularidades en la interpretación. Ya en 1819 había mencionado la *Supreme Court* de los Estados Unidos "*We must never forget that it is a constitution we are expounding*"[49]. Como consecuencia de esta particularidad ha habido un esfuerzo importante por parte de la ciencia, desde hace mucho tiempo, en orden a aclarar los parámetros de interpretación. Así lo prueba, por ejemplo, el tema del simposio de Friburgo de 1961 de la Asociación Alemana de Profesores de Derecho Público –"los principios de interpretación constitucional" –y también el hecho de que se hayan dedicado muchos estudios recientes a la cuestión de la interpretación, particularmente a la interpretación constitucional[50]. Además se ha puesto igualmente de manifiesto la "complejidad del ejercicio de interpretación"[51] o su "carácter indefinido"[52], que se ha de ajustar en cada época bajo nuevas condiciones[53]. En cuanto a las normas de derechos fundamentales, he emprendido en mi obra *Staatsrecht* III /2, § 95 un intento reiterado, que debe ser señalado. El núcleo de mi tesis es: el canon que, desde C.F. von Savigny, caracterizó todo el desarrollo de los medios clásicos de interpretación, también es válido para el Derecho Constitucional.

Pero en esto hay que tener en cuenta las particularidades normativas, materiales y funcionales del Derecho constitucional, y ello exige un desarrollo adicional de los métodos clásicos de interpretación. Esta circunstancia reside sobre todo en eso, en que a la mayor parte de las disposiciones constituciona-

---

[49] *Mc. Culloch vs. Maryland,* United States Supreme Court Reports, T. 17 (1819), pp. 316 (407).

[50] Véase K. STERN, *Staatsrecht* III /2, p. 1693, nota a pie de página 273.

[51] H.J. KOCH, *EuGRZ* 1986, p. 345.

[52] K. STERN, *Gesetzesauslegung und Auslegungsgründsätze des Bundesverfassungsgerichts,* Tesis doctoral, München 1956, p. 1.

[53] Véase K. STERN, *Staatsrecht* III /2, p. 1637.

les, a causa de su carácter especial, no les basta con que pueda llevarse a cabo una interpretación simple, sino que es necesaria una "concretización", como la que Hans Huber ha presentado y que se considera desde entonces una idea aceptada[54].

Tal concretización necesita principalmente de los principios fundamentales y estructurales del Estado como la democracia, el Estado social de derecho, el Estado federal, la separación de poderes, con casi todos los derechos fundamentales, la determinación de los fines del Estado como el equilibrio económico, por supuesto la protección de la vida, etc. Esta labor de concretización es "focalizada"[55] en el Derecho constitucional por la jurisdicción constitucional debido a su función decisoria última, si bien el Tribunal Constitucional no tiene ningún monopolio, y sin que tenga que ser supuesta ciertamente una "sociedad abierta de los intérpretes constitucionales" (P. Häberle).

c.- Teniendo en cuenta la jurisprudencia constitucional, pasamos a observar qué es lo que se ha hecho respecto a la labor de concretización o qué se está haciendo todavía. El antiguo juez del Tribunal Constitucional Federal E.G. Mahrenholz, en el coloquio "Derecho constitucional entre ciencia y arte judicial", ha observado a este respecto: "Las dificultades en la conducción del Tribunal están conectadas más al poder del Tribunal que al método"[56]. Pese a la definición de poder de M. Weber, ciertamente compleja y también resbaladiza[57], tal crítica implicaría un desarrollo de poder político real, que el Tribunal ejercería, dando lugar a cierta inquietud, es decir: que el Tribunal hace política en vez de interpretación constitucional o que Karlsruhe sea la verdadera sede del Gobierno, etc. El Tribunal ha rechazado terminantemente estos temores

---

[54] *Rechtstheorie, Verfassungsrecht, Völkerrecht,* 1971, p. 340.

[55] Véase M. BRENNER, *aaO*, p. 257; G. PÜTTNER *Festschrift zum 125 jährigen Bestehen der Juristischen Gesellschaft in Berlin,* 1984, p. 573. También, respecto a los derechos fundamentales, K. STERN, *Staatsrecht* III /2, 1994, § 95 V, para quien el método de comprensión para la labor de concretización no esta aún sintetizado.

[56] *Verfassungsrecht zwischen Wissenschaft und Richterkunst* 1990, pp. 53 (61).

[57] M. WEBER, como es sabido, entiende el poder como la "posibilidad que lleva a cabo dentro de una relación social la propia voluntad, también incluso frente a una posible oposición, da igual sobre lo que se base tal posibilidad." (*Wirtschaft und Gesellschaft,* 5ª edición, 1976, edit. Por J. WINKELMANN, 1, p. 28).

en diferentes resoluciones, o mejor dicho, ha resaltado que la Constitución ha establecido un ámbito exento de estructuración política, a respetar especialmente por el legislador[58]. Con ello, el Tribunal se mantiene dentro de esa advertencia, que A. Arndt ha recomendado ante la tercera relectura de la Ley del Tribunal Constitucional Federal, a saber, que "este Tribunal debe tener sumo cuidado, de querer asumir un papel de dirección política, cuestión que en ningún caso le corresponde" [59]. Las consecuencias políticas no se pueden negar, particularmente teniendo en cuenta las muchas resoluciones del Tribunal respecto a revisiones por inconstitucionalidad de leyes[60]. Si este hecho, al fin y al cabo cierto, hubiera sido encubierto despertaría dudas. Por tanto, el problema no reside en lo institucional, sino que es un problema personal que se refiere al juez individual.

Frecuentemente, por este motivo es recomendable una *judicial self - restraint*[61]. No obstante, esta recomendación no se ha fundamentado ni detalladamente ni tampoco ha sido determinada en cuanto a su contenido. Es ciertamente imprecisa para ser un modelo argumentativo eficiente. A mi juicio, el Tribunal Constitucional y los Tribunales Constitucionales de los *Länder* han desarrollado una gama de figuras argumentativas importantes en relación a esa concretización constitucional, en especial frente al legislador. Este hecho es conocido y puedo esbozarlo brevemente:

a') El principio de la interpretación constitucionalmente conforme a la ley: Se puede sostener un acto del Legislativo si sobre éste aún cabe interpretación en sentido acorde a la Constitución[62]. Este principio es verdad que a veces se ha extendido en exceso, pero como principio interpretativo de sujeción normativa sirve como medida de habilitación básica de salvaguarda de las intenciones del legislador.

---

[58] BVerfGE 36, 1 (p. 14).

[59] Bundestag, I. WP 1949, informe taquigráfico T. 6, p. 4115 (D).

[60] BVerfGE 68, 1 (78).

[61] Véase F.A. Fr. v.d HEYDTE, en, *Festschrift W. Geiger,* 1974, pp. 909 y ss; M. KRIELE, *NJW* 1976, pp. 777; G.F. SCHUPPERT, *DVBl,* 1988, pp. 1191 y ss; A. RINKEN, *AK-GG,* 2ª Edición, 1989, Art. 93 nota al margen 92; E.W. BÖCKENFÖRDE, BVerfGE 93, 121 (151) voto particular.

[62] Véase, por ejemplo, BVerfGE 85, 69 (p. 72); 85, 360 (p. 372); 86, 288 (p. 328); *K.Stern, Staatsrecht* III /2, § 95 IV 3 a α m.w.N.

b') Se ha reforzado este principio como *favor conventionis* frente a tratados y actos unilaterales de Derecho internacional[63]. Aquí, sin embargo, será más respetado el margen de movimiento de estructuración política del Gobierno que el del legislador.

c') Da la impresión de tal fuerza frente al legislador, que la inconstitucionalidad de la ley ya no es anulada en todo caso, sino con frecuencia –principalmente por violaciones del principio de igualdad[64], aunque no sólo por esto–[65] y una vez comprobada la inconstitucionalidad, se hace un llamamiento al legislador, a efectos de reparar –con o sin plazo– la inconstitucionalidad. Un ejemplo reciente es la resolución sobre el valor base en el Derecho fiscal[66]. Aquí se ha desarrollado un elenco de "posibilidades decisorias"[67] de las que ahora no podemos tratar[68]. Sin embargo, es reconocido que también el legislador posee legitimidad para la concretización de la Constitución. El punto de partida jurídico constitucional para tal reserva está en los principios de separación de poderes y en el principio democrático, ya que al legislador le corresponde una cierta parte de responsabilidad en el desarrollo de la Constitución, que el Tribunal no pone en duda sino que solamente controla. El Tribunal Constitucional Federal ha determinado esto desde el principio; ya en 1951 hizo referencia a las "facultades del legislador"[69], después aludió a la "libertad de producción legislativa"[70], y finalmente, se refirió al "margen de actuación del legislador"[71*].

[63] Véase, por ejemplo, BVerfGE 4, 157 (168); 36, 1 (14); *K.Stern, Staatsrecht* III /2, § 95 IV 3 a β m.w.N.

[64] Comprobación en *K.Stern, Staatsrecht* III, § 44 V 3 g y; III /1, 1989, § 66 III 1 a β; III /2, § 91 v 3; R. SEER, *NJW* 1996, pp. 285.

[65] BVerfGE 21, 12 (39); 33, 303 (p. 347); 35, 79 (148); 37, 217 (260); 62, 379 (385, 391); 85, 264 (326); 87, 153 (p. 177).

[66] BVerfGE 93, 121. Con el voto particular muy interesante de E. W. Böckenförde.

[67] W. RUPP- v. BRÜNNECK, *AöR* 102 (1977), p. 1 (19).

[68] En detalle, KURT VOGEL, *Das Bundesverfassungsgericht und die übrigen Verfassungsorgane*, 1988, pp. 214 y ss.

[69] BVerfGE 1, 14 (32); 4, 7 (8).

[70] BVerfGE 6, 389 (420); 50, 290 (336); 71, 66 (76).

[71] BVerfGE 67, 186 (195); 69, 150 (160); 76, 256 (359); 83, 238 (334); 88, 203 (340).

* *(Nota del traductor)* En la BVerfGE 1, 14, de 23 de octubre de 1951, se afirma que, de acuerdo a la Ley Fundamental, la cuestión del reconocimiento al legislador de ciertas facultades

d') Se han fortalecido estas posibilidades frente al legislador cuando se trata de lo que se vienen en denominar previsiones legislativas. En estos casos encontramos una especie de control en niveles: un control llamado de evidencia u oportunidad de su actuación y un control de contenido, según qué casos[72]. De lo que se trata es de que el legislador porfíe en la cuestión a regular, aun cuando su previsión o pronóstico para la regulación de una materia pueda haber resultado equivocada[73*].

---

y hasta donde alcanzan éstas es una cuestión jurídica que puede entrar también a apreciar el Tribunal Constitucional Federal cuando la misma Ley Fundamental determine los límites de tales facultades. Igualmente, ha sido jurisprudencia continuada de este Tribunal, desde la BVerfGE 6, 389, de 10 de mayo de 1957, comprender que la Ley Fundamental contiene previsiones valorativas que vinculan al legislador y limitan su campo de actuación legislativa. Esta posibilidad también se contemplaría en orden a la implementación de la regulación transitoria, en la que también el legislador está sujeto a un cierto margen de actuación (BVerfGE 76, 256, de 30 de septiembre de 1987).

[72] Véase K. SCHLAICH, *Das Bundesverfassungsgericht,* 3ª edición, 1994, nota al margen 496.

[73] Véase BVerfGE 57, 139 (p. 162); 68, 287 (309); 73, 40 (94); Chr. MAYER, *Nachbesserungspflicht des Gesetzgebers,* 1996.

[*] *(Nota del traductor)* La posibilidad del legislador de fijar cuotas de contratación de minusválidos por parte del empresario, requiere de ciertas previsiones. Cuando el Tribunal tuvo que entrar a conocer la constitucionalidad de la ley que establecía esa posibilidad, aprovechó para perfilar también los límites jurídicos de este tipo de previsiones del legislador. En este sentido, el Tribunal Constitucional Federal (BVerfGE 57, 139) afirmó que tales previsiones o pronósticos contienen un juicio de probabilidad y requieren de ciertas bases previas. Las previsiones del legislador presuponen pues, según el Tribunal Constitucional Federal, que se han tenido en cuenta particularidades en razón del ámbito específico afectado y se han previsto además ciertas medidas diferenciadas. Estas particularidades y medidas, según el Tribunal, requieren de lo que denomina control de evidencia, control de oportunidad o razonabilidad y control de contenido. Desde esta perspectiva, el Tribunal tiene poco que hacer frente a las previsiones del legislador, aun cuando sus previsiones estimativas, así como el proyecto de resultado que se derive de la ley, no lleguen a producirse. Ahora bien, el Tribunal Constitucional afirmaría, también sobre la base de su anterior jurisprudencia, que el legislador, cuando ha planteado unas previsiones erróneas teniendo en cuenta los datos recogidos y dadas las circunstancias, puede disponer de un plazo suficiente para que tenga la posibilidad de asegurarse un determinado grado de acierto de su previsión y de su desarrollo.

e') Hay cierta reserva del Tribunal en orden a la adopción de medidas provisionales respecto a leyes y se ha mostrado muy cauteloso a la hora de paralizar la aplicación de una ley[74].

C) Posibilidades de control en varios niveles

Vamos a tratar de extraer un primer balance de nuestras reflexiones; así, cabe decir que el legislador está sujeto a la normativa constitucional, y que el Tribunal Constitucional Federal controla la observancia de esta obligación, pero sólo en la medida en que sea suficiente para garantizar tal obligación. Esto depende, por consiguiente, de la conformación de las normas de Derecho constitucional, y de la medida en que tal fiscalización surta efecto. Del marco de las respectivas normas de fiscalización jurídico constitucionales se derivan unas posibilidades de fiscalización en varios niveles en densidad e intensidad, que han de particularizarse respecto de las normas concretas de Derecho constitucional. Esta labor hasta ahora sólo a veces ha sido llevada a cabo por medios puramente científicos y prácticos. Ahora bien, sólo conforme a la realización de esta exigencia se puede llegar a una declaración fiable sobre la relación entre el Legislativo y el Tribunal Constitucional Federal. En el poco tiempo del que dispongo aquí quisiera ofrecer algunas ideas claras.

3. LABOR DE CREACIÓN JURÍDICA A TRAVÉS DEL TRIBUNAL CONSTITUCIONAL

El juez del Tribunal Constitucional Federal D. Alfred Söllner ha hablado hace poco en una conferencia sobre "el juez como legislador sustituto" mencionando el caso de los jueces en el Derecho laboral. Su resumen fue tomado de la tesis de Franz Gamillscheg: "El Derecho judicial está en nuestras manos"[75]. ¿Está justificada tal observación a la vista del raudal de leyes que nos llegan por parte del Parlamento? Ciertamente, el llamado Derecho

---

[74] Véase la comprobación de J. BERKEMANN, en DC. UMBACH/ Th. CLEMENS, también, Ley del Tribunal Constitucional Federal, 1992, § 32, nota al margen 138.
[75] *ZG* 1995, 1 (6).

judicial, que requiere para un correcto análisis de una diferenciación en distintos aspectos[76], ha tomado bajo nuestras fuentes del Derecho una extensión considerable, lo que invita a una reflexión al menos respecto a las cuestiones de conflicto laboral o colectivo como materias libres de ley parlamentaria. Sin embargo, aquí no estamos ante un problema del "Derecho judicial" conformado por los Tribunales Supremos Federales, sino de participación de la jurisdicción constitucional en el proceso de creación jurídica de la legalidad constitucional y la legalidad normal. Con esto lo que se pretende es efectuar una estructuración aproximativa, de corrección, complementación, sustitución o descarga de la actividad de creación legal del Parlamento. Uno trata de afinar esta estructuración aproximativa en aquello que hasta ahora falta. Así, me parece conveniente diferenciar dos niveles y varias clasificaciones: por un lado, la jurisdicción constitucional en el proceso de creación jurídico-constitucional; por otro, la jurisdicción constitucional en el proceso de creación jurídico legal.

En el nivel citado en primer lugar encontramos al Tribunal Constitucional con relación al legislador ante una modificación de la Constitución y en el segundo nivel, en relación con el llamado legislador federal o legislador de los *Länder*. Es importante reconocer que un fallo judicial constitucional en ambos niveles sólo puede ser corregido sustancialmente por el legislador por medio de una reforma constitucional. El Tribunal Constitucional habla como regla general desde el nivel del Derecho constitucional, de ahí la particular categoría de esta materia jurídica. Bien es verdad que el Tribunal Constitucional Federal ha interpretado, en su decisión de 6 de octubre de 1987 (artículo 31 de la Ley del Tribunal Constitucional Federal), en cuanto al legislador, que una "resolución judicial constitucional de anulación ante determinada normativa del legislador no (le impide), acordar una nueva regulación de igual o similar contenido". No le será "negado..., en el margen de su libertad y capacidad de configuración, realizar más tarde la aprobación de una nueva regulación de igual contenido, si el legislador lo considera necesario..." Nuevamente, el Tribunal pone de relieve y resalta al mismo tiempo la particular responsabilidad del legislador

[76] R. WIMMER, "Der Richter als Notgesetzgeber: Normabstinenz und richterlicher Entscheidungszwang", en, *Der Richter und 40 Jahre Grundgesetz*, 1991, p. 39 y ss; J. IPSEN, "*Richterrecht und Verfassung*, 1975; KIRCHHOF, *NJW*, p. 2275; el mismo, en, *Festschrift der Juristischen Fakultät der Universität Heidelberg: Richterliche Rechtsfortbildung*, 1986; K. STERN, *NWVBl*, 1990, p. 1.

legitimado democráticamente, ya que el "Tribunal Constitucional Federal ha de medir los actos del poder legislativo respecto a la propia Constitución y no respecto de resoluciones constitucionales precedentes..." Esto significa, también, que no se pueden llegar a poner en peligro sus competencias "de interpretación obligatoria de la Constitución y garantía efectiva de la protección judicial constitucional"[77]. Y, además, supone, que el legislador sólo tiene fuerza dispositiva dentro de la facultad de control del Tribunal Constitucional. Él no puede realizar ninguna inducción constitucional a partir de normas simples.

Por este motivo se han de distinguir dos niveles, respecto a la Constitución y respecto a las simples leyes. Se trata de niveles normativo-constitucionales y, por consiguiente, el Tribunal Constitucional se pronuncia en su propio terreno. En este sentido, se trata de la protección decisiva y última de todo el orden jurídico. El Tribunal Constitucional actúa sobre el Derecho escrito, sobre todo, como factor de corrección o complemento del Parlamento (y de los Tribunales Supremos Federales) de lo que pueden surgir relaciones de tensión. Aquí se muestra solamente la interesante problemática específica entre el Tribunal Constitucional Federal y el mismo Poder legislativo.

A. Creación de Derecho constitucional por el Tribunal Constitucional

Contemplando de cerca el nivel del Derecho constitucional, se pueden diferenciar las siguientes cuestiones:

a) La interpretación de un determinado concepto constitucional puede realizarse conforme a las reglas clásicas de la interpretación. Y las encontramos generalmente en las normas de Derecho constitucional, algunas de las cuales tienen cierta tradición, como, por ejemplo, los títulos competenciales del legislativo.

b) Será particularmente complicada la concreción de conceptos constitucionales imprecisos, de objetivos o determinaciones estructurales jurídico-constitucionales, como también lo será la concreción de principios u objetivos constitucionales, como muestran los siguientes ejemplos:

---

[77] BVerfGE 77, 84 (103).

a') El desarrollo del principio del Estado de Derecho de los artículos 20 y 28.1 de la Ley Fundamental es, en gran medida y desde cierto punto de vista, una concreción admisible de la Constitución[78]. Además, se puede incluir también el principio de proporcionalidad, igualmente llamado de prohibición de excesos[79]. Entretanto, se ha independizado este principio y desarrollado una figura argumentativa jurídico constitucional independiente (en ocasiones casi una política jurídica constitucional), que será utilizada por el Tribunal Constitucional Federal como control amplio de acciones del Legislativo y el Ejecutivo. Recientemente se ha aplicado, interpretándose como "límite inmediato para la persecución jurídico-constitucional" respecto de sanciones a agentes del servicio de inteligencia de la antigua RDA. El Tribunal consideró que el principio de proporcionalidad "será lesionado, en todo caso, cuando, teniendo en cuenta la situación única y muy particular producida por la división de Alemania, se imponen las previsiones penales establecidas en los artículos 94 y 99 del Código Penal[*] a aquellos ciudadanos que, en el momento de entrada en vigor de la unidad de Alemania el 3 de octubre de 1990, tuvieran sus puntos de residencia en la antigua RDA, y sólo hubieran actuado en el terreno de la RDA o en aquellos Estados en los que estaban seguros de no ser sancionados o entregados a otros países por esos mismos actos"[80]. Prácticamente, esto significa una labor creativa de derecho respecto al Tratado de Unificación o, como dice el voto particular de tres jueces, una amnistía o remisión para procesos pendientes, que en el propio Tratado de la Unificación había sido rechazado[81]. El principio de proporcionalidad, en este sentido, se extiende en exceso, aunque de modo ambiguo, y se emplea como medio de conformación legislativa[*].

[78] Véase K. STERN, *Staatsrecht* I, § 20 m.w. N.

[79] BVerfGE 19, 342 (p. 348); 23, 127 (133); 43, 101 (106); 58,283 (290); 75,1 (16); 76,1 (p.50), 256 (359); 78, 38 (56), 249 (284); 90, 145 (p. 172).

[*] *(Nota del traductor)* Estos artículos (parágrafos 94 a 99) del Código Penal alemán (Strafgesetzbuch), están dentro de la Sección titulada "Traición a la patria y puesta en peligro de la seguridad exterior", y tipifican como conductas punibles actos como, por ejemplo, la traición a la patria, la revelación de secretos de Estado, espionaje, etc.

[80] *EuGRZ* 1995, 203 (p. 215).

[81] *EuGRZ* 1995, 220.

[*] *(Nota del traductor)* Este caso se refiere a la situación surgida como consecuencia del descubrimiento de casos de espionaje por parte de agentes de la antigua RDA a su país vecino, la RFA. La RFA, ante estos hechos y ante la dificultad de establecer un tratado bilateral para que los agentes descubiertos cumplieran penas en la RDA, estableció sistemas para perseguir estos actos y tratar

En la segunda resolución del aborto, el Tribunal ha puesto de relieve que el déficit que puede derivar de esta capacidad de creación en instancia judicial, sobrepasando al legislador, debe de amortiguarse, en particular en lo que se refiere a la obligación de protección de los derechos fundamentales[82]. Hay que decir que, hasta ahora, la ciencia ha reaccionado respecto a esta figura argumentativa con cierto escepticismo[83].

b') En el posterior desarrollo de los principios del Estado de Derecho y de reserva legal inmanente a los derechos fundamentales, el Tribunal Constitucional Federal ha interpretado el principio democrático de acuerdo a la llamada "teoría de la esencialidad" (*Wesentlichkeitstheorie*), esto es, en relación a una reserva parlamentaria que exige que determinadas resoluciones "esenciales", en el ámbito de los derechos fundamentales[84], y desde hace poco también para casos de actuaciones del ejército alemán *out of area*, deben de ser aprobadas antes, inexcusablemente, por el Parlamento[85]. El Tribunal consideró al ejército alemán como "ejército del Parlamento". La reserva parlamentaria responde desde 1918 a la tradición constitucional alemana. La Ley Fundamental reserva al Parlamento "no sólo la dirección básica de la planificación y el desarrollo estatal, sino también la adopción de resoluciones concretas sobre tales cuestiones". La reserva parlamentaria se trata de "un principio que sirve de base para las cuestiones militares constitucionales". El nexo de fundamentación global de tales resoluciones no está mencionado en el artículo 65.a de la Ley Fundamental, pues éste es un precepto referido sólo al Gobierno en el que se atribuyen al Ministro de Defensa Federal el ejercicio de la jefatura y el mando de las Fuerzas Armadas. Ahora bien, en mi opinión, también aquí se insinúa esa facultad de movilización; de hecho, el Ministro Federal de Defensa es responsable parlamentariamente y puede ser controlado, como cualquier Ministro, respecto a las actividades de su administración. Ciertamente, puede

de proteger su integridad territorial. Cuando este caso llegó al Tribunal Constitucional Federal alemán, en su sentencia de 15 de mayo de 1995 (BVerfGE 92, 277), reconoció que, efectivamente, la RFA estaba legitimada para establecer sistemas de protección de este tipo. Ahora bien, para el Tribunal, este tipo de medidas tenían unos límites, sobre todo en aquellos casos en los que los actos realizados no hubieran supuesto una amenaza para la seguridad y existencia del Estado.

[82] BVerfGE 88, 203 (p. 254); también BVerfG –Compendio de resoluciones, *EuGRZ* 1996, 120.

[83] Véase K. STERN, *Staatsrecht* III /2, § 84 III 10; J. DIETLEIN, ZG 1995, p. 131, jew. m.w.N

[84] BVerfGE 40, 237 (p. 248); 47, 46 (p. 78); 58, 257 (268).

[85] BVerfGE 90, 286 (p. 381).

dar cierta mayor seguridad un respaldo parlamentario, pero requerir "constitutivamente" la aprobación del Parlamento para la movilización, contradice la concepción fundamental del Gobierno activo y del control parlamentario. Lo que aquí ha sido creado es una teoría de la esencialidad de la legalidad constitucional militar que restringe de modo dificultoso la política exterior y de defensa del Gobierno.

c') Una crítica esencial tiene que subrayarse en cuanto a la labor de perfeccionamiento del Derecho constitucional, y que, a veces, también se da en la propia producción del Derecho constitucional. En parte, la jurisdicción constitucional desarrolla aquí una función de legislador subsidiario en la modificación constitucional. Los siguientes ejemplos pueden servir como ilustración de tal posibilidad del juez constitucional:

1. Se puede destacar la "multifuncionalidad de los derechos fundamentales", relacionada también con el llamado contenido jurídico objetivo –las anteriormente denominadas resoluciones valorativas (*Wertentscheidungen*) –, y en cuyo marco la teoría del efecto de irradiación y de obligación de protección de los derechos es calificable con seguridad como una gran aportación pretoriana del Tribunal Constitucional Federal. No obstante, algunos casos actuales ofrecen también razones de crítica. Así, cabe mencionar, por ejemplo, la resolución referida a las relaciones entre el arrendador y el arrendatario[86] respecto a la situación de primacía por la posición del propietario, cuya problemática de colisión no se ha solucionado; también alguna decisión en relación al llamado Concejo Municipal[87] y su "inferioridad estructural" en ciertas relaciones contractuales y, asimismo, la cuestión de la reinterpretación del artículo 240 del Código Penal[88] con relación a las situaciones también denominadas de "coerción"[*]. En los tres casos estamos prácticamente ante un "*ordre constitutionnel*"[89] respecto a la regulación de los arrendamientos, la contratación y en lo tocante a la posibilidad de sanción y coacción, es decir,

---

[86] BVerfGE 89, 1 y ss.

[87] BVerfGE 89, 214 y ss.

[88] BVverfGE, *EuGRZ* 1995, p. 177.

[*] *(Nota del traductor)* El artículo 240 del Código Penal alemán dice que "quien coaccione a una persona antijurídicamente con violencia o amenazándole con un mal considerable, para que realice una acción u omisión, será castigado con pena privativa de la libertad de hasta tres años o multa".

[89] Expresión de H. WIEDEMANN, *JZ* 1994, p 411 (412); También D. LOOSCHELDERS/W. ROTH, *JZ* 1995, P. 1034.

cuestiones que el legislador debía haber resuelto ya a través de sus ponderaciones de intereses en la ley. Además, en el caso del artículo 240 del Código Penal, habría que tener en cuenta el artículo 79.1 de la Ley del Tribunal Constitucional[*]. El Tribunal Constitucional Federal ofrecía así una imagen de "legislador superior".

2. También la libertad de información del artículo 5.1 de la Ley Fundamental con el desarrollo de los sistemas de radiodifusión ha dado lugar a que el Tribunal Constitucional Federal, por medio de ocho resoluciones, establezca un Derecho de la radiodifusión[90], que difícilmente se puede deducir de la estrechez de la disposición de ese texto. Algunas partes de ese Derecho de la radiodifusión actual son conformadas y consolidadas de este modo a través del Derecho judicial constitucional, que además, después, el legislador ha seguido casi literalmente. Se observa que el "ordenamiento de radiodifusión dual" en Alemania está configurado menos parlamentariamente que jurisprudencialmente. Este tipo de implementación rápida sólo es posible a través de una interpretación jurídica del Tribunal Constitucional o a través del Derecho Comunitario, sobre todo en este tipo de cuestiones que, como la radiodifusión, requieren para su desarrollo de garantías jurídicas concretas[91].

3. No ha sucedido lo mismo en casos relacionados con el artículo 9.3 de la Ley Fundamental y el derecho al conflicto colectivo[92]. Aquí se ha admitido también que el Tribunal debía intervenir, ya que el legislador rehuía su obligación de normación. Ahora bien, aunque ciertamente el artículo 9.3 de la Ley Fundamental no incluye ninguna exigencia legislativa expresa, el Tribunal Constitucional Federal se ha pronunciado en reiteradas ocasiones en el sentido de que es "cosa del legislador, conformar detalladamente la libertad

[*] *(Nota del traductor)* Se refiere aquí al reconocimiento de la retroacción de los fallos del Tribunal Constitucional Federal que tienen por objeto normas penales o nulidad de la condena penal impuesta en virtud de leyes contrarias a la Constitución.

[90] Véase BVerfGE 12, 205 ss.; 31,314.ss; 57, 295 ss.; 73, 118 ss; 74, 297 ss; 83, 238. ss; 87, 181.; 90, 60 .

[91] Así K. STERN, *Staatsrecht* III /1, § 68 V 3b.

[92] Véase BVerfGE 84, 212, donde es expuesto el desarrollo del derecho al conflicto colectivo a través del Tribunal Constitucional Federal; H. SEITER, *AöR* 109 (1984), p. 88 y ss.; R. SCHOLZ, *HStR* VI, 1989, nota al margen § 151, p. 107.

sindical"[93]. Sin embargo, no ha desaprobado de modo significativo la labor de desarrollo judicial que ha ido realizando el Tribunal Federal de Trabajo (*Bundesarbeitsgericht*). No obstante, una regulación legal podría asegurar mejor los intereses públicos del conflicto laboral o colectivo. Sería el momento de que el legislador tomara partido a este respecto. Precisamente, la resolución sobre el artículo 116 de la Ley de Promoción Laboral debía alentar tal actuación[94]. Ni hay legalidad en la prerrogativa normativa del juez ni en las partes del convenio colectivo en este aspecto. Situación que ha devenido así sólo a través de la propia abstención del legislador.

c.- El perfeccionamiento o la producción del Derecho constitucional ha venido referido no sólo al ámbito de los derechos fundamentales. La última resolución del Tribunal Constitucional Federal respecto a la financiación de los partidos ha fijado los límites superiores absolutos y relativos para la financiación de los partidos. El Tribunal ha derivado esto muy audazmente del principio de libertad estatal de los partidos y de la primacía de la autofinanciación de los partidos[95]. El legislador ha seguido por lo general al Tribunal en la nueva redacción de la ley de partidos de 31 de enero de 1994 (artículo 18 de la Ley de partidos). Me parece aceptable que el Tribunal, a la vista del silencio del artículo 21 de la Ley Fundamental sobre la financiación de los partidos estatales, haya desarrollado el Derecho judicial constitucional de forma amplia; me parece aceptable, ya que, de este modo, al menos, se ha suavizado el descrédito que se produce ante las medidas de los partidos relativas a esta cuestión, que se nota que son "por propio interés". No obstante, el legislador habría hecho bien retomando la propuesta de la comisión para la financiación de los partidos del Presidente Federal para fortalecer su control y también su transparencia[96].

d.- Los casos así resumidos muestran, al menos, un importantísimo impacto en el desarrollo constitucional a través del Tribunal Constitucional Federal operando como legislador, que está interrelacionado ineludiblemente con la enorme significación que la Constitución ha tenido para el ordenamiento

[93] BVerfGE 84, 121 (226).

[94] Véase BVerfG, *Der Betrieb* 1995, 1464= *JZ* 1995, 1169 observación de M. LIEB.

[95] BVerfGE 85, 264 (289 ss.).

[96] *Empfehlungen der Kommission unabhängiger Sachvertändiger zur Parteienfinanzierung*, 1994. Oficina Federal de la Presidencia (edit.).

jurídico y social en la República Federal de Alemania, quizás como en ningún otro país del mundo[97]. J. Isensee ha caracterizado tal situación como la tendencia en la que "la Constitución se ve como sistema global concretable, independiente del Derecho escrito y de las convenciones y la moral pública."[98] Hoy las exigencias políticas parecen ser cada vez más fuertes. Las sesiones públicas en las Comisiones parlamentarias tienen mucho peso en el juego de roles del proceso legislativo. La propia ley, a la vez que expresión de una determinada voluntad de acción política, supone también un sistema necesario de implementación constitucional. Es verdad que cabe atribuir esta evolución a la jurisprudencia constitucional, pero también a una política que, por suerte y en cierto modo, puede despreocuparse y confiar en que alguna resolución del Tribunal Constitucional cubra su actuación si es necesario. Así, mientras tanto, los constitucionalistas ven cómo se revaloriza su trabajo y logran una cierta satisfacción, pero sólo hasta cierto punto, pues son ellos los que más conocen los peligros de este proceso paulatino de transformación hacia el Estado judicial.

B. Creación de Derecho escrito por el Tribunal Constitucional

Al examinar el segundo nivel, el nivel legislativo, se ponen de relieve los siguientes aspectos: eliminación de ley en forma de declaración de nulidad o de inconstitucionalidad, corrección de ley en forma de interpretación de conformidad constitucional, producción de ley o mera creación de ley y, finalmente, apelación del Tribunal Constitucional al legislador con más o menos posibilidades de convicción.

a) La declaración de nulidad o de inconstitucionalidad de las leyes forma parte de las funciones clásicas del Tribunal Constitucional. Esta función es legitimada a través de la primacía de la Constitución y actualmente es indiscutible. En conjunto, encontramos hoy hasta unos 400 casos, en los cuales el Tribunal Constitucional Federal ha declarado la inconstitucionalidad de leyes.

---

[97] En detalle, K. STERN, *Staatsrecht* II, § 44 II 2; K. EICHENBERGER, *Sinn und Bedeutung einer Verfassung*, ponencia para el 125 aniversario jurídico en Suiza, 1991.

[98] J. ISENSEE, en, *Verfassungen als Fundament und Instrument der Politik, Veröffentlichungen der Deutschen Gesellschaft für Politikwissenschaft*, T. 13, 1995, p. 25 (31).

Esto parece una cifra considerable, pero sólo relativamente si la comparamos con la producción legislativa.

Permítaseme en este punto tratar en detalle, como digresión ejemplicativa, cierto desatino jurídico-constitucional y los resultados subsiguientes de una típica resolución de control normativo, de carácter ciertamente "apodíctico"[99], con respecto a la que no se ha reflexionado suficientemente; la decisión de la Sala primera de 16 de mayo de 1995 sobre la declaración de nulidad del artículo 13.1 del Reglamento escolar de Baviera sobre la colocación de unas cruces en las aulas de enseñanza primaria[100]. Esta decisión, llamada del crucifijo, ha provocado reacciones de amplia repercusión pública[*], más que otras resoluciones del Tribunal[101]. Políticos, representantes de la Iglesia, publicistas y ciudadanos se han expresado con mucho entusiasmo en cartas a los periódicos con planteamientos y argumentaciones dispares. La presidencia de la Sala se vio en la necesidad de realizar aclaraciones, interpretaciones, precisiones, concreciones y correcciones del Fundamento 1° de la decisión en los medios. Asimismo, el 22 de agosto de 1995, dio un comunicado de prensa, que "precisaba lingüísticamente" este Fundamento 1°, pero también el hecho de que "la disposición gubernativa de colocación de cruces o crucifijos en las aulas como una obligación escolar estatal... contravenía el artículo 4.1 de la Ley

[99] Véase E. BENDA, *ZRP* 1995, p. 427; M. HECKEL, *DVBl.* 1996, p. 453 (460).

[100] BVerfGE, *EuGRZ* 1195, P. 359 y ss.

[*] *(Nota del traductor)* La muy conocida resolución "del crucifijo" declaraba inconstitucional la obligación de colocar la Cruz en los colegios de Baviera. Ello llevó a que el Tribunal Constitucional fuera muy criticado por la ciudadanía y en ambientes políticos, hasta el punto de que se desarrolló incluso una manifestación contra el Tribunal en Munich el 23 de agosto de 1995.

[101] El fallo ha provocado en la doctrina científica un raudal de comentarios. Aquí podemos citar, sin pretensión de exhaustividad: P. BADURA, *BayVBl.* 1996, pp. 33, 71 y ss; G. CZERMAK, *NJW* 1995, p. 3348; St. DETTREBECK, *NJW* 1996, p. 426; W. EBERL, *BayVBl.* 1996, p. 107; M. JESTAEDT (Östr.) *Journal für Rechtspolitik*, 3 (1995), p. 237; P. LERCHE, *Sonderheft Kirche und Gesellschaft*, 1995, p. 16; Chr. LINCK, *NJW*, 1995, p. 3353; J. MÜLLER-VOLLBEHR, *JZ* 1995, p. 996; D. PIRSON, *BayVBl.* 1995, p. 755; K. REDEKER, *NJW* 1995, p. 3369; L. RENCK, *ZRP* 1996, p. 16; J. ROZEK, *BayVBl*, 1996, p. 22; M. HECKEL, *DVBl*, 1996, p. 453, y A. Frhr. v. CAMPENHAUSEN, *AöR* 121 (1996), p. 448, nota a pie 1. El fallo ha llamado la atención también fuera de los límites de la propia Alemania: véase para Francia A. GROMITSARIS, *AöR* 121 (1996), p. 359; para España S. GONZÁLEZ-VARAS IBÁÑEZ, *Revista Española de Derecho Constitucional* 47 (1996), p. 347.

Fundamental"[102]. Sólo –y esto es lo jurídicamente relevante– sería posible una rectificación, de acuerdo al artículo 31 de la Ley del Tribunal Constitucional Federal, en la fuerza de convicción de las motivaciones de la decisión de la Sala, cosa que no ha sucedido. La explicación se contiene ya en el Fundamento 1° en su redacción inicial, que dice textualmente: "La colocación [de cruces] como obligación de las escuelas es, por tanto, incompatible con el artículo 4.1 de la Ley Fundamental, pues no se trata en este caso de escuelas de confesión cristiana."

En este punto, debe permanecer abierta la cuestión jurídico procesal, hasta ahora ni siquiera mencionada, de si toda rectificación de un fallo prevista en las leyes procésales (véanse los artículos 319 de la Ley de Enjuiciamiento Civil, 118 de la Ley de Jurisdicción Contencioso –Administrativa, 107 de la Ley del Tribunal Económico –Administrativo y 138 de la Ley del Tribunal de la Seguridad Social) también sería admisible generalmente para resoluciones del Tribunal Constitucional Federal y si se trata aquí realmente de un caso de inexactitud tal que el Tribunal se ha expresado mal, declarando otra cosa y no realmente lo que quería decir[103]. Un procedimiento de rectificación tendría que separar los errores a corregir de la resolución. Aquí hay, sin embargo, una aplicación defectuosa de las correspondientes prescripciones y principios de Derecho constitucional. Precisamente, se afirma también junto a la ya citada parte relativa a la violación del artículo 4.1 de la Ley Fundamental: "La colocación... rebasa los... límites ideológico-religiosos de la escuela" y, a modo de aclaración, añade: "La colocación... tampoco se justifica en la libertad religiosa de los padres e hijos de creencias cristianas"[104].

La resolución, dicho sea de paso, era del todo innecesaria conforme a las posiciones procesales del caso y antes de que el Tribunal Contencioso Administrativo Superior de Baviera hubiera decidido sobre la cuestión principal.

[102] Comunicado de prensa n.° 35/95. Si sobre ello tuvo lugar una coordinación secreta de la Sala es algo de lo que no tenemos conocimiento. Conforme al artículo 17.2 del Reglamento judicial del Tribunal Constitucional Federal no era del todo apremiante, pero en mi opinión aconsejable.

[103] Véase BFH 120, 145 (p. 146) para el artículo 107 de la FGO; BayVGH, BayVGHE, 1, 82, para la VwGO; K. REDEKER/J. H. v. OERTZEN, *Verwaltungsgerichtordnung*, 11ª edición, 1994, § 118 nota al margen 2; W. FLUME, *NJW* 1995, p. 2904. En la resolución del Tribunal Constitucional Federal 72, 84, tenía el Tribunal que decidir sobre una solicitud de modificación de un fallo. Sosteniendo tal petición como claramente admisible.

[104] BVerfG, *EuGRZ* 1995, 359 (365).

Por lo demás, la subsidiariedad del recurso de queja constitucional (*Verfassungsbeschwerde*) cede aquí a una cierta voluntad de intervención, cuestión sobre la que uno –dicho suavemente– se tiene que sorprender.

Desde una perspectiva jurídico-material observo los siguientes errores:

1. La Sala ha visto, a decir verdad, respecto al artículo 4 de la Ley Fundamental, una colisión de la libertad religiosa negativa y positiva, pero se ha inclinado unidireccionalmente a favor de la libertad religiosa negativa. En efecto, se habla de la necesidad de "concordancia práctica", de si es posible una "compensación moderada" entre los bienes jurídico constitucionales y las posiciones afectadas, lo que implica que no puede ponderarse en un solo sentido a favor de uno de los bienes jurídicos[105]. Una situación de tolerancia de la minoría frente a la mayoría se encuentra frente a las explicaciones de anteriores resoluciones[106], particularmente en el volumen 67, donde en la página 37 ha dicho, que el individuo "no (puede) exigir, que sus convicciones sean tomadas como escala de validez o de aplicación de las normas jurídicas"; además, la persona que piensa de modo distinto "no puede sustraerse" a la presencia de la cruz, lo que habrá de suponerse, ya que la mera colocación produce un efecto "misionero" de "tipo ideológico-religioso"[107] o de "oración"[108]. En algún lugar, aunque entre comillas, se habla incluso de tener que "aprender bajo la cruz" [109]. Con razón acentúa el voto particular, en consonancia con las instancias impugnadas del Tribunal Contencioso-Administrativo de Ratisbona y el Tribunal de apelación Contencioso- Administrativo, que la "merma psíquica y perjuicio mental y que los alumnos no cristianos tienen que aguantar a través de la observación obligatoria de la cruz en la clase, sólo (tiene) una importancia relativamente limitada"[110].

---

[105] BVerfG, *EuGRZ* 1995, 359 (365). Véase, también, M. HECKEL, *DVBl.* 1996, 453 (p. 476). Sobre la compleja problemática de la ponderación, F. OSSENBÜHL, *DVBl.* 1995, p. 873.

[106] Véase BVerfG 52, 223 (251), donde la exigencia de tolerancia se mide con "particular significación".

[107] BVerfG, *EuGRZ* 1995, 359 (365).

[108] BVerfG, *EuGRZ* 1995, 359 (364).

[109] BVerfG, *EuGRZ* 1995, 359 (364).

[110] *EuGRZ* 1995, 366 (368).

La Sala primera no se ha referido para nada a ciertas reflexiones de empleo bastante frecuente por la ciencia para la solución de colisiones entre derechos fundamentales[111]. En el tomo III /2 de mi *Staatsrecht* he desarrollado con todo detalle, para casos de colisión, ciertas vías de compensación de proporcionalidad y racionabilidad entre derechos fundamentales colindantes (parágrafo 82) que hubieran sido oportunas, tanto en la valoración del aspecto positivo de la libertad religiosa como también en su aspecto negativo; para el caso de sobre-valorar, por ejemplo, la forma y el lugar de la colocación de las cruces o la voluntad de los padres en mayoría respecto al artículo 13 del decreto de enseñanza primaria. De ese modo se hubiera vuelto a abrir una vía de interpretación conforme a la Constitución, que, dicho sea de paso, el Tribunal había esquivado ya en 1975 para la "escuela pública" de Baviera, en relación con el artículo 135 de la Constitución de Baviera[112*]. La Sala también ha omitido la resolución del Tribunal de apelación de lo Contencioso-Administrativo de 15 de septiembre de 1993, a causa del artículo 12.6 de la Constitución de Renania del Norte-Westfalia, que coincide en esencia con el artículo 135 de la Constitución de Baviera respecto a los objetivos educativos de las confesiones cristianas. El Tribunal de apelación de lo Contencioso-Administrativo conoció un año y medio antes de la admisibilidad jurídico constitucional de la colocación de la cruz en la escuela primaria con la siguiente argumentación: "Una solución [frente a derechos fundamentales en colisión] se puede encontrar sólo bajo la apreciación de los intereses en colisión a través de la compensación y clasificación de puntos de vista jurídico constitucionales y en consideración a posturas de tolerancia, así como bajo la salvaguarda de la independencia de los *Länder* en la organización de la enseñanza. También se pueden encontrar tradiciones escolares, combinaciones confesionales, dependiendo de la población y de su mayor o menor influencia o arraigo religioso..." "A los no creyentes no puede imponerse [a través de la colocación de las cruces en las aulas escolares] una

---

[111] Véase, últimamente, K. STERN, *Staatsrecht* III /2, § 82. Para la relación de tensión entre la libertad religiosa negativa y positiva por la colocación de crucifijos A. Frh. v. CAMPENHAUSEN, en: MANGOLDT-KLEIN-v.CAMPENHAUSEN, *Das Bonner Grundgesetz*, T. 14, 3ª edición, 1991, artículo 136, *WRV* nota al margen 48.

[112] BVerfGE 41, 65.

* *(Nota del traductor)* El artículo 135 de la Constitución de Baviera dice: "Las escuelas generales públicas son escuelas comunes para todos los niños en edad escolar. En ellas, los escolares son instruidos y educados conforme a los principios de las creencias cristianas. Los detalles se determinarán en la Ley de la escuela general".

identificación y estimación de la profesión de fe simbolizada a través de la cruz"[113]. Además, por otra parte, en armonía con la decisión de la Sala primera del Tribunal Constitucional Federal de 17 de diciembre de 1975 (BVerfGE 41, 29), la cual, por cierto, cita muchas veces, difiere en lo sustancial de la nueva resolución hasta allí donde se permite un peso excesivo del legislador del *Länd* en la conformación y diseño de la enseñanza[114].

2. Con esto estamos ante el segundo error del fallo: la insuficiente consideración del componente estatal-federal como *topos* ponderativo en el marco del artículo 4 de la Ley Fundamental. La Sala primera, en 1975, todavía lo valoró en el sentido de una cierta impronta cristiana en la decisión para la escuela interconfesional de *Baden-Wurtemberg* y se lo confió al legislador del *Länder*, a efectos de aminorar "en la enseñanza la relación de tensión inevitable entre la libertad religiosa en sus aspectos negativo y positivo"[115]. El voto particular de tres jueces en minoría ha puesto esta cuestión de relieve y la ha acentuado, afirmando que las cuestiones de Derecho escolar entran dentro de la competencia del legislador del *Länd*, y que aquí tendrían que incluirse aspectos como el "reconocimiento del Estado libre de Baviera", tanto desde el punto de vista jurídico constitucional del *Länd* como también como situación de hecho[116]. Reiteradamente son citadas en las resoluciones del Tribunal Constitucional Federal decisiones anteriores donde se acentúa "la libertad de configuración de los *Länder* en cuestiones de enseñanza"[117]; cuestión que también se pondría de relieve claramente en el mismo origen del artículo 7 de la propia Ley Fundamental[118]. Además, hubiera sido conveniente ver los pros y contras de una interpretación más conexa en orden a las Constituciones de los *Länder*[119], cosa que el propio Tribunal ha aceptado en relación a otras cuestiones[120] y que, al fin y al cabo, parecen recomendar los artículos 28.1 y 142 de la Ley Fundamental. No hay por qué llevar la unificación de los derechos fundamentales

---

[113] *OVG* Münster, *NVwZ* 1994, 597.

[114] Véase, particularmente, la p. 50 y ss.

[115] BVerfGE 41, 29 principio 3, motivación p. 50.

[116] *EuGRZ* 1995, p. 366.

[117] BVerfGE 45, 400 (415); del mismo modo BVerfGE 41, 29 (44). Con respecto a esto, también, M. HECKEL, *DVBl*, 1996, 453 (p. 458).

[118] Véanse, también, los materiales del Consejo Parlamentario *JöR* 1 (1951), p. 101 y ss.

[119] Véase K. STERN, *Staatsrecht* III /2, p. 1467.

[120] Véase BVerfGE 36, 342 (366).

hasta sus últimas consecuencias, ni en relación al principio de igualdad del artículo 3 de la Ley Fundamental[121], ni tampoco en relación al artículo 4 de la Ley Fundamental, lo que, sin duda, supone ciertos límites al principio federal.

3. La decisión ha invocado, para la fundamentación de la nulidad del artículo 13.1 inciso 3 del Decreto de la escuela primaria de Baviera, también los artículos 136.1 y 4 y 137.1 de la Constitución de *Weimar* en conexión con el artículo 140 de la Ley Fundamental; por lo tanto, el Derecho aplicable a las distintas confesiones y, sobre todo, el "principio de neutralidad estatal frente a las diferentes religiones y confesiones, que "impide la adopción de formas jurídicas eclesiales-estatales" y prohíbe "los privilegios para confesiones determinadas, así como también la marginación de otras confesiones"[122]. Bien es verdad que la neutralidad religiosa del Estado, conforme a la opinión reinante acerca de la relación Estado-Iglesia en la Constitución, impera desde la Constitución de *Weimar*[123]. Pero esto no significa que el ámbito ideológico-religioso sea "apartado del lado de la existencia estatal"[124] y nos encontremos ante un laicismo que proscribe todo elemento religioso de la vida pública y lleva al establecimiento oficial de una ideología secularizada. Esta posibilidad está en contradicción con la misma referencia a la responsabilidad ante Dios del Preámbulo de la Ley Fundamental, que el Tribunal no menciona, bien porque podía exponerse a más dificultades, o porque suponía que apenas había problemas de interpretación reseñables en este sentido[125], como daba a entender la presidencia de la Sala primera en ciertas entrevistas con frases realmente apodícticas como la de que estas cuestiones son solucionables, ya

---

[121] Véase M. SACHS, en: K. STERN, *Staatsrecht* III /2, p. 580.

[122] BVerfG, *EuGRZ* 1995, 359 (363).

[123] Véase MAUNZ-DÜRIG, *Grundgesetz*, artículo 140, nota al margen 42; K. OBERMAYER, *Bonner Kommentar*, artículo 140, nota al margen 76. Algún problema que se vincula con esto no se ha reconocido; véase, por ejemplo, el comentario de A. Frh. v. CAMPENHAUSEN, en, MANGOLDT-KLEIN-CAMPENHAUSEN, *Das Bonner Grundgesetz*, T. 14, 3ª edición, 1991, artículo 140, nota al margen 16.; M. KLEINE, *Institutionalisiserte Verfassungswidrigkeiten im Verhältnis von Staat und Kirche unter den Grundgesetz*, 1993.

[124] Así, Herbert KRÜGER, *Allgemeine Staatslehre*, 2ª edición, 1966, p. 179; como aquí pero en contra K. OBERMEYER, *aaO*, nota al margen 79; en detalle M. HECKEL, *DVBl*, 1996, 453 (471).

[125] Sobre la *invocatio Dei*, por ejemplo P- HÄBERLE, en, *Festschrift W. Zeidler*, 1987, T. I, p. 3 y ss; B. WIEGAND, *JöR* 43 (1995), p. 31; St. HEITMANN, en, *Festschrift W. Remmers*, 1995, p. 127 y ss.

que la *invocatio Dei* no implica que se refiera al Dios cristiano, pues como también señalaba el obispo evangélico se podían fomentar símbolos musulmanes en las aulas. (Otros teólogos evangélicos se han manifestado gracias a Dios prudentemente). También el Estado aconfesional depende de rasgos de relieve espiritual, pues proporciona valores y tradiciones que, como ha dicho E. Böckenförde, en general son "presupuestos que él mismo no puede garantizar"[126]. Además, la cruz como símbolo de amor fraterno pertenece a la cultura occidental y también identifica a otras instituciones tanto como a la comunidad cristiana, como por ejemplo, a la Cruz Roja[127]. "La cruz en la escuela cristiana representaría a ambas simultáneamente. Por un lado, como factor cultural y educativo y de percepción de valores para todos los ciudadanos en el punto común de relación cultural que caracteriza al cristiano en la comunidad y, al mismo tiempo, por otro lado, como símbolo de fe para el cristiano en plenitud y profundidad con su creencia, sin obligar a los ciudadanos con otra opinión a la conversión a través de una evangelización estatal obligatoria[128]. Neutralidad significa, precisamente, mantener libre de connotaciones religiosas e ideológicas a las resoluciones estatales, e igualmente supone no ofrecer una militancia respecto al cuidado de las almas, pero no significa la sustitución de las comunidades religiosas a través de recomendaciones por medio de sistemas de radiodifusión, etc. El llamado "principio de separación" entre el Estado y la Iglesia no está pensado ni de forma radical ni total, sino que más bien está conformado como un compromiso recíproco, de conexión y cooperación[129]. Si el Tribunal argumenta– con total razón –, que el Estado "no (puede) por sí mismo poner en peligro la paz religiosa en una comunidad"[130], se tiene que cuestionar si su resolución de Baviera, donde este símbolo está unido a una inmensa mayoría, no ha provocado justamente esta consecuencia. En otras palabras, ha subestimado la férrea regla de la esfera judicial constitucional: considerar también los efectos subsiguientes a una resolución.

[126] En *Staat, Gesellschaft, Freiheit, Studien zur Staatstheorie und zum Verfassungsrecht,* 1976, p. 60.

[127] En detalle, M. HECKEL, *DVBl,* 1996, p. 453. Con razón ha remarcado J. MÜLLER-VOLLBEHR la cruz como "símbolo de sentido variable" *JZ* 1995, p. 996 (997).

[128] M. HECKEL, *DVBl,* 1996, p. 453 (473).

[129] Véase A. HOLLERBACH, *VVDstRL* cuaderno 26 (1968), p. 57 (62); *HStR* VI, § 138, nota al margen 11 y ss; A. Frh. v. CAMPENHAUSEN, en, MANGOLDT-KLEIN-v.CAMPENHAUSEN, *Grundgesetz,* 3ª Edición 1991, artículo 140, nota al margen 3.

[130] BVerfG, *EuGRZ* 1995, 359 (363).

Después de esta digresión volvemos al curso de la idea principal.

b) Junto a la declaración de inconstitucionalidad de las leyes encontramos, en segundo lugar, la posibilidad de reducir el conflicto frente al legislador, eventualidad que caracteriza la interpretación conforme a la Constitución y, asimismo, viene a establecer como base el principio de conservación de la ley. No obstante, en algunos casos concretos, esta posibilidad es discutible si no se realiza una cierta operación de conformidad.

c) Como cuestión realmente problemática en relación al legislador, encontramos la labor de creación o de perfeccionamiento de la ley por el Tribunal Constitucional, pues en esta cuestión aparece la creación jurídica judicial constitucional como reemplazo de la creación jurídica parlamentaria, pero también de una forma paralela. Con ello se afecta el principio elemental de la separación de poderes y el principio de la democracia parlamentaria. Ahora bien, el reproche de intrusión o –como algunos opinan –de una "usurpación"[131], no sólo se puede hacer respecto del Tribunal Constitucional. De hecho, de vez en cuando, se requiere precisamente de una resolución, ya que el legislador o no está dispuesto o no es totalmente capaz de tomar las medidas necesarias para regular una determinada cuestión. Puede verse, por ejemplo, el caso del derecho al conflicto colectivo.

a') Se ha visto el Derecho laboral como un gran ámbito fuera de lo común, en el sentido de que no está en la primera línea en la labor de creación jurídica, sino que ha derivado, más bien, como el resultado de una situación particular de perfeccionamiento jurídico, siendo esa labor desde hace mucho tiempo función del Tribunal[132]. El mismo Tribunal Constitucional Federal ha señalado reiteradamente esta cuestión relativa al perfeccionamiento jurídico[133]. Por medio de esta interpretación queda afianzada de algún modo la sujeción a las previsiones del artículo 20.3 de la Ley Fundamental. Sin embargo, hay que tener en cuenta asimismo que esta situación, en una comunidad en la que la conformación de las normas de convivencia corresponde –conforme a su

[131] Así, el antiguo juez del Tribunal Constitucional Federal K. ZWEIGERT, en: *BVerfG* T. I, 1976, p. 63.

[132] Sobre la labor de perfeccionamiento jurídico judicial, Chr. HILLGRUBER, *JZ* 1996, p. 118.

[133] Véase BVerfGE 3, 225 (p. 243); 13, 153 (164); 34, 269 (288); 82, 6 (12).

Constitución– al Parlamento elegido por el pueblo, no es lo conveniente a la larga, como si los jueces fuesen, en parte, como los propios legisladores.

b') Otros ejemplos típicos de normativización los encontramos en el derecho al aborto[134], en la cuestión ya mencionada de financiación de los partidos, en el Derecho tributario[135] y en el Derecho de los seguros sociales[136]. Pormenores que no se pueden tratar ahora.

d) Esta creación legal inmediata del Tribunal Constitucional guarda estrecha afinidad con el cuarto tipo del proceso de creación jurídica judicial constitucional. Se trata de una forma indirecta de creación jurídica judicial-constitucional, que surge cuando el Tribunal Constitucional ofrece al legislador determinadas posibilidades, mayores o menores, para su labor de producción jurídica. Esta modalidad se da preferentemente en las llamadas resoluciones de apelación por declaración de inconstitucionalidad de una norma. En las resoluciones judiciales constitucionales la actividad legislativa se presenta cuando el Tribunal Constitucional despliega las propias exigencias, objetivos o principios normativos jurídico-constitucionales, lo que supone cierta concreción legislativa. Lo mismo vale para el desarrollo del contenido jurídico-objetivo de los derechos fundamentales. Pero, finalmente, también se pueden señalar *obiter dicta* a través de la jurisprudencia constitucional dirigidos al Parlamento.

A decir verdad, el legislador formal interviene independientemente en todos estos casos de producción jurídica, pero él está sujeto, en gran parte y en cuanto al contenido, en su labor de creación jurídica. El Tribunal Constitucional ejerce una influencia tan fuerte en la creación jurídica, que la diferencia entre los tres tipos, en lo que concierne a la parte material, no es tan grande. El legislador ha visto limitada, con base a la regla judicial constitucional, su capacidad de configuración. Observando ejemplos seleccionados por mí, no es fácil verificar la coordinación entre los tipos tercero y cuarto. Escogemos los siguientes casos:

---

[134] BVerfGE 39, 1; 88, 203; H. TRÖNDLE, *NJW* 1995, 3006 (3011); P. LERCHE, en, *Festschrift W. Gitter,* 1995, p. 509 y ss.

[135] BVerfGE 84, 239.; 87, 153.; BVerfGE, *NJW* 1995, 2615; S. FLICK/S. SCHAUHOFF, *ZRP* 1996, p. 101; H.W. ARNDT, *BB* suplemento 7, p. 1 y ss.

[136] BVerfGE 87, 1.; 92, 74.

a') La "Ley de modificación de prestaciones familiares y a las embarazadas de 21 de agosto de 1995" (Boletín Oficial del Estado I S. 1050) "se mueve", como suscribe F. K. Fromme[137], " a lo largo de una pequeña cruz y en el sentido de señalización de rumbo de la resolución del Tribunal Constitucional de 28 de mayo de 1993." Esta posibilidad vale en particular para la regulación del asesoramiento referido al artículo 219 del Código penal, en conexión con la Ley sobre situaciones de conflicto por embarazo (*Schwangerschaftskonfliktgesetz*)[*]. No obstante, permanece abierta aquí la cuestión de si han sido satisfechas las muchas condiciones particulares exigidas por el Tribunal en el apartado D.IV de su resolución[**] respecto de un "concepto de asesoramiento" para tal fin, y a si es "efectiva y suficiente" "para la mujer" que sopesa la suspensión del embarazo para llegar a un ajuste a favor del niño"[138]. Lo mismo cabe decir en relación al límite de ingresos de 1.700 marcos para el reembolso por seguros de enfermedad, aspecto referido a cuestiones de asistencia social, ya que, si bien el Tribunal Constitucional Federal ha subrayado la importancia en este

[137] Frankfurter Allgemeine Zeitung de 15 de julio de 1993.

[*] *(Nota del traductor)* El artículo o parágrafo 219 del Código Penal alemán, titulado "asesoramiento a la mujer embarazada en casos de necesidad y conflicto", dice: "1.- La asesoría sirve para proteger la vida no nacida. Debe orientarse a conseguir animar a la mujer a seguir con su embarazo, ofrecerle posibilidades de futuro junto al niño y ayudarle a tomar una decisión meditada y responsable. En este sentido la mujer debe de ser consciente de que el no nacido tiene también derecho a la vida en cada fase del proceso de gestación y que, por esa razón y de acuerdo al ordenamiento jurídico, el aborto sólo se puede tomar como una posibilidad en situaciones excepcionales, cuando la gestación del niño resulta para la mujer una carga tan excesiva y difícil de sobrellevar que supera su límite exigible de sacrificio. El asesoramiento tratará, a través de la información y del consejo, a superar la situación de conflicto entre el embarazo y la situación de necesidad. Los detalles de esta cuestión se encontrarán en la Ley sobre situaciones de conflicto del embarazo. 2.- El asesoramiento debe realizarse de conformidad con la Ley sobre situaciones de conflicto del embarazo por una entidad de asesoramiento. Dicha entidad tras el preceptivo asesoramiento debe entregar un certificado a la embarazada con expresa mención de la fecha en que ha tenido lugar la última entrevista de asesoramiento, indicando nombre de la embarazada, de acuerdo a lo que establezca la Ley sobre situaciones de conflicto del embarazo. El facultativo que practique el aborto queda excluido como consejero en orden al asesoramiento".

[**] *(Nota del traductor)* Se refiere a la BVerfGE 88, 203, apartado D.IV, donde quedan referidos los criterios que debe seguir el legislador en orden a la determinación del contenido del asesoramiento, de la regulación de su realización y de las funciones u objetivos que se persiguen con el mismo.

[138] BVerfGE 88, 203 (p. 207); así J. BURMEISTER, "Das Beratungskonzept –Die Vorgaben des Bundesverfassungsgerichts und ihre Umsetzung durch den Gesetzgeber," en *Schriftenreihe der Juristen –Vereinigung Lebensrecht*, e.V n.º 12 / 1995, p. 55 y ss.

sentido de "los principios del Derecho de prestación social", sin embargo, no llegó a determinar una suma[139].

b') A esta serie de esquemas o representaciones legislativas pertenecen los ya citados casos de financiación de los partidos, el Derecho de la radiodifusión y la nueva configuración del impuesto sobre el patrimonio. En todos estos casos es difícil distinguir la labor de simple perfeccionamiento de la de producción del Derecho constitucional. Demasiado a menudo se comprueba que nuestro Derecho escrito brilla tan sólo donde hay implicaciones jurídico-constitucionales, más cuando se trata de alguna cuestión constitucional a concretar. Esto se supone sobre todo para el Derecho administrativo[140], pero vale asimismo para gran parte de los derechos del ciudadano y para el Derecho penal. Esta comprensión no está tampoco exenta de consecuencias en nuestro ordenamiento estatal, sobre todo para la autonomía del Derecho escrito[141].

4. CONCLUSIONES

¿Qué conclusiones permite este diagnóstico? Sin duda conduce, sobre todo, a pensar que la sistematización referida a la labor de creación jurídica, nos lleva a tres o cuatro campos de tensión y, de vez en cuando, también a conflictos entre el Parlamento y el Tribunal Constitucional, dependiendo de las funciones que están en juego. Aun cuando el Tribunal Constitucional Federal ha insistido siempre en respetar frente al legislador su ámbito de responsabilidad, hace en estos casos un cierto uso incrementado de las "dulces posibilidades que ofrece la Constitución"[142], en ocasiones con tanta frecuencia, que no se podrían dejar de poner reparos si se mantuviese siempre en esa posición elemental. Cabe incluso que llegue más lejos, y ya se habla de una "desparlamentarización de la legislación". La Cámara Baja (*Bundestag*) y la Cámara Alta (*Bundesrat*), en su papel de "creación de normas", habrían ayudado, en

---

[139] BVerfGE 88, 203 (317, 321).

[140] Véase F. WERNER, *Recht und Gericht in unserer Zeit,* 1971, p. 212 y ss.

[141] Véase R. WAHL, *NVwZ* 1984, p. 401; E.W. BÖCKENFÖRDE, BVerfGE 93, 121 (150), voto particular.

[142] Así, F. OSSENBÜHL en referencia a la jurisprudencia sobre el artículo 5 de la Ley Fundamental, JZ 1995, 638; en similar sentido K. ZIEDLER, *Der Staat* 1 (1962), p. 326.

cierto modo, a la forma actual de comprensión por el Tribunal Constitucional Federal y a sus posibilidades respecto a la concreción del Derecho[143], y ahora no se puede negar la creciente preocupación ante este "ordenamiento secundario e híbrido situado entre la creación jurídica judicial constitucional y la parlamentaria"[144]. Se deriva de ello "un Derecho escrito y judicial creciente y, como también se observa, de recíproca complementariedad a través de un sistema de división de trabajo en el proceso de creación jurídica, es decir, cada vez se aproxima más al método jurídico anglosajón"[145].

Ahora bien, el ordenamiento constitucional de la Ley Fundamental, conforme al principio de separación de poderes, no se corresponde con esta lenta modificación del sistema de producción jurídica a través del primer y tercer poder. Sin embargo, este principio es aplicado de una forma ciertamente amplia y, por ahora, no es de esperar un cambio respecto a su interpretación. Asimismo, las posibilidades de modificación constitucional, que también se consideran en último extremo como una facultad de control judicial constitucional frente al legislador, conducen a muy poco, como han mostrado las discusiones en los simposios de trabajo de la comisión de reforma constitucional[146]. Acertadamente, no se han aceptado muchas de tales reflexiones planteadas después de la reunificación por la Comisión Constitucional conjunta. Únicamente, a lo mejor, podría ayudar apelar a ambos órganos constitucionales, Parlamento y Tribunal Constitucional, pues al fin y al cabo se tiene conciencia de sus facultades y sus límites recíprocos. El Tribunal Constitucional no puede conducirse como super-legislador, y el Parlamento tiene que valorar debidamente sus tareas legítimas como órgano estatal supremo que es elegido directamente por el pueblo en la regulación general de los intereses de la comunidad; en ambos encontramos el Derecho constitucional como regla suprema. Este es el fundamento del Estado constitucional. Ni el Estado jurisdiccional constitucional ni el Estado de los jueces es el ideal del Estado constitucional. Los efectos beneficiosos de la jurisdicción constitucional, que prevalecen en conjunto

[143] B. GROSSFELD, *NJW* 1995, 1719 (1720); M. BRENNER, *AöR* 120 (1995), p. 248.

[144] E. W BÖCKENFÖRDE, *aaO,* p. 24 en conexión a U. SCHEUNER, *DÖV* 1980, 473 (476).

[145] K. SCLAICH, *Das Bundesverfassungsgericht,* 3° edición, 1994, mota al margen 485.

[146] Inf. definitivo, Cap.16, "Fragestellungen zur Verfassungsgerichtsbarkeit", en: *Zur Sache* 2 /77, p. 266.

para nuestro Estado, no pueden ocultar la aparición de peligros, que residen precisamente en esta jurisdicción[147].

Cuando –con toda la razón– desde instancias judiciales se reclama la observancia de las resoluciones del Tribunal Constitucional como parte de las condiciones fundamentales jurídico-estatales de nuestro Estado, tiene que llamarse igualmente la atención al Tribunal Constitucional Federal, de que el consenso fundamental que constituye nuestra Constitución, si bien tiene muy en cuenta la jurisprudencia, no se mueve sólo en torno a ella. Puede ser muy peligroso que la gente de amplios sectores de población pierda confianza en sus relaciones con el Derecho y las más altas instancias de interpretación del mismo. ¿Estamos por esto ante una crisis de la jurisdicción constitucional o, como se ha cuestionado recientemente, se trata de una crisis de la conciencia constitucional ante la crítica al Tribunal Constitucional Federal?[148] Se tendría que aprovechar la ocasión de conflicto para reflexionar sobre las modalidades de cómo se seleccionan y se eligen en Alemania los jueces del Tribunal Constitucional Federal. El sistema de adjudicación político-partidista de puestos aparece como escasamente "neutral" y ha llevado al anquilosamiento de los criterios de elección[149], lo que ya no es lo conveniente. Yo recuerdo anteriores propuestas mías, respecto a la inclusión del *pouvoir neutre* del Jefe del Estado en la elección del juez constitucional.

Podríamos recordar la forma en que el Presidente Federal designa un consejo consultivo de miembros de los Tribunales Supremos Federales, de los Tribunales Constitucionales de los *Länder*, de las Facultades de Ciencias jurídicas, de los Colegios de abogados y de notarios, haciendo una propuesta de tres, de entre los cuales tiene que elegir el órgano encargado de la elección. También se podría hablar de la posibilidad de autorizar al Jefe del Estado para designar algún juez, como ocurre en otros países[150]. Por otra parte, considero

---

[147] Véase, también, el resumen de K. HESSE, *JZ* 1995, 265 (267, 273). A similares apreciaciones llega también H.J. VOGEL, *NJW* 1996, 1505 (1511).

[148] Así, F.K. FROMME en un informe de juristas demócrata cristianos respecto al ámbito federal del trabajo, Frankfurter Allgemeine Zeitung de 18 de marzo de 1996, p. 5.

[149] Véase W. BILLING, *Das Problem der Richterwahl zum Bundesverfassungsgericht,* 1969; K. KRÖGER, "Richterwahl", en, *Bundesverfassungsgericht und Grundgesetz,* 1976, p. 76 y ss; H. FRANK, en, *Festschrift H. J. Faller,* 1984, p. 37; W.K. GECK, *HStR* II, 1987, § 55.

[150] K. STERN, en, *Gedächtnisschrift W. K. Geck,* 1989, p. 885; *Staatsrecht* II, § 32 IV. Respecto a la elección de jueces S. KOCH, *ZRP* 1996, P. 41. También la carta al director de H.J. HIRSCH, Frankfurter Allgemeine Zeitung de 6 de septiembre de 1995.

poco apropiadas las diferentes propuestas respecto a las mayorías de votación cualificadas con capacidad de decisiones de rechazo, propuestas que ya son antiguas[151].

El gran capital de confianza que el Tribunal ha acumulado en cuatro décadas y media de jurisprudencia constitucional no puede perderse. Esto nos ofrece motivo para la reflexión cuando, de acuerdo a las encuestas de opinión, la buena aceptación del Tribunal Constitucional Federal ha descendido en torno a un diez por ciento en el último medio año[152]. Desde instancias judiciales, concretamente de E. W. Böckenförde en su discurso con motivo del cese en el Tribunal Constitucional Federal, proviene la observación: El Tribunal Constitucional Federal, desde la decisión del crucifijo, "ya no es lo que era hasta entonces" [153]. La jurisprudencia del Tribunal Constitucional ha sido referida, analizada y criticada en incontables ensayos, pero la interconexión bilateral de este sistema de perfeccionamiento recíproco aún falta; se debería ofrecer algo más allá de todo puntillismo jurisprudencial. La metafísica de esta jurisprudencia no se ha escrito aún. Sólo entonces se llegará a clarificar su contribución al conocimiento jurídico y a la labor de creación jurídica. Tal observación es apropiada también en relación con la producción jurídica del Parlamento. El Estado de la Ley Fundamental tiene que permanecer en adelante como las madres y los padres del Consejo parlamentario constituyente, entre los tres poderes estatales y dentro del conveniente principio de comunidad en equilibrio. Las tensiones entre Parlamento y Tribunal Constitucional no deben aparecer, pero si lo hacen, se tienen que sobrellevar. Así, en 1987, el Presidente del Tribunal Constitucional Federal, Roman Herzog, opinaba: "Yo supongo

---

[151] Véase, por ejemplo, H. DICHGANS, en J.A FROWEIN/H. MEYER/ P. SCHNEIDER, *Bundesverfassungsgericht im dritten Jahrzehnt,* 1973, p. 10 (13); del mismo modo, *Festschrift W. Geiger,* 1974, p. 945 (953). Sobre esto ha sido asesorada ya en la Comisión Jurídica la Cámara Baja alemana (Véase R. HÄUSSLER, *Der Konflikt zwischen Bundesverfassungsgericht und politischer Führung,* 1994, p. 209 y ss). Nuevamente se retomó otra vez la propuesta en la discusión política. Una posición en contra también en T.H v. DANWITZ, *JZ* 1996, p. 481 (485).

[152] Véase R. KÖCHER, Frankfurter Allgemeine Zeitung de 25 de octubre de 1995, p. 5. En 1980 observó K. SCHLAICH: "es alarmante que, con cierta naturalidad, se hable en la literatura, tras 30 años de Ley Fundamental, de desconfianza frente al legislador y, por otro lado, se compense con la confianza en la justicia". (*VVDStRL* Cuaderno 39 [1980], p. 118).

[153] Frankfurter Allgemeine Zeitung de 24 de abril de 1996, p. 8.

que la situación permanecerá tensa"[154]. Y me parece a mí que actualmente la cuestión no ha cambiado.

5. DISCUSIÓN

Sr. Isensee: Sr. Stern, Usted nos ha ofrecido un panorama de uno de los temas más dificultosos y enmarañados del *Staatsrecht*, desde la especificidad del caso alemán: la jurisdicción constitucional, y con ella, además, la cuestión de la normatividad de la Constitución.

La Constitución exige la primacía sobre toda norma estatal y su obligatoriedad respecto a toda la actuación estatal, lo que es *prima facie* una regla clara, pero las dificultades jurídicas se plasman ya desde lo que es la propia Constitución. Ésta es no sólo un marco delimitador y claro del ordenamiento jurídico, sino, como usted ha dicho en reiteradas ocasiones, también aquel medio del que irradia todo el Derecho, así que la relación de la Constitución con el Derecho ordinario se muestra no sólo como "o una cosa u otra", sino también como "más o menos". Este "más o menos" de la Constitución supone que en cualquier comprensión o aclaración que se desprende del Derecho ordinario y en relación a la interpretación del contenido obligatorio final y el alcance con respecto a la Constitución, el Tribunal será competente para la interpretación de la totalidad del ordenamiento jurídico.

La norma suprema del Derecho estatal es la más escasa en contenido. Ésta sólo es realmente aplicable si antes ha sido completada ("concretizada") por medio de la interpretación. Como ahora todo enriquecimiento interpretativo se transforma, de algún modo, en Derecho constitucional, el Derecho judicial del Tribunal Constitucional Federal parece que desea participar del rango constitucional, aumentando la Constitución permanentemente en contenido, en extensión y densidad. Se puede decir sencillamente: se aumenta el texto sucinto de la Ley Fundamental con aproximadamente 50 páginas, luego un volumen, y así hasta los 100 tomos de la colección oficial del Tribunal Consti-

[154] *ZG* 1987, 290 (300); del mismo modo, también en *Germania restituta, Wissenschaftliches Symposion anlässlich des 60. Geburtstages von Klaus Stern, J. Burmeister, M. Nierhaus, F. Ossenbühl, G. Püttner, M. Sachs, P. J. Tettinger* (edit.), 1992, p. 161 y ss.

tucional Federal, cada uno con 400 páginas. La Constitución como base llega a ser una Constitución total.

¿Se limita así el margen de movimiento del legislador de forma subrepticia? ¿se ahoga la política a través de la constitucionalización? Una respuesta muy simple está en la idea de que la política tiene que permanecer flexible. Ahora bien, cuando tres personas emplean la palabra "política" o "político" la verdad es que surgen como mínimo tres significaciones de este homónimo.

Los juristas, muchas veces, comprenden el término "política" como una noción contraria al Derecho público (*Staatsrecht*), es una fuerza de creación jurídica ciertamente autónoma, pero hay una pequeña parte de significado que se puede entender que se extiende dentro del ámbito de la jurisdicción constitucional.

"Política" se puede comprender también, en la tradición aristotélica, como referencia a la *polis*. En este sentido el Derecho constitucional es Derecho "político" y jurisdicción constitucional es una jurisdicción de tipo "político".

"Política" se puede determinar con Max Weber como una lucha alrededor del poder. Lo "político" en este sentido está hoy, sobre todo, alrededor de los partidos "políticos". La idea está en un Derecho constitucional y un Tribunal Constitucional "apolíticos", apartados de la lucha por el poder, como determinan las reglas de juego judiciales. De hecho, el Tribunal Constitucional Federal tiene que mantener la distancia con la política de partidos. La cuestión fundamental surge en que el poder para la interpretación de la obligatoriedad final reside en las manos de un Tribunal que, aunque sus miembros provienen de la elección parlamentaria de jueces, se supone independiente respecto del Legislativo y el Ejecutivo, pero que no tiene por qué llevar aparejado algún tipo de responsabilidad frente al cuerpo electoral.

Lo "político" se puede determinar, de acuerdo a Carl Schmitt, a través de la relación amigo-enemigo, pero entonces no marca ningún ámbito específico propio, sino una situación que puede ser a veces de desavenencia y conflicto. Lo "político" puede dotarse de cualquier contenido ideológico, también el Derecho constitucional y su interpretación, como ha sucedido, por ejemplo, con cuestiones como compromisos en el extranjero y derecho de sufragio de los extranjeros, aborto o la difamación de los soldados como asesinos.

Que la Constitución incluye prácticamente la obligación final de interpretar del Tribunal Constitucional Federal, se comprende por aspectos históricos y por la propia comparación internacional. Conforme a la tradición francesa corresponde la última palabra al Jefe del Estado, conforme a la inglesa al Parlamento. Que tal función provenga en Alemania de un Tribunal, se deriva de una tradición, que se debe sobre todo al trauma alemán de veinte siglos, que ha dado lugar a una desconfianza por principio tanto frente al Ejecutivo como frente al Legislativo, confianza que ha permanecido, por cierto, respecto al tercer poder.

La confianza constitucional en la jurisdicción se guía hacia el saber hacer judicial y el *ethos* judicial. Que el Tribunal Constitucional Federal cumpla tales expectativas constituye un reto y un riesgo que el Tribunal ha asumido como suyo, pero también para la propia comunidad. Ningún órgano estatal es del todo bien visto cuando las expectativas que se habían esperado de él generan desilusión. Frente al fracaso de la instancia suprema no hay ninguna garantía. Por otro lado, tampoco posee la instancia suprema ninguna medida de presión para imponer sus decisiones que dependen sólo de la obediencia al Derecho de los titulares de los cargos y de los ciudadanos, ya que aquélla no tiene los resortes necesarios para ello. Finalmente, por tanto, el Tribunal Constitucional Federal se basa en la confianza de todos los implicados.

Precisamente, hoy esta confianza básica se ha roto a través de resoluciones espectaculares, que se mueven en el ámbito público: es verdad que la libertad jurídica fundamental tiene que ofrecer cierta licencia para denunciar públicamente a los soldados como asesinos, pues forma parte de sus obligaciones como ciudadano, pero ya que el Estado no puede protegerlos, ya que la libertad de opinión del ofensor debe situarse en una posición más elevada que el honor del ofendido, y ya que, por otra parte, también la cruz, símbolo de la fe, puede ser retirada de la escuela en el nombre de la libertad jurídica fundamental, se debe de conectar de algún modo a la comunidad para que no se produzca una especie de espacio vacío.

La perturbación de la confianza básica en la institución tiene su origen en los mismos fundamentos del Tribunal Constitucional Federal. Es una cuestión existencial para el Tribunal que se vuelva nuevamente a consolidar esta confianza.

Esto son sólo un par de notas al respecto, de lo que usted, Sr. Stern, ha desarrollado de forma muy diversificada.

Sr. Stern: Sr. Isensee, estamos de acuerdo en gran parte. Yo sólo quiero matizar un poco más únicamente dos puntos. Usted ha dicho "especificidad del caso alemán": jurisdicción constitucional, política, legislativo y Gobierno. Ahora bien, da la casualidad de que he discutido exhaustivamente esta cuestión la semana pasada con jueces del Tribunal Constitucional polaco; como se sabe, tanto Polonia como Hungría se han orientado en muchos puntos en la Ley Fundamental y en la jurisdicción constitucional alemana, esto está totalmente claro, y allí se ha producido ahora también esta problemática.

Esto ya no es, pues, sólo un tema alemán, si bien en Inglaterra es de otro modo, como también en Francia y en los Estados Unidos de América. Pero, precisamente, la estatalidad constitucional específica ha sido conformada con un Tribunal para la Constitución, de aquí se ha derivado este problema fundamental, problema que es antiguo y presupone volverse nuevamente a replantear la cuestión de quién debe ser el guardián de la Constitución.

La discusión Kelsen-Carl Schmitt se retrotrae a la República de *Weimar* y llega más atrás al Imperio de la época de Bismarck, discutiéndose mucho tiempo sobre cómo se debe resolver esta cuestión, por ejemplo, las dificultades entre el *Reich* y los *Länder*. Bismarck era un gran enemigo de la jurisdicción constitucional; él dijo que lo que respecta al criterio político de la interpretación constitucional no se puede dejar en manos de los jueces, ya que da lugar a que sean legisladores. Cuestión que realmente percibió con mucho atino.

Por este motivo tenemos que preguntarnos: ¿Hemos encontrado desde 1945 en Alemania, inicialmente en los *Länder* de la zona de ocupación americana y luego en el Consejo Parlamentario, la decisión correcta? Yo pienso que en principio sí, pues los sistemas anteriores de protección de la Constitución no funcionaron; por eso, a partir de 1945, se presentó el modelo americano y también la antigua tradición del juez como guardián de la Constitución.

Esto es totalmente razonable, pero para confiar esa misión a los jueces, como Usted precisamente ha dicho, entonces se tiene que partir de la ética judicial de los jueces como el valor más importante.

La idea fundamental de mi discurso es una defensa de la jurisdicción constitucional como principio y una crítica independiente en algunos aspectos. Yo he llegado a la siguiente conclusión: sí a la jurisdicción constitucional, pero con una mejor selección.

Sr Jakobs: Sr Stern, ha expuesto Usted de manera impresionante las amenazas del Tribunal Constitucional Federal, citando también al Sr. Böckenförde en relación a que el Tribunal Constitucional Federal, tras la resolución del crucifijo, no es lo que era antes. Ha terminado usted con un llamamiento a, entre otros, los jueces.

Yo quiero preguntar, si las carencias de las instituciones son, después de todo, reparables. ¿Cuáles de las demás grandes instituciones de la vida pública se encuentran en una crisis análoga? Uno piensa en ciertos informes irónicos sobre la actividad parlamentaria, algunos hechos incluso en algunas revistas serias. ¿Cómo se ven las Universidades o las Iglesias o los grupos profesionales, como por ejemplo, los médicos? Sólo una empresa económica próspera goza aún de crédito general, siempre y cuando prospere.

Esto no significa una decadencia aislada del Tribunal Constitucional Federal, sino una cierta crisis general de las instituciones, a excepción de las empresas comerciales en funcionamiento. En cambio, parece que se habla ahora de que, por lo menos en relación a la resolución del crucifijo, tiene lugar algo así como un sobresalto colectivo: parece cómo si no dejásemos en paz a la cruz.

Yo considero esta reacción como una cuestión superficial que pasará rápido y se olvidará pronto. En un país, en el que al año se llevan a cabo abortos sobre cien mil criaturas de Dios en forma de feto, no se puede sostener seriamente que en las escuelas tengan en las paredes cruces. Esto sería en tal medida contradictorio y falaz, que de ningún modo se puede pensar seriamente. En la reacción a la resolución del crucifijo se manifiesta por consiguiente, en mi opinión, no un punto en común que se encuentra frente a una resolución laicista prescrita por el Tribunal Constitucional, sino que la resolución da por resultado la oportunidad de negarse a la autoridad: nadie tiene que inmiscuirse en nuestra vida.

Como Usted ha expuesto de forma muy clara respecto del Tribunal Constitucional, podría ser parte de una erosión general, que sobreviene a las instituciones estatales de tal forma que la situación ya no es reparable.

Sr. Hirsch: Yo quiero añadir a esto lo siguiente. El Sr. Jakobs dice que la crisis del Tribunal Constitucional Federal es parte de una crisis general de las instituciones estatales. En los hechos podemos observar que muchos órganos estatales sufren notables pérdidas de autoridad. Sin embargo, pienso que nuestra problemática, a pesar de todo, es particular: una problemática que se ha desarrollado ya independientemente del diagnóstico general que usted, Sr Jakobs, ha indicado.

Separo la crítica de Sr. Stern que se refiere a la desparlamentarización de la legislación a través del Tribunal Constitucional Federal. Como segundo punto uno podría poner de relieve también la tutela de tribunales especiales particulares.

Ahora bien, su propuesta, Sr. Stern, es terapéutica y supone una llamada a la comprensión de los interesados: a los jueces del Tribunal Constitucional, pero también al Parlamento, al legislador, para que se conciencien de sus funciones y se contengan donde es aconsejable cierta moderación.

Si lo que se plantea, en lo tocante a los jueces del Tribunal Constitucional Federal, se refiere realmente a una cuestión del *ethos* judicial, queda en tela de juicio. Yo pienso realmente que podemos observar, en particular desde mediados de los años cincuenta en Alemania, una transformación de las relaciones profesionales judiciales, y que los profesionales del Derecho y los propios operadores jurídicos, sobre todo cuando no se tiene ninguna instancia más sobre sí, han llegado a pensar que una ley realmente sólo es un *topos* o una simple categoría jurídica más y no algo a lo cual tengan que hacer frente con vocación de servicio.

Mi pregunta es, si no ha llegado la hora de reflexionar sobre la concepción jurídica del Tribunal Constitucional Federal. Quizás todo esto es un problema científico, que ya ha madurado y debería ser presentado a discusión pública.

Me parece que es el punto crucial de toda la problemática de la interpretación constitucional. Yo recuerdo a los antiguos miembros de la Academia, al colega Scheuner, que hablaba, hace ya treinta años, de la interpretación constitucional abriendo de par en par esta problemática.

Si hemos llegado a un punto en que todo aspecto concreto de la Constitución y de la legislación puede ser puntualizado a través del Tribunal Constitucional, que es quien tiene el poder para su interpretación, entonces se sitúa en esta relación también la cuestión de cuál es realmente la labor del Tribunal Constitucional. ¿Es la justicia la tarea del Tribunal Constitucional, que no parece alcanzarse en su conformación a través de las dos o tres instancias previstas, y por tanto buscar nuevas instancias fuera de la jurisdicción especial? ¿O la labor de un Tribunal Constitucional es sólo asegurar garantías elementales?

Es cuestión anexa a la labor hermenéutica constitucional, el hecho de que a veces esa función de interpretación da lugar a soluciones respecto de las que se puede decir que llegan a estar en los límites de las exigencias jurídicas establecidas o, incluso, que parecen contradecir el mismo sistema de derechos fundamentales, tal y como se configura en nuestra Ley Fundamental. Y por otro lado, también llama la atención el hecho de que el Tribunal Constitucional Federal explique, dentro de las diversas soluciones posibles, una sola de las posibilidades constitucionales, lo que es además sumamente problemático. El Tribunal Constitucional se atribuye con su monopolio interpretativo, en cierto sentido, una función de tipo legislativo.

Sin embargo, la pregunta que tiene que plantearse al Tribunal Constitucional es la de si el problema que se deriva del control jurídico-constitucional, tiene una solución posible en nuestro ordenamiento constitucional. Si este es el caso, no estamos hablando de una situación de inconstitucionalidad general.

Por consiguiente, observamos que el juez del Tribunal Constitucional Federal considera oportuna en su decisión solamente una solución jurídico constitucional, y de ahí es de donde surgen ciertas distensiones.

Tomemos como ejemplo concreto la cuestión de si la declaración "los soldados son asesinos" queda dentro o no del artículo 185 del Código Penal en cuanto injurias. Esta es una cuestión que se puede discutir y también argumentarse jurídicamente. Así, en este caso se puede decir que sí, que tal afirmación entra dentro de las conductas previstas dentro del precepto, pero también se puede afirmar lo contrario. Ahora bien, lo que puede ocurrir es que una mayoría del Tribunal Constitucional considere como preferente una de las soluciones, y esa será finalmente la postura que se tome. Esto es lo que despierta ciertas dudas.

Estoy de acuerdo con el método de interpretación constitucional. Por el contrario, no pienso que, como dijo antes el Sr. Isensee, la cuestión trascendental sea quién decide sobre la Constitución, sino que realmente la cuestión es, a mi parecer, cómo se puede realizar una interpretación estrictamente dentro de los límites de la Constitución. Esto es, por decirlo de alguna manera, la cuestión es si hay una norma suprema que delimita el ordenamiento jurídico o una especie de cantera de la que se va extrayendo a picotazos, a golpe de sentencias, la totalidad del ordenamiento jurídico.

Permítame usted decir aún otra cosa que está relacionada con esto. Todo avance está enlazado también con una pérdida de autoridad, sobre lo que aquí ya hemos visto algún punto de vista. Efectivamente, es evidente, y es conocido por todos, que en un Estado donde hay un Ejecutivo que está sujeto al Estado de Derecho y a reglas jurídico-estatales y que también tiene un Tribunal, de cuya orientación jurídico-estatal no cabe ninguna duda, se producen continuos conflictos con la Constitución, como también sucede con el legislador.

Si la Constitución es una ley fundamental, es una barbaridad que una resolución del Tribunal Constitucional Federal pueda ser inconstitucional. Uno observa la inconstitucionalidad como rutina jurídica y así toda el área de la Constitución y de la jurisdicción constitucional se ha devaluado y diluido.

No sé a ciencia cierta –lo sabrán ustedes seguramente mejor, Sr. Stern y Sr. Isensee– cómo funciona en Francia el Consejo de Estado y qué pasa en Polonia, donde hay asimismo una comisión de juristas en forma de consejo constitucional.

Si prácticamente toda ley tiene que ser sometida a tal comisión de juristas antes de que se promulgue por el Presidente Federal, se percibe desde el comienzo que la norma aprobada por el legislador entra en un efecto de devaluación. Ahora bien, en principio, si una ley contraviene la Constitución no puede en absoluto surgir, y tal comisión podría, ya que se trataría de una comisión de expertos, mantenerse lo más políticamente neutral posible.

¿No sería esto una solución alternativa en cuanto a tales resultados negativos respecto a los que aquí hemos hecho mención, aunque seguramente no despeja toda la cuestión pero, sin embargo, sí cierta parte y se debería tomar en consideración?

Sr Stern: Sr. Jakobs, ha lamentado Usted la crisis de las instituciones, la devaluación de las instituciones. No cabe la menor duda de que el Parlamento y el Gobierno han perdido mucha de su reputación. El Tribunal Constitucional Federal era, en relación a este aspecto, hasta ahora un valor aislado. He citado la última encuesta de Sra. Köcher del periódico *Frankfurter Allgemeine*, según la cual a causa de la resolución de "los soldados son asesinos" y la decisión del crucifijo se ha registrado una muy fuerte disminución de su popularidad.

El Tribunal Constitucional Federal está comprendido por consiguiente dentro de esta tendencia, y esto naturalmente implica una situación crítica; podemos cambiar algo en el caso del Parlamento y el Gobierno cada cuatro años, mientras que en el caso del Tribunal Constitucional Federal los jueces son elegidos cada doce años, demasiado tiempo, y ellos son, sobre todas las demás circunstancias, los que deciden sobre la interpretación.

Planteo precisamente por eso un llamamiento a la Ciencia del Derecho, pero también a otras ciencias de primer nivel, y espero muchos réditos a través de este diálogo entre ciencia y práctica jurisprudencial; es decir, no sólo hay que tener en cuenta la práctica jurisprudencial constitucional, pues es una cuestión que también concierne a las resoluciones del Tribunal Supremo Federal, al Tribunal Supremo de lo Contencioso-Administrativo, al Tribunal Federal de Hacienda y a todos los demás.

Estoy de acuerdo con Usted en que este llamamiento, a la vista de los órganos implicados, no entrañaría además necesariamente un factor de cambio. Pero tenemos que pensar que se trata sobre todas las demás cuestiones de una confrontación entre la la Ciencia del Derecho Público (*Staatsrechtswissenschaft*) y la jurisprudencia del Tribunal Constitucional Federal. Usted se ha preguntado en cierto momento Sr. Isensee: ¿Quién define los derechos fundamentales, quién define el concepto? Y, sin embargo, nos quejamos muchas veces de que el Tribunal Constitucional no se explique con enunciados científicos.

Cuando uno critica a los jueces, entonces le dicen siempre: que todo está en los votos, nosotros lo hacemos así, usted sólo tiene que leer. Pero eso sí, ahora los votos de la resolución, naturalmente, no sirven para nada, pues lo que nos sirve es sólo la resolución, qué es lo que ha dicho y lo que ha dictado.

Ésta es la crítica que mantengo además en otro punto importante: los jueces deben convencer de que ellos han tenido en cuenta realmente las circunstancias y lo que afirma la ciencia, tanto críticamente como en sentido afirmativo, pues también nosotros somos gente que tenemos interés y relación con la Constitución y podemos probar a hacer una matización e interpretación.

Este tema ha sido planteado una y otra vez y, sobre todo usted Sr. Hirsch, ha planteado la cuestión: ¿es pues realmente necesario que hayamos conformado así la jurisdicción constitucional? ¿No se podía haber hecho como en Francia o como en Polonia o Hungría con el Consejo Constitucional (*Verfassungsrat*)?

Aquí tiene uno que diferenciar dos puntos. Estoy de acuerdo con usted en que tal comisión encargada de un examen preliminar podría tomarse en serio. Sobre esto ya me he manifestado en otro lugar. Yo he citado el ensayo del Sr. Benda, que ya en 1979 había investigado, a través de un estudio práctico amplio, que las situaciones de inconstitucionalidad podían haber sido aclaradas disponiendo de cierto sistema previo respecto del procedimiento legislativo, para que se hubiera tomado en cuenta este o aquel punto de vista constitucional.

Sin embargo, es cierto, desafortunadamente, que en la política, sea como Legislador o como Gobierno, a menudo se dice: ¿hasta dónde podríamos llegar? Probemos una vez más. Se empeñan conscientemente en algo y luego se dice: que el que esté en contra vaya a Karlsruhe, que luego ya veremos quién tiene razón. Esto no es ninguna buena política y, sobre todo, tampoco es nada bueno para las relaciones con la jurisdicción constitucional.

Un sistema previo de apreciación por una comisión de expertos de detección de inconstitucionalidades es, por consiguiente, seguramente una importante aportación para no dejar aparecer algunas de ellas. Respecto a esto tenemos actualmente un buen ejemplo. Todo constitucionalista sabía que la edad de jubilación para mujeres no podía cambiar de la noche a la mañana sin lesión de la protección de confianza*. También enseñamos a nuestros estudiantes en el primer y el segundo semestre, que la protección de la confianza forma parte del principio del Estado de Derecho. Podemos mientras tanto discutir si se tiene que tomar esta decisión en el año 2000 o el año 2001, eso está muy bien ciertamente, pero esto era conocido y es precisamente ahora cuando uno parece darse cuenta, después de que uno ya planteara públicamente esta suge-

* *(Nota del traductor)* En el Derecho alemán el principio de confianza tiene rango constitucional como proyección del principio de seguridad jurídica y legalidad penal del artículo 103.2 de la Ley Fundamental.

rencia, incluso para mucha gente de forma audaz. Esto lo digo simplemente para comentar un hecho de actualidad.

No obstante, me parece que hay un punto de vista esencial: debemos reconocer también qué resultados significativos ha producido el Tribunal Constitucional Federal para la política. Yo quiero afirmar que si el Tribunal Constitucional Federal, hace ya tiempo, no hubiera defendido en el Tratado Fundamental y también en posteriores resoluciones la ciudadanía alemana como nacionalidad de toda Alemania y si no hubiera acentuado en muchas resoluciones el mandato de reunificación de la Ley Fundamental, hubiera sido imposible alcanzar la reunificación en 1989/1990. Hay que recordar cuantas alternativas políticas fueron tomadas en los años setenta y también cuantos obstáculos constitucionales quería uno hacer desaparecer entonces. En este tema tendríamos que ver claro que el Tribunal Constitucional Federal ha fijado señales significativas que después han posibilitado el proceso de reunificación.

Yo veo esto como usted: la interpretación de la Constitución es el problema central de la cuestión. Por ello, vuelvo a recordar nuevamente que tenemos que recurrir en relación a esta cuestión, en primer lugar, a los principios prácticos interpretativos del pasado, de Savigny entre otros, por consiguiente a una interpretación jurídica sólida. No obstante, no podemos interpretar conceptos como la separación de poderes o el Estado de Derecho en el sentido de los preceptos del Código Civil. Ahí tiene que agregarse algo más. Se trata de eso, de que tales principios de interpretación constitucional tienen que ser reforzados científicamente.

El Tribunal Constitucional Federal no nos ha dicho jamás cuáles son los principios que considera que son realmente prioritarios. Así, nos encontramos primero con una decisión que da un cierto rol a un concepto, y en una posterior resolución encontramos que el mismo concepto queda marginado.

Aquí, el Tribunal ha infravalorado las posibilidades del principio del método jurídico y por eso pienso, Sr. Jakobs, que es importante que la Ciencia del Derecho público o, en general, la Ciencia del Derecho trabaje en esta dirección. Y esto es aplicable para la interpretación de la Constitución, pero también para la interpretación de otro tipo de leyes, labor en la que el Tribunal Constitucional desempeña una función importante.

Afirmo también –y esto ha quedado de algún modo de manifiesto en las intervenciones anteriores –, que el constitucionalista no puede estar del todo contento de la situación en que se encuentra este asunto, ya que el Tribunal se atribuye el poder de elevar a rango constitucional hasta un pequeño precepto del Código Civil relativo a una simple cuestión de arrendamientos o del Derecho penal, lo que está absolutamente fuera de lugar.

Permítame usted indicar aparte algún punto de vista sobre lo tratado: que los derechos fundamentales tienen hoy un efecto de irradiación y transmisión sobre la totalidad del Derecho, de la misma manera que las resoluciones referidas a valores y principios, que los tribunales civiles tienen que aceptar, lo que encuentro lógico. Mi crítica está referida solamente respecto al peligro que puede suponer un solapamiento sobre el Derecho escrito.

El siguiente punto de vista se refiere a la labor de perfeccionamiento jurídico. Aquí hay que mencionar al Tribunal de Justicia de las Comunidades Europeas. Yo he afirmado en un pequeño pasaje de mi artículo, que podría tratarse de un nuevo campo de análisis crítico respecto a la relación de tensión.

Ustedes conocen que en la resolución *Maastricht* del Tribunal Constitucional Federal se encuentra la base de la relación de cooperación entre el Tribunal Constitucional Federal y el Tribunal de Justicia de las Comunidades Europeas. Es difícil ahora distinguir a qué puede llevarnos esto. Se trata de una fórmula que ha sido delimitada de una determinada forma y, seguramente, ambos tribunales llegarán a detentar su propio dominio. Yo espero que el papel de este Tribunal de Justicia en el futuro sea ampliado de forma bastante notable.

Podemos partir hoy de lo siguiente: (cualquier persona ha imaginado esto alguna vez) que más de la mitad del Derecho nacional está influenciado ya actualmente por el europeo y que en el futuro irá en aumento, a la vista de la amplitud de competencias que recibe la Unión Europea y dado el principio de subsidiariedad inscrito en el Tratado de *Maastricht*, cuestión que tiene difícil límite.

El Tribunal Europeo se visualiza como motor del acuerdo europeo, de la integración y la unificación. Por ello, asume posibilidades respecto a cuestiones de perfeccionamiento jurídico o, en este caso, de perfeccionamiento, de integración de la posición del Tribunal.

El Tratado presenta similares complejidades a una Constitución, pues implica no sólo un acuerdo interno, sino un acuerdo colectivo entre 12, 15 o aquellos que lo admitan por lo que irá incrementándose la capacidad de perfeccionamiento jurídico del Tribunal de Justicia de las Comunidades Europeas.

El Tribunal Constitucional Federal y el Tribunal de Justicia de las Comunidades han puesto en marcha un proceso de amplio fortalecimiento respecto a la labor de perfeccionamiento del Derecho y este proceso irá creciendo en el futuro. Realmente estamos, sin embargo, ante una tendencia de desarrollo jurisprudencial basada en casos precedentes, tal y como conocemos ya en la jurisdicción inglesa y americana. Observo pues tal tendencia en esa dirección.

Sr. Kegel: Seré breve. El Sr. Flume, que hoy no está presente aquí, ha descrito el Tribunal Constitucional Federal como un tribunal supremo alemán de legos. Esto es naturalmente una dura valoración, pero, no obstante, concuerda con el carácter de nuestro compañero.

Me rondaba en la cabeza la idea de que hay la posibilidad de retirada del carnet de conducir. Si alguien durante cierto tiempo ha conducido bien siempre y, sin embargo, después empieza a cometer diferentes infracciones de diversa consideración, le será retirado el permiso de conducir. Esto hace plantearse la cuestión de si con motivo del último año del Tribunal Constitucional Federal no se debería también introducir algo parecido.

Se puede seguir cerrando los ojos a esta problemática sobre la que estamos tratando, pero, en realidad, quizás la cuestión más fundamental sobre la que deberíamos debatir, aun cuando no exista ninguna perspectiva de consenso importante, es la de si nosotros necesitamos realmente tal Tribunal Constitucional.

El Tribunal Constitucional Federal nos ha sido presentado primeramente bajo una fuerte influencia de la Corte Suprema americana. Yo mismo me he interesado bastante por el Derecho americano, pero soy de la opinión de que uno debe comprender esta institución de forma relativa en nuestra área.

Los franceses no tienen ningún Tribunal Constitucional y los ingleses tampoco. Los italianos cuentan ahora algo más con su Tribunal Constitucional y podría adoptar una evolución similar al nuestro. En principio, me parece mejor comprender cada Tribunal como una individualidad.

En Inglaterra es de otro modo distinto, ya que allí la vía judicial está muy estandarizada. Uno puede naturalmente hacer todo tipo de distinciones, sin embargo, el Tribunal Supremo Federal en lo civil y en cuestiones penales, el Tribunal Federal de Hacienda, el Tribunal Federal de Trabajo y el Tribunal Supremo de lo Contencioso-Administrativo, suponen hombres suficientes para implementar justamente los derechos fundamentales o decidir cuestiones jurídico constitucionales. Esto también se tendría que ponderar.

Yo opino, por consiguiente, que se podría pensar sobre esta vía y tratar de no llevar las cosas hasta el extremo, como en el caso de la antena parabólica de los turcos, respecto a lo que hay hasta cinco resoluciones, si es que ya no son seis. ¿Cómo puede el Tribunal Constitucional Federal ocuparse de tales pequeñeces?

El segundo punto es, naturalmente, cómo se puede mejorar la composición. Yo no podría plantear ninguna propuesta respecto a ello. El procedimiento es casi humillante. Un hombre tendría casi que rehusar a llegar a ser elegido, como en su momento hizo un profesor de Berlín para poder estar presente en los exámenes, ya que su facultad le había propuesto para ello.

Sr. Stern: Si ya no hay nadie más que quiera decir alguna cosa respecto a la discusión, me gustaría muchísimo para terminar contar algo más, por lo menos para lograr una sonrisa por alguna anécdota graciosa. Usted ha mencionado las resoluciones de las antenas parabólicas, cuatro, cinco o cuantas pueda haber. Ello, en efecto, es grotesco que lo haya permitido el Tribunal Constitucional Federal.

Como también todos nosotros somos examinadores en las Universidades y en las más variadas comisiones. Quiero citar una decisión de la Sala primera de febrero de 1996. Trata del reglamento de examen para aprobar el ejercicio de la profesión de farmacéutico. Se recurrió y llegó a ir a través de todas las instancias. Al final, un abogado o alguien consideraba que se podía impugnar con base a que también se habían lesionado ciertos derechos fundamentales.

¿Qué hace nuestro Tribunal Constitucional Federal? Llega a la conclusión de que como ha aprobado ya varias resoluciones para la protección jurídica judicial en cuestiones de exámenes, no existe ninguna duda de que no se presenta como algo estrictamente necesario, desde la perspectiva constitucional, la elaboración de un protocolo literal del relato de un examen. Maravilloso. Con ello debería haber dado por terminada la resolución.

Ahora divulga el Tribunal, y esto lo tengo que leer en voz alta, ya que es bastante bueno: "podría quedar la posibilidad de hacer participar a un secretario" (ninguna cuestión jurídica) "que pudiera atestiguar las irregularidades y preguntas que se han producido en el desarrollo del examen. Ahora bien, esto tampoco descarta que después igualmente sea puesta en duda la exactitud del relato del proceso del examen. La protocolización a través de grabación magnetofónica sería, a decir verdad, un medio apto de aclaración posterior, si es que el examinador que calibra las pruebas «–el examinador, no el examinando–», los cometidos del examen y sus resultados, lo ha registrado todo correctamente. Esta es una hipótesis para una decisión de evaluación equitativa. No obstante, el protocolo literal presentaría el peligro de que se modificaran, en lo esencial, los fines del examen oral."

Sólo puede decir uno: excelente. Un Tribunal del rango del Tribunal Constitucional Federal decide ahora todo lo que hace o no puede hacer uno en los exámenes. Y si se inclina a favor de que los exámenes estén provistos de un protocolo literal, entonces, por ejemplo, me gustaría decir respecto a nuestro taquígrafo que el número de taquígrafos tendría que multiplicarse en un instante, con el propósito de que todos los exámenes fuesen recogidos taquigráficamente. Si todos estos aparatos magnetofónicos tuvieran que ser instalados ¡por el amor de Dios! Sin embargo, ese es el trabajo del Tribunal Constitucional Federal, como se refleja también a través de sus resoluciones. Esto no debe ser así y por eso he dejado este comentario para el final para lograr una sonrisa por alguna anécdota graciosa. Muchas gracias.

LA CONSTITUCIÓN DE ALEMANIA*

Klaus Stern

SUMARIO. 1. La reunificación alemana como muestra de los retos actuales del Estado y la Constitución.- 2. La Ley Fundamental –La Constitución de la Alemania unida.- 3. Los cambios más importantes de la Ley Fundamental en los derechos fundamentales y en los objetivos estatales.- 4. Las modificaciones de la Ley Fundamental respecto a la relación Estado - Länder.- 5. Una opinión global positiva respecto a Alemania y su Constitución.

El 30 aniversario de la Conferencia de Bitburgo requiere tratar de un tema importante. ¿Qué sería más apropiado, a la vista del círculo de participantes, dado el talante de este forum y tras dos décadas de existencia, que el tema de la Constitución de Alemania a los cinco años de su reunificación y tres meses después de una modificación de la Ley Fundamental, y que suponía una compensación entre continuidad y reforma?

1. LA REUNIFICACIÓN ALEMANA COMO MUESTRA DE LOS RETOS ACTUALES DEL ESTADO Y LA CONSTITUCIÓN

I. De vez en cuando es conveniente reflexionar sobre la situación constitucional en que se encuentra un Estado y su Constitución normativa, particularmente por parte de juristas y políticos que son los más responsables respecto al Estado. Miremos hacia atrás: En mayo de 1989 la Ley Fundamental sería

* El original en alemán de este trabajo se puede encontrar en la publicación *Bitburger Gespräche Jahrbuch* 1995/I, C.H. Beck'sche Verlagsbuchhandlung, München 1995.

reconocida por parte de todos los políticos[1] y por la ciencia[2] con elogios a su eficacia acreditada. Sin embargo, habría que recordar tan sólo que el gran objetivo del Estado, "completar la unidad y libertad de Alemania" (Preámbulo), aún no se había materializado. Medio año después se alcanzaba esta meta. Ya durante el proceso de unificación se produjeron animadas y controvertidas discusiones, acerca de si la unidad debía de suponer la creación de una nueva Constitución o, cuando menos, una revisión total de la Ley Fundamental[3]. Como es sabido, se resolvería esta cuestión con una decisión de carácter hí-

---

[1] "Vierzig Jahre Grundgesetz der Bundesrepublick Deutschland, Ansprachen des Bundespräsidenten R. v. Weizsäcker, der Bundestagpräsidentin R. Sussmuth, und des Bundesratspräsidenten B. Engholm", en, *Bulletin des Presse -und Informationsamtes der Bundesregierung*, 1989, n.º 51, p. 445 y ss.

[2] Véase K. STERN, "Das Grundgesetz im fünften Jahrzehnt seiner Geltung –Erfülle und unerfüllte Verfassungserwartungen", *NWVBl.* 1990, p. 1; el mismo (Edit.), *Kölner Internationales Symposion: 40 Jahre Grundgesetz –Entstehung, Bewährung und internationale Ausstrahlung*, 1990; el mismo, "Das Grundgesetz –eine grundsätzliche Bewertung aus deutscher Sicht", en, KIRCHHOF / KOMMERS (Edit.), *Deutschland und sein Grundgesetz*, 1993, p. 15 y ss; D. GRIMM, "Das Grundgesetz nach vierzig Jahren", *NJW* 1989, p. 1305; B. DIESTELKAMPF, "Die Verfassungsentwicklung in den Westzonen bis zum Zusammentreten des Parlamentarischen Rates (1945 –1948)", *NJW* 1989, p. 1312; K. KRÖGER, "Die Entstehung des Grundgesetz", *NJW* 1989, p. 1318; G. ROBBERS, "Die Änderungen des Grundgesetzes", *NJW* 1989, p. 1325; B. PIEROTH, "Amerikanischer Verfassungsexport nach Deutschland", *NJW*, 1989, p. 1333; R. HERZOG, "Das Grundgesetz an der Schwelle der neunziger Jahre", *DÖV* 1989, p. 465; R. MORSEY, "Verfassugsschöpfung unter Besatzungsherrschaft", *DÖV* 1989, p. 471; H. SENDLER, "40 Jahre Rechtsstaat des Grundgesetzes: Mehr Schatten als Licht", *DÖV* 1989, p. 482; P. BADURA, "Der Sozialstaat", *DÖV* 1989, p. 491; W. THIEME, "Vierzig Jahre Bundesstaat", *DÖV* 1989, p. 499; R. KIRCHHOF, "Gegenwartsfregen an das Grundgesetz", *JZ* 1989, p. 453, W. R. SCHENKE, "40 Jahre Grundgesetz", *JZ* 1989, p. 653; H.P. IPSEN, "40 Jahre Grundgesetz des Bundesrepublick Deutschland", *JöR*, T. 38 (1989), p, 1 y ss; *F. Ossenbühl*, "*Föderalismus nach 40 Jahren Grundgesetz*", *DVBl.* 1989, p. 1230; W. KNIES, "Verfassunggebung oder Verfassungsänderung?", en: E. KLEIN (Edit.), *Verfassungsentwicklung in Deutschland nach der Wiedervereinigung, 1994*, p. 19, nota a pie 27.

[3] Véase, con respecto a esto, STERN/SCHMIDT/BLEIBTREU, *Verträge und Rechtsakte zur Deutschen Einheit*, T. I: Staatsvertrag 1990, p. 26 y ss, p. 40; "die Berichte auf der Sondertagung der Vereinigung der Deutschen Staatsrechtslehrer am 27. Abril 1990 in Berlin zum Thema Deutschland aktuelle Verfassungslage", (*VVDStRL* [cuaderno 49]) de J.A FROWEIN, p. 7 (14), J. ISENSEE, p. 39 (48.), Chr. TOMUSCHAT, p. 70, y A. RANDELZHOFER, p. 101 (105); Chr. STARCK, "Deutschland auf dem Weg zur staatlichen Einheit", *JZ* 1990, p. 349 (352.); E. KLEIN, "An der Schwelle zur Widervereinigung Deutschland", *NJW* 1990, p. 1065 (1070); P. HÄBERLE, "Verfassungspolitik für die Freiheit und Einheit Deutschland", *JZ* 1990, p. 358; W. BINNE, "Forum: Verfassungsrechtliche Überlegungen zu einem "Beitritt" der DDR nach Art. 23 GG, JuS 1990, p. 446; J. SPIES, *Die "Wiedervereinigung" Deutschland nach dem Grundgesetz*", *JA* 1990,

brido, es decir, no elaborar una nueva Constitución conforme al artículo 146*, si bien este artículo tampoco sería suprimido, sino recomendar, a través del artículo 5 del Tratado de Reunificación entre la República Federal de Alemania y la República Democrática de Alemania, "al cuerpo legislativo de la Alemania unida, que tenía que ocuparse de la modificación o complementación de la Ley Fundamental"**. Esta prescripción valía como un criterio de compromiso entre la adhesión a la Ley Fundamental y la creación de una nueva Constitución, sobre lo que se iba a discutir duramente[4]. Queda así a medio camino, pero percibe también, respecto a la significación fundamental de la Constitución para los Estados reunificados, no sólo una cierta intensificación, sino también un mayor peso internacional.

Se trataba, sobre la base de los "grandes" y comunes compromisos iniciales de la Comisión Constitucional Conjunta de los representantes del *Bundestag* (Cámara Baja) y del *Bundesrat* (Cámara Alta), no tanto de revitalizar esta obligación, interrumpiendo la reflexión sobre Alemania y su Constitución y sobre el problema fundamental de la estatalidad de los partidos; de hecho, continuaba el problema inaplazable de ciertas cuestiones financiero-constitucionales que incluso se dejaban totalmente de lado[5]. Además, tendría prioridad la cuestión

---

p. 156: W. MÖSCHEL, "DDR-Wege aus der Krise", *JZ* 1990, P. 306 (309); D. RAUSCHING, "Deutschland aktuelle Verfassungslage" DVBl, 1990, p. 393 (401).

* *(Nota del traductor)* La nueva redacción del artículo 146, tras el Tratado de Reunificación de 31 de agosto de 1990, se expresa en los siguientes términos: "La presente Ley Fundamental, se aplicará a todo el pueblo alemán una vez consumadas la unidad y la libertad de Alemania y dejará de regir el día en que se constituya una Constitución que haya sido aprobada libremente por el pueblo alemán".

** *(Nota del traductor)* La redacción del artículo 5 del Tratado de Unificación (titulado "Futura reforma constitucional") dice: "Los Gobiernos de las dos partes recomiendan a los cuerpos legislativos de la Alemania unida que se dediquen durante dos años a los aspectos de reforma o ampliación de la Ley Fundamental que se susciten como consecuencia de la reunificación, en especial: 1.- respecto a las relaciones entre la Federación y los Länder, de acuerdo a la resolución conjunta de los Presidentes de los Länder de 5 de julio de 1990; 2.- respecto a las posibilidades de reorganización para los territorios de Berlín / Brandenburgo, en forma distinta a lo establecido en el artículo 29 de la Ley Fundamental, a través del acuerdo entre los Länder implicados; 3.- en relación a la inclusión de los fines estatales en la Ley Fundamental; 4.- en orden a la aplicación del artículo 146 de la Ley Fundamental y, dentro de su marco, en orden a la cuestión de un plebiscito".

[4] V. BUSSE, "Das vertraglich Werk zur deutschen Einheit", *DÖV* 1991, p. 345 (352).

[5] Respecto a la necesidad de reforma de aspectos financieros de la Constitución, véase G. MENDE, "Überlegungen zu einer Neuregelung der Finazverfassungs", en: E. KLEIN (edit.), *Verfassungsentwicklung in Deutschland nach der Wiedervereinigung*, 1994, p. 83; véase, también,

de las relaciones federativas, en las que se intercalarían nuevos aspectos relativos a Europa (artículo 23)*, y otros postulados que, en muchos casos, eran

la discusión de P. SELMER (p. 14), R. SCHOLZ (p. 14 y ss) y R. WENDT (p. 25) en, K. STERN (edit.), *Deutsche Wiedervereinigung*, T. IV, 1993; ROHN/SANNWALD, "Die Ergebnisse der Gemeinsamen Verfassungskomission", *ZRP* 1994 (65, 66). En cuanto a la actitud positiva respecto a la actualidad de aspectos financieros de la Constitución, J. KARSTENDIEK, "Änderung der Finanzverfassung?", *ZRP* 1995, p. 48.

* *(Nota del traductor)* Como consecuencia del Tratado de Maastricht sobre la Unión Europea, la Ley de reformas constitucionales de 21 de diciembre de 1992 (BGBl. I, n.º 58, de 21 de diciembre de 1992, pp. 2086-2087) ha modificado este artículo 23, quedando de la siguiente manera: "1.- Para la realización de una Europa unida, la República Federal de Alemania contribuirá al desarrollo de la Unión Europea que está obligada a la salvaguardia de los principios democrático, del Estado de Derecho, social y federativo y del principio de subsidiaridad y garantiza una protección de los derechos fundamentales comparable en lo esencial a la asegurada por la presente Ley Fundamental. A tal efecto, la Federación podrá transferir derechos de soberanía por una ley que requiere la aprobación del Bundesrat. Los apartados 2 y 3 del artículo 79 se aplican a la creación de la Unión Europea, al igual que a las reformas de los tratados constitutivos y a toda normativa análoga mediante la cual la presente Ley Fundamental sea reformada o completada en su contenido o hagan posible tales reformas o complementaciones. 2.- En los asuntos vinculados con la Unión Europea participan el Bundestag y los Länder a través del Bundesrat. El Gobierno Federal deberá informar en detalle y con la menor dilación al Bundestag y al Bundesrat. 3.- Antes de participar en los actos normativos de la Unión Europea, el Gobierno Federal dará al Bundestag la oportunidad de expresar su parecer. El Gobierno Federal tendrá en cuenta las tomas de posición del Bundestag en las negociaciones y se regularán por ley los detalles de aplicación (Aquí téngase en cuenta también la Ley sobre cooperación entre el Gobierno Federal y el Bundestag en materias de la Unión Europea, de 12 de marzo de 1993 [BGBl. I, n.º 9, de 19 de marzo de 1983, pp. 311-312]). 4.- El Bundesrat deberá participar en la formación de la voluntad de la Federación en tanto tuviera que participar en las correspondientes medidas a nivel nacional o en tanto los Länder fueran competentes a nivel nacional. 5.- En tanto los intereses de los Länder sean afectados en una materia de competencia exclusiva de la Federación o en la medida en que la Federación tenga, por lo demás, el derecho de legislar, el Gobierno Federal tendrá en cuenta la toma de posición del Bundesrat. Cuando en su esencia sean afectadas las competencias legislativas de los Länder, la organización administrativa o sus procedimientos administrativos, el punto de vista del Bundesrat en eso habrá de ser tenido en cuenta de forma determinante en la formación de la voluntad de la Federación; la responsabilidad de la Federación por el Estado en su conjunto deberá ser mantenida. La aprobación del Gobierno Federal será necesaria para toda cuestión susceptible de implicar un aumento de los gastos o una reducción de los ingresos de la Federación. 6.- Cuando en su esencia sean afectadas competencias legislativas exclusivas de los Länder, el ejercicio de los derechos de que goza la República Federal de Alemania en tanto Estado miembro de la Unión Europea deberá ser transferido por la Federación a un representante de los Länder designado por el Bundesrat. El ejercicio de los derechos se realizará con la participación del Gobierno Federal y de acuerdo con él; se mantendrá la responsabilidad de la Federación por el Estado en su conjunto. 7.- La regulación de los apartados 4 a 6 se hará por una ley que requiere la aprobación del Bundesrat". (Aquí téngase en cuenta la Ley de cooperación entre la Federación y los Länder en materias de la Unión Europea, de 19 de marzo de 1983 [BGBl. I, n.º 9, de 19 de marzo de 1983]).

aspectos derivados del espíritu del momento, mas que elementos absoluta y totalmente esenciales para su integración en la Constitución. No se ha discutido qué puede hacer la Constitución en este mismo instante para el Estado o qué tiene que ofrecer[6]. Preferentemente tendría lugar el proceso de cambio entre niveles y partidos políticos[7].

II. Mas de 200 años después de la aparición de la idea constitucional, casi todos los Estados del mundo están dotados con Constituciones[8]. Tras la Segunda Guerra Mundial, las Constituciones experimentaron realmente una marcha triunfal. No obstante, no siempre todas las Constituciones representan lo que deben ser: supremacía de las declaraciones normativas basadas en los principios fundamentales de soberanía y ordenamiento de valores del Estado con pretensión de validez vinculante. En Alemania está introducida tal normatividad y obligatoriedad desde 1949 a nivel federal y no sólo gracias a la importante posición de guardián del Tribunal Constitucional Federal. Todo el poder estatal es ejercido sólo conforme a la Constitución. La Constitución es considerada el ancla de la estabilidad del buque estatal, para que el capitán y el marinero no lo dirijan sin un rumbo fijo. Para implementar esta función de ordenación, integración y dirección, se fijan determinadas exigencias en la Constitución. Están descritas repetidas veces y no necesitan ser ahora, ante este círculo de participantes, expuestas en detalle[9]. Parece necesario en este punto aceptar tales razonamientos, si bien se encuentran actualmente en una fase crítica. Con la expresión "crítica" no quiero decir que la Constitución y el Estado que la conformó se encuentren en crisis, sino que quiero llamar la atención sobre el hecho de que también los Estados constitucionales sólidos y estables no están a salvo del todo de posibles desestabilizaciones.

III. Desde hace cinco años la Republica Federal de Alemania y toda Europa ya no son lo que habían sido en estos 40 años. Han sucedido enormes cambios. El comunismo, bajo el poder de la URRS, inmóvil en bloques estatales y ligada

[6] En detalle, J.F. AUBERT y E. EICHENBERGER, *Sinn und Bedeutung einer Verfassung, Referate zum 125. Schweizerischen Juristentag*, 1991.

[7] Véase A. BENZ, "Verfassungsreform als politischer Prozess", *DÖV* 1993, p. 881 y ss.

[8] Sobre el origen histórico y la historia de la idea de la Ley Fundamental del Estado, véase H. HOFMANN, en *Recht –Politik –Verfassung*, 1986, p. 261.

[9] Véase K. STERN, *Das Staatsrecht der Bundesrepublick Deutschland*, T.I, 2ª edición, 1984, § 3 III; P. BADURA, *Staatsrecht*, 1986, nota al margen, A 7 y ss; K. HESSE, *Grundzüge des Verfassungsrechts der Bundesrepublick Deutschlands*, 19ª edición, nota al margen 19 y ss; MAUNZ/ZIPPELIUS, *Deutsches Staatsrecht*, 29ª edición, 1994, § 5 II.

militarmente en el Pacto de Varsovia y económicamente en el COMECON, se derrumbó. Los antiguos Estados nacionales han vuelto a aparecer en escena, la Unión Soviética se ha disgregado en una multitud heterogénea de entidades de las que algunas se precipitaron en crisis políticas, sociales, étnicas y económicas. También su gran Estado, la Federación Rusa, a pesar de la forma y contenido de su respetable Constitución de 12 de diciembre de 1993[10], ha tenido crisis y no sólo en lo que concierne al desarrollo económico. Yugoslavia se ha descompuesto y en su territorio hizo estragos una terrible guerra civil. También, en noviembre de 1990, toda Europa y los Estados Unidos de Norteamérica, en los albores de una nueva era, se reafirmaban en una declaración común en la Carta de Paris, expresando un "reconocimiento inquebrantable de los derechos humanos y las libertades fundamentales, como bases que fundan la democracia, la prosperidad a través de la libertad económica, la justicia social y una seguridad igual para todos nuestros países"[11]. Cabe preguntarse ¿se ha llegado a este objetivo? La respuesta es negativa.

El efecto de este diagnóstico no es perceptible inmediatamente para la República Federal de Alemania; sin embargo, ha de incluirse en el cálculo la totalidad de situaciones. Queda fuera de duda que este Estado del centro de Europa se ha visto muy afectado con todo lo que ha sucedido en el continente y en sus cercanías. De hecho, no sólo ella tendría que experimentar desde muy de cerca la quiebra del bloque comunista, en particular por sus cinco nuevos estados. Así, hay que decir que, a los seis años del "cambio"[12] –no sólo alemán– de la política mundial, Alemania ya no sería más lo que fue durante 40 años, un yate bonito engalanado navegando a sotavento de los "grandes y antiguos barcos", que quería y podía virar, y que, si entraba en las aguas turbulentas de alta mar, sobrellevaba simplemente una unidad inacabada, lo que a algunos ya les era, incluso, indiferente. La República Federal de Alemania ha cambiado de la misma manera que en los tiempos de la antigua Prusia, cuando surgió el *Reich* Alemán.

[10] Traducción alemana de D. FRENZKE, *Osteuropa Recht*, 3/94, p. 292; y de Th. OERTNER, *EuGRZ* 1994, p. 519; véase, también, la observación de Theodor SCHWISSFURTH, "Die Verfassung Russlands vom 12 Dezember 1993", *EuGRZ* 1994, p. 473.

[11] Editado por STERN/SCHMIDT-BLEIBTREU, *Verträge und Rechtsakte zur Deutschen Einheit*, T. III: Zwei- Plus-Vertrag, 1991, p. 319.

[12] El Tribunal Constitucional Federal habla de "cambio radical de la política mundial del año 1989 hasta 1991", BVerfGE 90, 286 (298, 365).

El cambio es político, pero sobre todo visible en lo sentimental, aun cuando se mantiene estable la pertenencia a la OTAN y a la Comunidad Europea y sólo pareció una ampliación territorial. El "país imaginario" de soberanía limitada, en el que se había convertido demasiado cómodamente, queda ahí. Nuevos y grandes desafíos han entrado en el plan. Debemos conseguir en la Comunidad del Atlántico Norte y en la Comunidad Europea cierta autoridad política, lo que aconsejamos con celeridad, pues ya no es suficiente el intervencionismo retórico. Hay acciones que son necesarias en muchas áreas. Por ejemplo, la Guerra de los Balcanes no puede formar parte de la normalidad. La búsqueda hacia una nueva concepción de la política y la seguridad, conforme al fin de ese mundo bipolar, no se ha terminado aún. El Tribunal Constitucional Federal ha clarificado, en un pronunciamiento previo respecto a una decisión política, el compromiso constitucional en esta área, respecto a si cabe, jurídico-constitucionalmente hablando, el empleo de las Fuerzas Armadas alemanas en el exterior, en cuanto a cuestiones relacionadas con la integración en la OTAN y en el marco de la Carta de las Naciones Unidas[13].

IV. Dificultades y controversias que aparecen en Alemania en la superación de los desafíos económicos:

A) Ha habido, en gran medida, una equivocación sobre los datos y la capacidad de la economía de la parte oriental de Alemania, cuyos clientes de la Europa del Este han quebrado prácticamente. En lugar de 900.000-1.000.000 millones de marcos alemanes de valor capital activo, en cálculos del organismo encargado para la privatización de las empresas de la RDA, en la primavera del año 1990 se reduciría en un 90-95% del total el patrimonio nacional de la antigua RDA, estando asentado hoy a finales de la privatización aproximadamente con un valor de unos 400.000 millones de saldo negativo, esto es, como "problema heredado"; a lo que hay que añadir más deudas considerables que serían también concentradas en un "fondo de amortización de esa carga heredada", cuyo activo de capital se estimó desde 1995 para el Estado Federal en 37.000 millones de

[13] Así, D. BLUMENWITZ, "Der Einsatz deutscher Streiträfte nach der Entscheidung des BverfGE vom 12 Juli 1994 (BverfGE 90, 186)", *BayVBl.* 1994, 641 (678 y ss, 681). También, sobre cuestiones de necesidad de Ley de envíos, véase N.K. RIEDEL, "Die Entscheidung ubre eine Beteiligung der Bundeswehr an militärischen Operationen der UNO", *DÖV* 1994, p. 994; C. ARNDT, "Verfassungsrechtliche Anforderungen an internationale Bundeswehreinsätze", *NJW* 1994, p. 2197.

marcos alemanes al año[14]. Felizmente hubo en el Oeste desde 1983 hasta 1991 un auge económico continuo que facilitó la financiación de la unidad alemana, si bien con la ayuda considerable de servicios de crédito que se tenían que ir reduciendo en el futuro. La nueva reconstrucción en infraestructuras y reducción del desempleo reclamaba una alta necesidad de capital del Estado y de la economía privada, con el propósito de que se fuesen alcanzando condiciones de vida aproximadas y homogéneas. Lo que primero se requiere en este sentido no es ninguna cuestión constitucional, sino, en todo caso, cuestiones financiero-constitucionales, particularmente de compensación financiera.

B) Repetidamente, los temas importantes de análisis del Estado han formado parte de la historia de la República Federal de Alemania y del deber de mostrar la eficiencia del Estado. Recuerdo de la Conferencia de Bitburgo de 1984 sobre todo aquellas palabras sobre su temática de "obligaciones y objetivos estatales", que tienen una larga tradición en la historia constitucional alemana desde el Código Civil general prusiano. El tema ha seguido teniendo gran actualidad en la Alemania unida. En la negociación para la formación de un Gobierno de coalición en 1994 figuraba también esta sensibilidad bajo las siglas "Estado proporcional". De hecho, hay un cierto incremento de las cuotas estatales, es decir, de la participación de las corporaciones territoriales y las entidades de la Seguridad Social en el producto nacional bruto en torno a un 50% y en las cuotas de impuestos, es decir, de la participación de ingresos fiscales y las cuotas de la Seguridad Social sobre un 45%, con tasas de incremento continuas desde 1990, así como disminuciones en cuotas de inversión estatales, lo que es motivo para reflexionar aún más. Estado social y carga fiscal tienen, por tanto, que ponerse a prueba.

La empresa ha presentado desde esta aguda situación estructuras organizativas más proporcionadas, tomando en consideración los distintos niveles de prioridad. Además, Alemania, gracias al empujón del consumo producido con la reunificación a primeros de 1992, mejoró ciertamente su capacidad competitiva internacional. ¿Se ha podido lograr lo mismo en el sector estatal? En este sentido son precisas diferenciaciones. Si tratamos de las obligaciones y objetivos estatales que representan la base del Estado constitucional en la actualidad, esto puede variar poco. Sin embargo, podemos plantearnos per-

---

[14] Datos de W. EHRLICHER, *Deutsche Finanzpolitik seit 1945, Vierteljahrschrift für Social –und Wirtschaftsgeschichte*, T. 81 (1994), p. 27.

fectamente, sobre todo, lo que el Estado –comprendido como Estado Federal, *Länder* y municipios– hace actualmente y lo que tiene que hacer realmente. Jurídico constitucionalmente encontramos detrás la cuestión de si es práctico retomar objetivos estatales adicionales en la Constitución. Nos podemos plantear nuevamente si el servicio público en la dimensión actual debe de conservar una estructura que puede ser decidida políticamente desde los límites del artículo 33*.

C) La capacidad de rendimiento del Estado está relacionada estrechamente con la cuestión de la mayor o menor capacidad de los *Länder*. Los *Länder* mismos han cargado con la compensación financiera municipal. Desde el 1 de enero de 1995 han finalizado las reservas que se podían asegurar los antiguos *Länder* según el Tratado de la Reunificación de 31 de agosto de 1990**, y los 16 *Länder* han incorporado cuestiones financiero-constitucionales en su normativa. El tema de las cuestiones financiero-constitucionales se está poniendo de actualidad, destacándose claramente que una reorganización amplia del territorio federal, a pesar de las ventajas que fija el artículo 29 de la Ley Fundamental*** en orden al futuro, no es del todo realizable. Respecto a

---

* *(Nota del traductor)* Artículo 33 de la Ley Fundamental: "1.- Todos los alemanes tienen en cada Länder los mismos derechos y deberes cívicos; 2.- Todos los alemanes tienen igual acceso a todos los cargos públicos, según su aptitud, su capacidad y su nivel profesional; 3.- El disfrute de los derechos civiles y políticos y la admisión a los cargos públicos, así como los derechos adquiridos en la función pública, serán independientes de la confesión religiosa. Nadie podrá ser perjudicado por pertenecer o no a una confesión o una ideología; 4.- El ejercicio, con carácter permanente, de funciones de soberanía será encomendado, por regla general, a funcionarios públicos de carrera, que estarán sujetos a normas de servicio y lealtad con carácter de Derecho público; 5.- El régimen jurídico de la función pública se establecerá con base a los principios fundamentales tradicionales del funcionariado de carrera".

** *(Nota del traductor)* Ténganse en cuenta, por ejemplo, el artículo 7 (titulado "Sistema financiero") del Tratado de Reunificación, en su epígrafe 2.3. Según este precepto "hasta el 31 de diciembre de 1994, en contraposición de lo establecido en el artículo 106.7 de la Ley Fundamental, los municipios debían recibir de los Länder por lo menos un 20% anual de los ingresos totales provenientes de impuestos comunes diferentes al impuesto sobre la renta que correspondan a los Länder y un 40% anual de los recursos del fondo «Unificación Alemana»".

*** *Nota del traductor)* El artículo 29 de la Ley Fundamental se expresa del siguiente modo: "1.- El territorio federal puede ser reorganizado para garantizar que los Länder, por su tamaño y su capacidad económica, estén en condiciones de cumplir eficazmente las tareas que les incumben. A tal efecto deberán tenerse en cuenta las afinidades regionales, los contextos históricos y culturales, la conveniencia económica, así como las exigencias de la ordenación territorial y planificación regional. 2.- Las medidas de reorganización del territorio federal deberán adoptarse mediante ley federal que requiere la ratificación por referéndum. Deberá darse audiencia a los Länder afectados. 3.- El referéndum se celebrará en los Länder cuyos territorios o partes de territorio pasen a formar parte de un nuevo Land o de un Land conformado con otros límites (Länder afectados). La votación se realizará sobre la cuestión de si los Länder afectados deben subsistir como hasta ahora, o bien ha de formarse el nuevo Land o el Land con nuevos límites. Será positivo el resultado del referéndum sobre la formación de un nuevo Land o de un Land con otros límites, cuando respectivamente la apruebe una mayoría en su futuro territorio y en el conjunto de los territorios o partes de territorio de un Land afectado, cuya pertenencia a un Land haya de ser modificada en igual sentido. Contrariamente, será negativo cuando en el territorio de uno de los Länder afectados una mayoría rechace la modificación; no obstante, el rechazo queda sin efecto si, en una parte del territorio cuya pertenencia al Land afectado debe ser modificada, una mayoría de dos tercios aprueba la modificación, a menos que una mayoría de dos tercios en la totalidad del Land afectado rechace la modificación. 4.- Si en un área económica y de asentamientos humanos, conexa y delimitada, cuyas partes estén situadas en varios Länder y que por lo menos tenga un millón de habitantes, surge una iniciativa popular respaldada por una décima parte de los ciudadanos con derecho a voto en las elecciones federales, en la cual se solicita que para dicha área se establezca la pertenencia territorial a un solo Land, entonces habrá que decidir por ley federal en el plazo de dos años si la pertenencia a los Länder ha de ser modificada según el apartado 2, o si ha de llevarse a cabo en los Länder afectados una consulta popular. 5.- La consulta popular tiene por objeto comprobar si cuenta con apoyo un cambio de la pertenencia a un Land que debe ser propuesto en la ley. Esta puede someter a consulta popular diversas propuestas, pero no más de dos. Si la mayoría aprueba una modificación propuesta de la pertenencia a un Land, habrá de determinarse por ley federal dentro del plazo de dos años si ha de modificarse la pertenencia a un Land según el apartado 2. Si una propuesta presentada a consulta popular alcanza la aprobación correspondiente según los requisitos de las frases 3 y 4 del apartado 3, deberá promulgarse, en el plazo de dos años después de la realización de la consulta popular, una ley federal para la formación del Estado propuesto, que ya no necesita ratificación por referéndum. 6.- La mayoría requerida en el referéndum y en la consulta popular es la mayoría de los votos emitidos siempre que estos comprendan, por lo menos, un cuarto de los ciudadanos del territorio afectado con derecho a voto en elecciones federales. Por lo demás, una ley federal regulará las modalidades del referéndum, de la iniciativa popular y de la consulta popular; esta ley federal puede prever también que las iniciativas populares no se repitan en el plazo de cinco años. 7.- Otras modificaciones de la integridad territorial de los Länder pueden llevarse a cabo mediante tratados estatales de los Länder interesados o por ley federal con aprobación del Bundesrat, siempre que la zona cuya pertenencia a un Land haya de modificarse no tenga más de 50.000 habitantes. La regulación se hará por una ley federal que necesita la aprobación del Bundesrat y de la mayoría de los miembros del Bundestag. Deberá prever la consulta de los municipios y distritos afectados. 8.- Los Länder pueden, apartándose de lo dispuesto en los apartados 2 a 7, regular a través de un tratado estatal una nueva organización del territorio o de partes del territorio que respectivamente abarcan. Deberá darse audiencia a los municipios y distritos afectados. El tratado estatal requiere la ratificación por referéndum de cada uno de los Länder interesados. Si el tratado estatal afecta a partes del territorio de los Länder interesados, la ratificación puede restringirse a referéndum en estas partes de los territorios; queda sin efecto la segunda parte de la frase 5. En un referéndum decide la mayoría de los votos emitidos si, al menos, incluye la cuarta parte de quienes tienen derecho a voto en las elecciones al Bundestag; la regulación se hará por una ley federal. El tratado estatal requiere la aprobación del Bundestag".

los aspectos científico-financieros se hace notar que las cuestiones financiero-constitucionales existentes adolecen de ciertas "carencias de reglamentación" que llevan a "desarrollos patológicos de economía financiera pública" [15]. Las cuestiones financiero-constitucionales no son sólo una parte esencial del ordenamiento estatal federal, sino, al mismo tiempo, también la prueba de verificación de la capacidad de rendimiento del federalismo. Como problemática particular aparece actualmente el indicio del federalismo cooperativo, articulado en una cierta "sobre-interdependencia", así como también ciertos aspectos relativos a recursos[16], sobre lo que ya había advertido en 1976 la Comisión-simposio de Trabajo para la Reforma Constitucional (*Enquête-Kommission Verfassungsreform*) [17]. La compensación financiera existente es una carga problemática adicional y ha llevado a varios procesos sumamente complicados ante el Tribunal Constitucional Federal, que han afectado tanto a las relaciones Estado-*Länder*, como también *Land-Land* [18]. El programa de consolidación federal ha dado lugar sólo a una cierta paz superficial[19].

Otro problema se plantea en atención al límite de endeudamiento que ha sido establecido por el Tratado de *Maastricht* como obligación para los Estados miembros de la Unión, afectando también a los *Länder*, si bien el artículo 109.1 de la Ley Fundamental admite la autonomía presupuestaria[*]. Aquí se necesita de nuevos instrumentos para mantener dentro de los límites ese endeudamiento[20].

---

[15] H. GROSSEKETTLER, *Die deutsche Finanzverfassung nach der Finanzausgleichsreform, Hamburger Jahrbuch für Wirtschafts- und Gesellschaftspolitik*, 1994, p. 113.

[16] HENKE / SCHUPPERT, *Rechtliche und finanzwissenschaftliche Probleme der Finanzbeziehungen von Bund und Ländern im vereinten Deutschland*, 1993, p. 18 y ss.

[17] Véase "den Schlussbericht der Enquete-Kommission Verfassungsreform des Deutschen Bundestages", Parte II, en: *Zur Sache 2/77*, p. 169 y ss; K. STERN, "Die Föderativstruktur im Grundgesetz und im Vorstellungsbild der Enquete-Kommission Verfassungsreform des Deutschen Bundestages", en, *Die Enquete-Kommission Verfassungsreform und die verfassungsrechtliche Fortentwicklung der Bundesrepublik, ein Cappenberger Gespräch der Freiherr-vom-Stein-Gesellschaft*, 1977, p. 51 (61).

[18] BVerfGE 1, 117 (131); 2,205 (254); 72, 330 (397.); 86, 148 (214., 216, 222.).

[19] BGBl. I, 1993, p. 944.

[*] *(Nota del traductor)* El artículo 109.1 de la Ley Fundamental se expresa del siguiente modo: "La Federación y los Länder serán autónomos y recíprocamente independientes en su gestión presupuestaria".

[20] Respecto a esto, por ejemplo, K. STERN, "Die Konvergenzkriterien des Vertrages van Maastricht und ihre Umsetzung in der bundesstaatlichen Finanzverfassung", in: *Festschrift für Ulrich Everling*, 1995, pp. 1469 y ss.

2. LA LEY FUNDAMENTAL – LA CONSTITUCIÓN DE LA ALEMANIA UNIDA

I. Con lo que se acaba de decir he mostrado cierto ámbito que requiere determinadas decisiones estratégicas de Alemania cuatro años y medio después de la reunificación. Esto es de trascendencia notable, ya que estas cuestiones no podrían superarse con compromisos de política corriente y tácticas de tipo electoral a la manera de "*muddle through*". Por consiguiente, hay que cuestionar hasta qué punto la Constitución puede ofrecer a este respecto alguna ayuda. La respuesta a esta pregunta exige, por ahora, algún examen de fondo sobre las circunstancias del Estado respecto a la Constitución y la capacidad de resolución de problemas de la Constitución, antes de poder llevar a cabo aún más novedosas reformas constitucionales.

II. La República Federal de Alemania ha sido desde 1949 un Estado constitucional en el estricto sentido de la palabra. La Ley Fundamental, en comparación con la Constitución anterior, es expresión del buen resultado de la legislación constitucional para el Estado alemán. La labor de hombres y mujeres en los Consejo Parlamentarios y los trabajos constitucionales llevados a cabo en tiempos difíciles no se podrán nunca valorar lo suficiente. Las múltiples posibilidades de soluciones legislativas muestran en el extranjero el respeto que representa esta Constitución. Sin embargo, tenemos que reconocer claramente que la Constitución no es el Estado; no le puede reemplazar y tampoco es un sustitutivo de decisiones políticas que se presentan como necesarias. El llamado "patriotismo constitucional", es decir, sobrevalorar la Constitución y el Estado, suena peligroso, cuestión sobre la que D. Merten ha advertido con insistencia[21]. La versión original de la Ley Fundamental llevaba ya razón cuando determinó el objetivo principal en el Preámbulo: "ofrecer a la vida política un nuevo ordenamiento". Ningún nuevo Estado alemán se había llegado a fundar sobre la base de una Ley Fundamental, sino sólo reorganizando el *Reich* alemán resultante. Éste ahora está nuevamente constituido, pero se quiere reorganizar conforme al ideal estatal-constitucional, conformado durante mucho tiempo bajo la participación de personas de casi todas partes

[21] D. MERTEN, *Verfassungspatriotismus und Verfassungsschwärmerei*, VerwArch, T. 83 (1992), p. 283 y ss.; el mismo en: *Kontinuität und Diskontinuität in der deutschen Verfassungsgeschichte, Seminar zum 80. Geburtstag von K.A Bettermann*, 1994, p. 28 y ss.

del viejo y del nuevo mundo. En la función de organización normativa de la Constitución se funda sobre todo la legitimación de las bases de los órganos estatales superiores. En este sentido, la Constitución es "el punto de Arquímedes" de todo el ordenamiento jurídico. Sin embargo, la Constitución no sustituye al poder estatal, simplemente lo conduce. Es una prueba importante al respecto el restablecimiento de la unidad de Alemania.

A) La reunificación alemana tenía que conseguirse políticamente, es decir, tanto entre los dos Estados alemanes, como también frente a las cuatro potencias vencedoras. La Constitución del Estado alemán occidental tenía a este respecto dos vías preparadas: la solución de adhesión de la otra parte de Alemania a la República Federal alemana conforme al artículo 23 de la Ley Fundamental[*] y el sistema múltiple que supone el procedimiento de creación constitucional según el artículo 146 de la Ley Fundamental. La Constitución de la RDA se había olvidado en 1968 de la unidad alemana; tampoco la Ley de Principios constitucionales de 17 de junio de 1990 aportó ninguna instrucción para la unidad, si bien en el Acuerdo (de Derecho internacional) sobre la estructuración de una unión social, económica y monetaria, de 18 de mayo de 1990, sí mostraba cierta firmeza en "lograr lo antes posible la unidad de Alemania en libertad y dentro del orden de paz europeo" (Preámbulo). Uno se habría inclinado hacia una unidad sobre la base del artículo 146 de la Ley Fundamental; así no se necesitaría hoy de ninguna explicación adicional, cualesquiera que hubieran podido ser los riesgos añadidos que implicaba[22]. Sin embargo, en cierto modo, hubiera desestabilizado el proceso de unificación. Tiene que ponerse de relieve que, conforme al artículo 23 y al Preámbulo de la Ley Fundamental[**], desde el principio se estableció un pleno convencimiento

[*] *(Nota del traductor)* Compárese ahora la redacción nueva del artículo 23 de la Ley Fundamental (Cfr. p. 90), con la antigua, que se expresaba en los siguientes términos: "La presente Ley Fundamental rige desde ya en el territorio de los Länder de Baden, Baviera, Bremen, Gran Berlin, Hamburgo, Hesse, Baja Sajonia, Renania del Norte-Westfalia, Renania-Palatinado, Schleswig-Holstein, Wurtemberg-Baden y Wurtemberg-Hohenzollern. En otras partes de Alemania será puesta en vigor tras su adhesión."

[22] Con respecto a esto téngase en cuenta la nota 3.

[**] *(Nota del traductor)* La Ley Fundamental, en su redacción inicial, afirmaba al final de su Preámbulo la intención del pueblo alemán de compromiso con el objetivo futuro de la unidad alemana. Después, tras las reformas, el Preámbulo ya habla del objetivo consumado de la unidad de Alemania y de que la Ley Fundamental rige para todo el pueblo alemán, citando los dieciséis Länder.

en la consecución de la unidad acerca de la ampliación de la fuerza de validez de la Ley Fundamental en orden a los *Länder* del Este[23].

B) En lo que concierne a la entrada de la RDA, conforme al artículo 23 de la Ley Fundamental, encontramos la decisión de la Cámara Popular, de 23 de agosto de 1990[*], en referencia al "ámbito de validez de la Ley Fundamental"; en sí no parece del todo correcta, ya que sólo se puede acceder a la unidad del Estado como lo hizo precisamente el territorio del Sarre en 1956[24]. Ahora bien, desde una interpretación teleológica se puede comprender la decisión, porque atestigua la estimación de la Ley Fundamental por esa población[25]. Por cierto, esto se debería tener presente, sobre todo, por aquellos que hablan tan a menudo de que no se tienen en cuenta los "logros" de la RDA.

C) Las consecuencias y modalidades jurídico-estatales de la entrada se derivan del artículo 23.2 de la Ley Fundamental en su redacción antigua y del artículo 3 del Tratado de Reunificación de 31 de agosto de 1990[**]. La Ley Fundamental, en tales territorios de Alemania, los cinco *Länder* nuevamente restablecidos (artículo 1 del Tratado de Reunificación)[*], quedaba ya en vigor.

---

[23] Documentación histórica y literatura de estos 50 años en W. KNIES, "Verfassunggebung oder Verfassungsänderung?", en, E. Klein (coord.), *Verfassungsentwicklung in Deutschland nach der Wiedervereinigung*, 1994, p. 13 (16); H. WEIS, "Verfassungsrechtliche Fragüen im Zusammenhang mit der Herstellung der staatlichen Einheit Deutschlands", *AöR*, T. 116 (1991), p. 1 y ss.

[*] *(Nota del traductor)* El 23 de agosto de 1990 la Cámara Popular (el Parlamento) de la RDA decidía la adhesión a la RFA. El Presidente de la Cámara Popular y el Presidente en funciones del Consejo de Estado Bergmann-Pohl anunciaba la decisión: "La Cámara Popular de la RDA declara la adhsesión de la RDA al ámbito de validez de la Ley Fundamental, de acuerdo al artículo 23 de la Ley Fundamental de la RFA, y con efecto para el 3 de octubre de 1990".

[24] La decisión de 13 de diciembre de 1956 dice: "El *Lantag* del territorio del Sarre declara, en ejecución de la voluntad popular manifestada a través de la decisión de 23 de octubre de 1955 y después de tener conocimiento del acuerdo suscrito el 27 de octubre de 1956 entre la Republica Federal de Alemania y la República francesa para la regulación de la cuestión del Sarre, la entrada del Territorio del Sarre conforme al artículo 23.2 de la Ley Fundamental para la República Federal de Alemania" (Abl. Saarl. 1956, p. 1645).

[25] Véase, a este respecto, E. KLEIN, "An der Schwelle zur Wiedervereinigung Deutschlands", *NJW* 1990, 1065 (1070); W. KNIES, *aaO*, p. 23.

[**] *(Nota del traductor)* El artículo 3 del Tratado de Reunificación (titulado "Entrada en vigor de la Ley Fundamental") se expresa en los siguientes términos: "Con la entrada de vigencia de la adhesión, entra en vigor la Ley Fundamental de Alemania de 23 de mayo de 1949, en su versión de 21 de diciembre de 1983, con las reformas derivadas del artículo 4 en los Länder de Brandeburgo, Mecklenburgo-Pomerania, Sajonia, Sajonia-Anhalt y Turingia, así como en la parte del Land de Berlín en la que hasta ahora no tenía vigencia, siempre que este Tratado no dispusiere otra cosa".

De este modo era constituida la unidad constitucional de Alemania, por lo que este Estado podía ya tener existencia plena en el ámbito jurídico internacional. Sin embargo, la unidad constitucional del Estado reunificado estaba ligada con algunas modificaciones en relación a las llamadas condiciones de adhesión de la Ley Fundamental, de acuerdo al artículo 4 del Tratado de Reunificación**, que eran cuestiones más vinculadas a los partidos de la Alemania Occidental.

---

* *(Nota del traductor)* El artículo 1 del Tratado de Reunificación dice: "1.- Con la entrada en vigor de la adhesión de la República Democrática Alemana a la República Federal, a tenor de lo establecido en el artículo 23 de la Ley Fundamental, los Länder de Brandeburgo, Mecklenburgo-Pomerania, Sajonia, Sajonia-Anhalt y Turingia pasan a ser Länder de la República Federal. Para la formación de los Länder y sus fronteras se estará a lo dispuesto en las disposiciones de la Ley Constitucional relativas a la formación de los Länder en la República Federal de Alemania, de 22 de julio de 1990".

** *(Nota del traductor)* El artículo 4 del Tratado de Reunificación (titulado "modificaciones de la Ley Fundamental como consecuencia de la adhesión") dice: "La Ley Fundamental se modificará como sigue: 1.- El Preámbulo será redactado del modo siguiente: «Conscientes de su responsabilidad ante Dios y ante los hombres, animados por su voluntad de servir a la paz mundial, integrados en una Europa unida sobre la base de la igualdad, haciendo uso de su poder constituyente, el pueblo alemán acuerda la presente Ley Fundamental.- Los alemanes de los Länder de Baden-Wurtembarg, Baviera, Berlín, Brandeburgo, Bremen, Hamburgo, Hesse, Mecklemburgo-Pomerania, Baja Sajonia, Renania del Norte-Westfalia, Renania-Palatinado, Sajonia, Sajonia-Anhalt, Schleswig-Holstein y Turingia han culminado la unificación alemana con libre autodeterminación. Por consiguiente, la presente Ley Fundamental tiene vigencia en todo el pueblo alemán». 2.- Se deroga el artículo 23. 3.- El artículo 51.2 de la Ley Fundamental que queda redactado de la siguiente forma: «Cada Land tiene por lo menos tres votos, los Land con más de dos millones de habitantes tienen cuatro, los que tienen más de tres millones, cinco, los Land con más de cinco millones, siete, y los Land con más de doce millones, ocho votos». 4.- El texto del artículo 135.a pasa a ser apartado 1, y a continuación se añade el siguiente apartado 2; «El apartado 1 se aplicará a las obligaciones contraídas por la República Democrática Alemana o por sus entidades jurídicas, así como respecto a otros compromisos de la Federación y otras corporaciones o entidades de Derecho público que estén relacionadas con la trasferencia de bienes o valores patrimoniales de la República Democrática Alemana a la Federación, Länder y municipios, así como a las obligaciones emanadas de la Republica Democrática Alemana o sus entidades jurídicas». 5.- Se añade a la Ley Fundamental un nuevo artículo 143: «El ordenamiento aplicable en el territorio mencionado en el artículo 3 del Tratado de Unificación podrá apartarse de las disposiciones de la presente Ley Fundamental a lo sumo hasta el 31 de diciembre de 1992 en la medida y mientras, como consecuencia de las diferentes situaciones, que no pueda alcanzar la entera adaptación al orden establecido por la Ley Fundamental. Las diferencias no podrán violar el artículo 19, apartado 2, y tienen que ser compatibles con los principios mencionados en artículo 79, apartado 3. 2.- Las divergencias de los capítulos II, VIII, VIII a, IX, X y XI estarán permitidas a lo sumo hasta el 31 de diciembre de 1995. 3.- Con independencia de los apartados 1 y 2, el artículo 41 del Tratado de Reunificación y las medidas que se adopten para su realización, subsistirán también en tanto prevean que ya no se podrán dejar sin efecto las intervenciones en la propiedad en el territorio mencionado en el artículo 3 de este Tratado». El artículo 146 queda redactado de la siguiente forma: «La presente Ley Fundamental, que rige para todo el pueblo alemán tras alcanzar la unidad y la libertad de Alemania, perderá su vigencia el día en que entre en vigor una Constitución adoptada libremente por todo el pueblo alemán»".

Esto suponía en lo sucesivo, al menos en lo que se refiere a los artículos 143* y 146 de la Ley Fundamental, un cierto quebradero de cabeza. En el fondo, la hipoteca de la situación jurídico constitucional era ya también mencionada en el artículo 5 del Tratado de Reunificación** con la misión de control constitucional de las asambleas legislativas, lo que dependía de que no se limitase este cometido a los cuatro círculos temáticos que enumera expresamente el artículo 5, a saber, la cuestión de las relaciones federales-estatales, la nueva estructuración Berlín / Brandenburgo, la determinación de los objetivos estatales, el artículo 146 de la Ley Fundamental y la cuestión del referéndum. Ello desvirtúa ya en cierto modo el propio artículo 5 del Tratado de Reunificación, ya que tales materias las toma sólo ("especialmente") como modelo. Por lo demás, las Comisiones constitucionales cuidaban, cuando éstas se componían de políticos, de desarrollar una dinámica aparte, que no era previsible.

III. A) Durante los años 70, ante la cuestión de una revisión de la Ley Fundamental, se encomendaba el *Bundestag* alemán una "Comisión-simposio de trabajo para la reforma constitucional", en la que se reunían en igual número diputados del *Bundestag*, representantes de los *Länder* y expertos independientes para examinar "cómo y en qué momento es necesario adaptar la Ley Fundamental –sin perjuicio de sus principios fundamentales– a las

* *(Nota del traductor)* El artículo 143 de la Ley Fundamental se expresa de la siguiente manera: "1.- El ordenamiento aplicable en el artículo 3 del Tratado de Reunificación podrá apartarse de las disposiciones de la presente Ley Fundamental a lo sumo hasta el 31 de diciembre de 1992 en la medida y mientras, como consecuencia de las posibles diferentes situaciones, que no pueda alcanzar la entera adaptación al orden establecido por la Ley Fundamental. Las diferencias no podrán violar el artículo 19.2, y tendrán que ser compatibles con los principios citados en el artículo 79.3 2.- Las divergencias de los Capítulos II, VIII a, IX, X y XI, estarán permitidas a lo sumo hasta el 31 de diciembre de 1995. 3.- Con independencia de los apartados 1 y 2, el artículo 41 del Tratado de Reunificación y las medidas adoptadas para su realización, subsistirán en tanto prevean que ya no se podrán dejar sin efecto las intervenciones en la propiedad en el territorio señalado en el artículo 3 de este Tratado".

** *(Nota del traductor)* El artículo 5 del Tratado de Reunificación (titulado "Futura reforma constitucional") dice: "Los Gobiernos de las partes contratantes recomiendan al legislativo de la Alemania reunificada que, durante dos años, se dediquen a cuestiones de reforma o ampliación de la Ley Fundamental respecto a materias relacionadas con la reunificación, y en particular: respecto a las relaciones entre la federación y los Länder, de acuerdo con la resolución conjunta de los Ministros Presidentes de 5 de julio de 1990; respecto a las posibilidades de reorganización del territorio de Berlín-Brandenburgo, mediante el acuerdo entre los Länder afectados, en contraposición a lo establecido en el artículo 29 de la Ley Fundamental; con las consideraciones relativas a la inclusión de fines estatales en la Ley Fundamental; con la cuestión de la aplicación del artículo 146 de la Ley Fundamental y, dentro de su ámbito, en orden a la cuestión de un plebiscito".

necesidades de la actualidad y previsiones de futuro"[26]. El cometido era claro y llevaba en 1976 a propuestas sistemáticas que, sin embargo, no serían en su mayor parte aplicadas, pues no se tomó la calma necesaria para reflexionar con profundidad. De ese modo se hubieran evitado controversias constitucionales. Era pues decisivo que ni ideólogos ni románticos constitucionales tuvieran en este momento una oportunidad[27].

B) En 1990, la razón para la revisión era otra. El restablecimiento de la unidad de Alemania parecía hacer llegar el momento de la reforma constitucional[28]. Probablemente un suceso peculiar hablando político-constitucionalmente. Ahora bien, sea tomado como el sueño de la antigua República Federal malogrado cuarenta años, o como un logro socialista, ciertamente faltó aquí una hoja detallada de ruta[29]. Así, por ejemplo, la realización de la "recomendación" del artículo 5 del Tratado de Reunificación llevaba, en la práctica, al problema de la idea de una nueva Constitución, como había diseñado la "mesa redonda" bajo la influencia de los participantes predominantes de la Alemania Occidental y cuya ideología se había quedado anquilosada en aquella "antigua" República Federal sin perspectivas[30]. Se ha impuesto así la idea de que la Ley Fundamental es principalmente la Constitución idónea también para la Alemania unida. No obstante, en este sentido, debe de examinarse la Ley

[26] Bundestag (informe taquigráfico) VI/70, p. 3893 (3896); Bundestag (impreso) VI/653 = Informe final de la Comisión-de trabajo para la reforma constitucional, en concreto 3/76, p. 11.

[27] De otro modo respecto al momento de la unidad de Alemania Chr. DEGENHART, *Rechtseinheit und föderale Vielfalt im Verfassungsstaat,* ZfA 1993, p. 409 (411).

[28] Véase Chr. DEGENHART, aaO.

[29] Véase además H. Roggemann, *Zur Reformverfassung einer gesamtdeutschen Bundesrepublick,* NJ 1990, p. 182; H. SIMON, *Markierungen auf dem Weg zu einer neuen gesamtdeutschen Verfassung,* NJ 1990, 516; K. H. SCHÖNEBURG, *Der deutsche Staat braucht eine neue Verfassung,* NJ 1992, p. 334.; "Von Grundgesetz zur deutschen Verfassung, Denkschrift und Verfassungsentwurf, vorgelegt von Kuratorium für einen demokratisch verfassten Bund deutscher Länder", 1991, publicado en: *Eine Verfassung für Deutschland,* edit. por B. GUGGENBERGER y otros., 1991, p. 99.

[30] Que se puede figurar uno lo expresa muy bien el borrador constitucional de las "mesas redondas centrales de la RDA", presentado el 4 de abril de 1990 (publicado en JöR n.F. T. 39 [1990], p. 350 y ss.). También en la del "Patronato para la redacción de la unión democrática de los Länder alemanes" presentada el 18 de mayo de 1991, que respiraba en ciertas partes el espíritu de la ideología de la RDA, 1993; *Die Verfassungsdiskussion im Jahr der deutschen Einheit – Analicen – Hintergründe – Materialen,* B. GUGGENBERGER y T. STEIN, 1991; Chr. DEGENHART, *aaO.* Sobre la influencia de las Constituciones de los Länder véase K, Stern, *Staatsrecht,* T. III/2, 1994, § 89.

Fundamental en los límites de su artículo 79* y, por consiguiente, también sin perjuicio de su intangibilidad[31]. Esta interpretación, que he sostenido muy pronto en la explicación de los acuerdos y actas jurídicas para la reunificación alemana, sobre todo por los fundamentos de la aparición del artículo 5 del Tratado de Reunificación, se ha impuesto frente aquellas posiciones que creían poder aún activar el *pouvoir constituant* del pueblo bajo el artículo 146 de la Ley Fundamental (nueva redacción)[32]. La Comisión Constitucional Conjunta del *Bundestag* y el *Bundesrat* ha reflexionado, ha hecho sus recomendaciones y ha discutido con claridad dentro del marco del artículo 79 de la Ley Fundamental, lo que era un muy buen clima para presentar propuestas en general al *Bundestag* y al *Bundesrat* si éstas encontraban una mayoría de dos tercios en la Comisión[33]. En la discusión parlamentaria en el *Bundestag* y en el *Bundesrat*, al final del período de legislatura, llegaron a la Mesa aún algunas propuestas más, referidas a la naturaleza del funcionamiento del Parlamento y a cierta necesidad de no dramatizar. Es esencial ver qué han entrañado a este respecto los cambios constitucionales[34].

* *(Nota del traductor)* A tenor del artículo 79 de la Ley Fundamental: "1.- La Ley Fundamental sólo podrá ser modificada por medio de otra ley que expresamente altere el tenor literal de la Ley Fundamental o lo supla. Para los tratados internacionales que tengan por objeto un acuerdo de paz, la preparación del mismo o la supresión de un régimen jurídico de ocupación, o que estén encaminados a servir a la defensa de la República Federal, bastará para hacer constar que las disposiciones de la Ley Fundamental no se oponen al concierto y a la puesta en vigor de dichos tratados, una adición al texto de la Ley Fundamental, que se limitará a dicha declaración. 2.- La ley de referencia requerirá la conformidad de dos tercios de los miembros del Bundestag y dos tercios de los votos del Bundesrat. 3.- Será ilícita toda reforma de la presente Ley Fundamental que afecte a la división de la Federación, al principio de cooperación de los Länder en la potestad legislativa, o a los principios establecidos en los artículos 1 y 20".

[31] Sobre su significación, véase H. DREIER, "Grenzen demokratischer Freiheit im Verfassungsstaat", *JZ* 1994, p. 741. En cuanto a los derechos fundamentales K. STERN, *Staatsrecht,* T. III/2, 1994, § 89.

[32] En detalle, K. STERN, en, STERN / SCHMIDT-BLEIBTREU, "Verträge und Rechtsakte zur Deutschen Einheit", T. 2: *Einigungsvertrag*, 1990, p. 46 y ss.

[33] Véase el informe de la Comisión Constitucional Conjunta, publicación del Bundestag 12/6000, p. 9.

[34] Sobre el trabajo de la Comisión, véase R. RUBEL, "Das neue Grundgesetz", *JA* 1992, p. 265, *JA* 1993, p. 12, 296; R. SCHOLZ y H. VOSCHERAU, en: K. STERN (edit.), *Deutsche Wiedervereinigung,* T. IV, *Zur Reform des Grundgesetzes,* 1993, p.5, 29; R. SCHOLZ, "Die Gemeinsame Verfassungskommission von Bundestag und Bundesrat. Auftrag, Verfahrensgang und Ergebnisse", *ZG* 1994, p. 1; F. A JAHN, "Empfehlungen der Gemeinsamen Verfassungskommision zur Änderung und Ergänzung des Grundgesetzes", *DVBl.* 1994, p. 177; ROHN / SANNWALD,

3. LOS CAMBIOS MÁS IMPORTANTES DE LA LEY FUNDAMENTAL EN LOS DERECHOS FUNDAMENTALES Y EN LOS OBJETIVOS ESTATALES

I. U. Scheuner, de modo oportuno, expresó un cierto comentario referido a la reunificación y al artículo 146 de la Ley Fundamental (redacción antigua): "Forma parte del Estado democrático moderno (...) la continuidad de la Constitución, la permanencia de los valores políticos fundamentales sobre las mayorías cambiantes"[35]. Precisamente, esta es la función de estabilización de la Constitución que desde Platón se atribuye al ordenamiento jurídico constitucional en comparación con las simples leyes: las Constituciones deben conferir cierta idea de permanencia, ya que la Constitución quiere expresar el consenso fundamental del pueblo en las cuestiones fundamentales de la unidad política y social. Esta estabilidad era una característica propia de la Ley Fundamental a pesar de los 35 cambios que había experimentado hasta 1990, ya que no se concebían como sustanciales, como lo eran otros aspectos más importantes, como por ejemplo, la materia de defensa (1954 y 1956) y el estado de emergencia (1968), que venían referidos a lagunas constitucionales. También la adaptación de ciertos aspectos de la orientación económica en 1967 y la importante reforma fiscal de 1969 dejaban intacta realmente la estructura fundamental.

Por el contrario, hay que valorar de modo diferente los muchos cambios producidos desde el restablecimiento de la unidad[36]. Ya se ha mencionado que, como cambios condicionados por la reunificación, son los artículos 143 y 146 de la Ley Fundamental, como mínimo, los que adolecen de una cierta problemática, como también el aumento de la participación parlamentaria para los cuatro "grandes" *Länder*, ante la entrada de los nuevos *Länder*, cuestión que podía despertar ciertos egoísmos. La sustitución del somero artículo 16.2 de

"Die Ergebnisse der Gemeinsamen Verfassungskommision", ZRP 1994, p. 65; H. J. VOGEL, "Die Reform desGrundgesetzes nach der deutschen Einheit. Eine Zwischenbilanz", *DVBl.* 1994, p. 497.

[35] "Art. 146 GG und das Problem der verfassunggebenden Gewalt", *DÖV* 1953, p. 581, 584.

[36] Estos son los de 14 de julio de 1992 (BGBl. I 1254); de 21 de diciembre de 1992 (BGBl. I 2086); de 28 de junio de 1993 (BGBl. I 1002); de 20 de diciembre de 1993 (BGBl. I 2089); de 30 de agosto de 1994 (BGBl. I 2245); de 27 de octubre de 1994 (BGBl. I 3146).

la Ley Fundamental* por el artículo 16.a** era, a decir verdad, conveniente; sin embargo, tal y como resultó, no puede llegar a observarse ciertamente como una adecuación constitucional de pleno efecto en el ámbito de los derechos fundamentales. La privatización de los ferrocarriles y correos, es decir los artículos 87.e y 87.f de la Ley Fundamental***, son acogidos ciertamente con

---

* *(Nota del traductor)* Este artículo se expresaba en los siguientes términos: "Ningún alemán podrá ser entregado al extranjero. Los perseguidos políticos gozarán del derecho al asilo".

** (*Nota del traductor*) El texto del nuevo artículo 16. a. es el siguiente: "1.- Los perseguidos políticos gozan del derecho de asilo. 2.- El apartado 1 no podrá ser invocado por nadie que entre en el país desde un Estado miembro de las Comunidades Europeas o de otro tercer Estado en el cual esté asegurada la aplicación de la Convención Internacional sobre el Estatuto de los refugiados y el Convenio para la protección de los derechos humanos y de las libertades fundamentales. Los Estados fuera de las Comunidades Europeas en los cuales se cumplen las condiciones de la primera frase serán determinados por una ley que requiere la aprobación del Bundesrat. En los casos de la primera frase, las medidas que pongan fin a la residencia pueden ser ejecutadas independientemente del recurso judicial interpuesto contra ellas. 3.- Podrá determinarse por una ley, que requiere la aprobación del Bundesrat, los Estados en los cuales, en base a la situación jurídica, la aplicación del derecho y las condiciones políticas generales, parece estar garantizada la no existencia de persecuciones políticas ni de castigos o tratamientos inhumanos o degradantes. Se supondrá que un extranjero proveniente de uno de tales Estados no es perseguido, a menos que exponga hechos que fundamenten la presunción de que es perseguido políticamente, contrariamente a lo que se había supuesto. 4.- La ejecución de medidas, que pongan fin a la residencia en los casos mencionados en el apartado 3 y en otros casos manifiestamente injustificados o considerados como manifiestamente injustificados, sólo será suspendida por el tribunal si hay serias dudas en cuanto a la legalidad de la medida; la extensión de la investigación puede ser restringida y una alegación posterior al plazo fijado puede no ser tenida en cuenta. La regulación se hará por una ley. 5.- Los apartados 1 a 4 no contradicen los tratados internacionales entre los Estados miembros de las Comunidades Europeas y con terceros Estados que, tomando en cuenta las obligaciones que resultan de la Convención Internacional sobre el Estatuto de los refugiados y del Convenio para la protección de los derechos humanos y las libertades fundamentales cuya aplicación debe estar garantizada en los Estados contratantes, definen las reglas de competencia para el examen de las solicitudes de asilo, incluyendo el reconocimiento recíproco de las decisiones en materia de asilo".

****(Nota del traductor)* Estos artículos se expresan del siguiente modo: (Artículo 87.e) "1.- Por lo que respecta a los ferrocarriles de la Federación, la administración de los transportes ferroviarios estará a cargo de una administración propia de la Federación. Una ley federal puede transferir a los Länder tareas de la administración de los transportes ferroviarios a título de competencia propia. 2.- Federación asume las tareas de administración de los transportes ferroviarios que exceden el ámbito de los ferrocarriles de la Federación, que le sean transferidas por ley federal. 3.- Los ferrocarriles de la Federación son gestionados bajo la forma de empresas económicas de Derecho privado. La Federación será su propietaria en la medida en que la actividad de la empresa económica abarque la construcción, mantenimiento y explotación de las vías férreas. La enajenación de participaciones de la Federación a las empresas

satisfacción, pero la forma jurídico constitucional es excesivamente prolija, aun cuando no es del todo mala. Tampoco los cambios a causa del programa de consolidación federal son de carácter sustancial. Y, por otra parte, quedan otras dos grandes cuestiones muy complejas: el Tratado de *Maastricht*, respecto a cuestiones de adaptación a la Unión Europea de 1992 y, a partir de octubre de 1994, los cambios planteados respecto a propuestas de la Comisión Constitucional Conjunta. En este sentido, sobresalen además otros tres ámbitos: los referidos a la protección de objetivos del Estado relativos a las condiciones naturales de vida, los atinentes al artículo 3 de la Ley Fundamental* y la relación *Bund-Länder*. Muchas otras propuestas, parte de la propia Comisión y parte del cuerpo legislativo, han quedado en la estacada. Tal ha sido el caso de las relativas a:

- la incorporación de la protección de datos en el catálogo de derechos fundamentales

según la segunda frase se efectuará en virtud de una ley; la mayoría de las participaciones en estas empresas deberá quedar en manos de la Federación. La regulación se hará por ley federal. 4.- La Federación garantizará que el bien de la comunidad, especialmente las necesidades de transporte, sean tenidos en cuenta en la ampliación y conservación de la red de vías férreas de los ferrocarriles de la Federación así como en sus ofertas de transporte sobre esta red, salvo aquellas relacionadas con el transporte ferroviario de pasajeros de cercanías. La regulación se hará por ley federal. 5.- Las leyes dictadas en base a los apartados 1 a 4 requieren la aprobación del Bundesrat. Se requiere también la aprobación del Bundesrat para las leyes que regulan la disolución, fusión y división de las empresas ferroviarias de la Federación, la transferencia a terceros de vías férreas de los ferrocarriles de la Federación así como la supresión de vías férreas de los ferrocarriles de la Federación o que tengan efectos sobre el transporte ferroviario de pasajeros de cercanías". (Artículo 87. f) "1.- Por lo que respecta al servicio de correos y a las telecomunicaciones, la Federación garantizará en todo el territorio, de acuerdo con lo que disponga una ley federal que requiere la aprobación del Bundesrat, servicios adecuados y suficientes. 2.- Los servicios en el sentido del apartado 1 serán prestados como actividades económicas privadas por las empresas surgidas del Patrimonio Especial Correo Federal Alemán y por otras ofertas privadas. Las tareas de soberanía en el ámbito del servicio de correos y las telecomunicaciones serán realizadas por la administración propia de la Federación. 3.- Sin perjuicio de lo dispuesto en el apartado 2 frase 2, la Federación llevará a cabo, bajo la forma jurídica de un organismo federal de Derecho público, las tareas particulares relacionadas con las empresas surgidas del Patrimonio Especial Correo Federal Alemán, de acuerdo con lo que disponga una ley federal".

* *(Nota del traductor)* Artículo 3 de la Ley Fundamental: "1.- Todos los hombres son iguales ante la ley. 2.- Los hombres y mujeres tendrán los mismos derechos. El Estado promoverá la realización efectiva de la igualdad de derechos de hombres y mujeres y procurará suprimir las desventajas existentes. 3.- Nadie puede ser perjudicado ni privilegiado por su sexo, ascendencia, raza, idioma, nacionalidad u origen, creencias o convicciones religiosas o políticas. Nadie puede ser perjudicado a causa de impedimento".

- la ampliación del artículo 6 de la Ley Fundamental respecto a la vida en común conyugal.
- la incorporación de los derechos del niño y
- finalmente, las relativas a la humanidad y al espíritu cívico.

La mayor parte de las propuestas relativas a la determinación de los objetivos del Estado encontraron un escaso apoyo mayoritario, al igual que otras propuestas relacionadas con aspectos de tipo organizativo, entre ellas una con mayoría cualificada respecto a la posibilidad de decidir la auto-disolución del *Bundestag* y la exclusión de reelección del Presidente de la República Federal (*Bundespräsidenten*), así como sobre el régimen de los diputados y la financiación de los partidos. (De la negativa a la inclusión de aspectos de tipo plebiscitario voy a hablar en particular después).

II. Desde la perspectiva del ciudadano, si se trata de valorar el período de trabajo de cuatro años de duración y los resultados que ha podido conseguir la Comisión, difícilmente se podrá decir que ha habido una participación popular activa en el proceso de revisión constitucional. Las aproximadamente 800.000 cartas registradas por la Comisión no cambian nada esta realidad, pues apuntan solamente a temas populares. En la conciencia del ciudadano, tras los cambios, la Constitución aparece menos fortalecida; sin embargo, tampoco ha pasado a estar debilitada, ya que ni se veía la regulación como imprescindible ni tan siquiera como especialmente importante. Los cambios en el régimen federal se tomaban, en cierto modo, sólo como unos asuntos para especialistas. Lo que uno experimentaba era un laborioso proceso de conformación de consenso bajo la política de partidos, en la que, como mínimo, se encontraría finalmente un compromiso aunque no fuera elegante. Nadie lo consideró un "gran éxito". ¿Cabía esperarlo? Probablemente no, si se contempla la composición y el estilo de trabajo de la Comisión. Sin embargo, quizás haya sido precisamente la falta de una revisión total lo que ha mantenido a la Ley Fundamental en su balance favorable de normatividad fundamental y programática moderada. La Ley Fundamental ha sido protegida y ha llegado a ser, como ha manifestado M. Kloepfer, una "variante de cambio de rumbo de la legislación constitucional"[37]. En conjunto, ciertamente, se ha protegido el rumbo de la normatividad fundamental, la garantía de estabilidad, la concentración de lo esencial y la

[37] M. KLOEPFER, *Kontinuität und Diskontinuität in der deutschen Verfassungsgeschichte*, 1994, p. 37.

pretensión de conformación de la unidad. No obstante, los diversos fallos de la Comisión aparecen injustificados[38]. Estaba fuera de lugar repartir elogios vanidosos. Esto debe ser aclarado con algunos ejemplos.

III. En la discusión para la ratificación del Tratado de *Maastricht* se planteó la controversia respecto de si este Tratado para la creación de la Unión Europea podía ser llevado a cabo a través del sistema de transferencia del artículo 24.1 de la Ley Fundamental[*], o si requería ciertos cambios constitucionales, sobre todo en referencia a la unión monetaria, la política exterior y de seguridad común, la colaboración en el ámbito de la justicia e interior, así como respecto a la concesión del derecho de voto en las elecciones municipales a los ciudadanos de la Unión Europea. La Comisión Conjunta ha celebrado, a tal propósito, una consulta el 22 de mayo de 1992 en Berlín[39]. No obstante, lo que era seguro en este momento prácticamente es que ya se estaba de acuerdo en crear un nuevo artículo 23 de la Ley Fundamental. Así, se optó por reformular este artículo sobre la reunificación en un nuevo artículo sobre Europa y, en relación con ello, también, reformar el artículo 28 de la Ley Fundamental[**], para dar cabida al

[38] Por ejemplo, KLOEPFER, aaO, p. 66; J. ISENSEE, *Mit blauem Auge davongekommen – Das Grundgesetz. Zu Arbeit und Resultaten der Gemeinsamen Verfassungskommission,* NJW 1993, 2583; criticamente, véase H.P SCHNEIDER, *Das Grundgesetz auf Grund gesetz?*, NJW 1994, P. 558.

[*] *(Nota del traductor)* El artículo 24.1 de la Ley Fundamental tiene el siguiente tenor: "Podrá transferir la Federación por ley derechos de soberanía e instituciones internacionales".

[39] Comisión Constitucional Conjunta, informe taquigráfico 1. Consulta pública *"Grundgesetz und Europa"*; véase, también el informe de la Comisión Constitucional Conjunta, publicación del Bundestag 12/6000, p. 19.

[**] *(Nota del traductor)* El artículo 28 de la Ley Fundamental dice: "1.- El ordenamiento constitucional de los Länder deberá responder a los principios del Estado de Derecho republicano, democrático y social en el sentido de la presente Ley Fundamental. En los Länder, los distritos y los municipios, el pueblo deberá tener una representación emanada de elecciones generales, directas, libres, iguales y secretas. En los distritos y municipios, de acuerdo con el Derecho de la Comunidad Europea, el derecho a votar y a ser elegido también lo tienen reconocido las personas con nacionalidad de un Estado miembro de la Comunidad Europea. En los municipios, en lugar de una representación elegida podrá actuar una asamblea municipal de todos los vecinos. 2.- Se garantizará a los municipios el derecho a regular bajo su propia responsabilidad, dentro del marco de las leyes, todos los asuntos de la comunidad local. Las asociaciones de municipios tienen asimismo, dentro del marco de sus competencias legales y de acuerdo con las leyes, el derecho de autonomía administrativa. La garantía de la autonomía abarca también las bases de la propia responsabilidad financiera; estas bases incluyen posibilidades tributarias que, junto con el derecho de fijar tipos de recaudación, corresponde a los municipios y se rige por la respectiva capacidad económica. 3.- La Federación garantizará la conformidad del orden constitucional de los Länder con los derechos fundamentales y las disposiciones de los apartados 1 y 2".

derecho de voto de los ciudadanos de la Unión en las elecciones municipales, y el artículo 88*, para integrar nuevas cuestiones respecto al Banco Federal Alemán en relación al Banco Central Europeo.

El nuevo artículo sobre Europa se basa particularmente en las intenciones de los *Länder*, en la necesidad de ser complementados ante la intensificación del proceso de integración con más fuertes competencias, pues la Unión se presenta en el futuro como mucho más que una comunidad económica. Simultáneamente, debía de ser creada una "cláusula de aseguramiento estructural" para la futura Europa, en el sentido de un fortalecimiento de la democracia, del principio de subsidiariedad y del principio federativo general. Finalmente, el resultado fue el complejo artículo 23 de la Ley Fundamental, que sería rematado a través de una Ley sobre colaboración del Gobierno Federal y el *Bundestag* en cuestiones de la Unión Europea, de 22 de marzo de 1993 (*Bundesgesetzblatt* I, p. 311), y una Ley sobre colaboración entre Federación y *Länder* en cuestiones de la Unión Europea, de la misma fecha (*Bundesgesetzblatt* I, p. 313), así como un acuerdo entre el Gobierno Federal y los gobiernos de los *Länder*, de 29 de octubre de 1993, sobre colaboración en asuntos de la Unión Europea (*Bundesanzeiger* 1993, p. 10425)**. Tampoco los cambios constitucionales podían evitar que el Tratado de *Maastricht* fuese a parar a cierto bautismo de fuego judicial-constitucional. El Tribunal Constitucional declaró en su resolución de 12 de octubre de 1993 la constitucionalidad del Tratado; sin embargo, también mostró límites respecto a una ulterior supranacionalización, sobre todo en lo concerniente a la unión monetaria. El Tribunal ha descrito la Unión como una "unión de Estados" y ha hablado de una estatalidad europea o de Estados unidos de construcción estatal-federal de Europa, sin prejuzgar la forma final de la Unión[40]. De nada se ha prescindido en este sentido, aun cuando, por virtud del artículo 79.3 de la Ley Fundamental, la estatalidad propia de la nación, que ahora se ha retomado expresamente en el artículo 23.1 de la Ley Fundamental, aparezca intocable. Sin embargo, aún falta el borrador político constitucional para la unidad europea que el artículo

* *(Nota del traductor)* El artículo 88 de la Ley Fundamental dice: "La Federación constituirá un banco monetario y emisor con carácter de Banco Federal. Sus funciones y competencias podrán ser transferidas, en el marco de las relaciones con la Unión Europea, al Banco Central Europeo, que será independiente y está obligado al objetivo prioritario de asegurar la estabilidad de precios".

** *(Nota del traductor)* Véase sobre todas estas cuestiones las notas del traductor del presente trabajo pp. 90 y 99 respectivamente.

[40] BverfGE 89, 155 (188).

23 de la Ley Fundamental no puede por sí sólo impulsar, por lo que para 1996 la Conferencia de resultados prevista tiene que dar cierto trato preferente a las reformas institucionales (artículo N del Tratado de *Maastricht*).

Debido a que mi tema es la Constitución de Alemania, no quiero hacer más referencias en cuanto a las posibilidades europeas. Sin embargo, lo que me parece importante es la cuestión de si el artículo 23 de la Ley Fundamental, en lo que se refiere a los principios estructurales planteados desde el Derecho público alemán (*deutschen Staatsrecht*), puede o es posible que llegue a plantear problemas respecto a la futura forma de la Unión Europea y si la política europea no significará una fuerte sujeción federativa. En la ya citada consulta la mayor parte de los expertos han abogado por un artículo sobre Europa más liviano, no porque estuvieran totalmente en contra, sino porque creían que el precepto de colaboración previsto dificultaba la posición negociadora alemana y de este modo la podía debilitar. Parecían planear las controversias Estado-*Länder* ante el Tribunal Constitucional Federal respecto al reparto de competencias en el proceso de fijación jurídica. Los euro-escépticos también objetarían que el "principio federativo" y el "principio de subsidiariedad" –ideas típicamente alemanas–, a pesar del artículo 3.b del Tratado para la fundación de una Comunidad Europea, no son ciertamente categorías del todo comunes para conformar la futura Europa. Quizás hubiese surtido efecto lo que en el artículo A. 2 del Tratado de *Maastricht* se ponía de relieve de forma clara como el principio de "cercanía al ciudadano". Si la Unión Europea ya no es "referente" de sus ciudadanos, como muestran todas las encuestas y *referenda*, se debería atender como mínimo a ciertas cuestiones de sentido común.

Por encima de todas las garantías federativas en beneficio del *Bundesrat*, se ha entendido que el núcleo del Tratado de *Maastricht* es la creación de una unión monetaria con una moneda europea única y un Banco Central europeo predominante como banco emisor de moneda, teniendo por base igualmente una disciplina presupuestaria de los Estados miembros. El artículo 104.c del Tratado para la fundación de una Comunidad Europea requería también que se evitara el "déficit público excesivo". Cuando éste se dé será fijado con suficiente exactitud: el 3% para la relación entre el nuevo endeudamiento anual y el Producto Interior Bruto y el 60% para la relación entre endeudamiento y Producto Interior Bruto. Ambos criterios son cumplidos muy ajustadamente en Alemania.

IV. Durante mucho tiempo se destacó que en el ámbito de los derechos fundamentales y, sobre todo, respecto a los objetivos estatales era de esperar una remodelación significativa. Una multitud de postulados estaban en discusión, así la ya citada ampliación del catálogo de derechos fundamentales y una mayor consolidación de tales objetivos del Estado, como por ejemplo:

- el mantenimiento, la creación de puestos de trabajo y la aseguración de niveles altos de empleo,
- el reconocimiento de la autonomía colectiva, el replanteamiento del derecho a la huelga y la prohibición del cierre patronal,
- la promoción de la asistencia suficiente para la vivienda,
- la protección del inquilino a través de reglamentaciones protectoras frente al desahucio,
- la creación de un sistema de seguridad social,
- la protección de las minorías étnicas, lingüísticas y culturales.

En gran medida, han quedado fuera de la Comisión cambios referidos al derecho fundamental de asilo, una ampliación del derecho fundamental a la igualdad (artículo 3.2 de la Ley Fundamental) así como de la particular prohibición de discriminación del artículo 3.3 de la Ley Fundamental respecto a la interdicción de discriminación a causa de minusvalías[*]. Con la conformación de los objetivos estatales se ha acogido la protección de las "condiciones naturales de vida" también como "responsabilidad con las generaciones venideras". Poco sustancial para valorar es el fortalecimiento de la garantía de autonomía administrativa municipal en relación a "las bases de la responsabilidad financiera propia", ya que esto significaba no tanto un tema puramente descriptivo, sino, más bien, una cuestión de jurisprudencia consolidada del Tribunal Constitucional[41].

[*] *(Nota del traductor)* Artículo 3.3 de la Ley Fundamental: "Nadie podrá ser perjudicado ni privilegiado por su sexo, ascendencia, raza, idioma, patria u origen, creencias o concepciones religiosas o políticas. Nadie podrá tampoco ser privilegiado por razón de minusvalía".

[41] Véase BVerfGE 6,116; 22, 180 (207); 23, 252 (365, 372); 26, 172 (180, 184); 26, 228 (244); 52, 95 (117); 71, 25 (36); VerfGH NW, OVGE 11, 149 (150); 19, 297 (306); BayVerfGH, VGH n.F. Bd. 12, p. 48 (55); VerfGH Rh.-Pf., *DVBl.* 1978, 802.; *NVwZ* 1982, 615. Las considerables reflexiones de la Federación de Municipios alemanes se encuentran en: *Der Städtetag* 1994, p. 420 (421).

A) El nuevo artículo 16.a de la Ley Fundamental ha supuesto la realización en diciembre de 1992, tras largas discusiones de los grandes partidos políticos, del llamado compromiso para la cuestión del asilo, indispensable a causa del drástico incremento de peticiones de asilo, no por causas de persecución política, sino, principalmente, por necesidad económica. Esta primera modificación en el catálogo de los derechos fundamentales sería calificada ya incluso en la consulta, a causa de su "texto monstruoso", como "grave ruptura del estilo de la sistematización constitucional"[42]. Queda fuera de toda duda que el antiguo artículo 16.2 de la Ley Fundamental ha hecho de Alemania el país de asilo *par excellence* de Europa.* El motivo de ello no era tanto el texto que había conformado el Consejo Parlamentario y que quedaba con ciertas reservas "en el marco del Derecho internacional general", cuestión que, por otro lado, también había previsto H. V. Mangoldt, sino que, como C. Schmitt opinaba, las reglas generales de Derecho internacional serían definidas a través de otras disposiciones como parte del Derecho Federal[43]. Sería pues decisiva una interpretación amplia, que en el caso de este derecho fundamental encontrábamos en la jurisprudencia del Tribunal Constitucional Federal y el Tribunal Contencioso Administrativo[44]. Para alcanzar una solución era ineludible una restricción legal-constitucional. La oposición no quiso embarcarse en una posible reserva legal decisiva. Ellos optaban por una "simple" regulación del derecho al asilo a través de la Constitución. Y así todo se quedó en una regulación atípica del derecho fundamental. Además, el derecho fundamental iba a quedar restringido, no a través de una "prescripción totalmente limitativa del derecho fundamental"[45], pero, pese a todo, sí quedaría, en la práctica, ligado

---

[42] A. VOSSKUHLE, "Grundrechtspolitik und Asylkompromiss –Zur Verfassungsänderung als Instrument politischer Konfliktbewältigung am Beispiel des Art. 16.a GG", *DÖV* 1954, 54, con documentación sobre la consulta de la Comisión Constitucional Conjunta.

* *(Nota del traductor)* El artículo 16.2 de la Ley Fundamental en su redacción antigua decía que "ningún alemán podrá ser entregado al extranjero. Los perseguidos políticos gozarán del derecho al asilo".

[43] *JöR*, nueva redacción, T. 1 (1950/51), p. 165.

[44] BVerfGE 54, 341 (356, 358); 76, 143 (169); 80, 68 (73); 80, 182 (187); 80, 315 (333, 335); 86, 280 (285); BVerfG, *NVwZ* 1985, 260. Véase, también, respecto a la jurisprudencia del Tribunal Constitucional Federal, Th. ROESER, "Stattgebende Kammerentscheidungen des Bundesverfassungsgericht zum Grundrecht auf Asyl", *EuGRZ* 1994, p. 85 y ss; BverwGE 65, 244; 70, 232; 74, 41 (43); 79, 79; BVerwG, *NVwZ* 1990, 80 (81); BVerfG, Buchholz 402.25 § 1 AsylVgG Nr. 43.

[45] Así, sin embargo, el Presidente del Tribunal Supremo de lo Contencioso Administrativo E. FRANSSEN, "Der neue Art. 16.a GG als Grundrechtshinderungsvorschrift", *DVBl.* 1993, p.

a cierta restricción[46]. En 1993 serían registradas 322.599 solicitudes de asilo; en 1994 eran ya sólo 127.210 personas[47]. Lo que es realmente fastidioso es el estilo normativo constitucional sobrecargado de detalles al que se llegó en su día y que abandona el lenguaje típico y moderado de siempre del Consejo Parlamentario[48]. En el ámbito de los derechos fundamentales esto es el primer pecado original. Hubiese sido mejor la reducción a lo esencial, precisamente en un supuesto en el que es absolutamente necesario que los objetivos de la reforma se alcancen continuamente y, por tanto, la posibilidad de modificación no se tenía que olvidar.

B) Desde los años 80, forma parte, como tema de discusión de la reforma constitucional, la cuestión de la recepción de los llamados objetivos o fines estatales. Junto a las misiones encomendadas expresamente al legislativo por la Constitución, quiere dárseles a estos nuevos cometidos estatales cierta regulación, lo que supondría que tendrían que ser atendidos de forma continuada, como normas constitucionales jurídico-objetivas por los poderes públicos, por ofrecer al legislador directivas vinculantes respecto a su actuación, aunque sin dar lugar a derechos subjetivos[49]. Sobre todo, ciertas Constituciones de los *Länder* han utilizado repetidas veces estas construcciones normativas[50].

300; críticamente, por ejemplo, WOLLENSCHLÄGER / SCHRAML, Art. 16.a GG. "Das neue Grundrecht auf Asyl", *JZ* 1994, p. 61.

[46] BverGE 89, 101. Véase la comprobación de Th. ROESER, "Stattgebende Kammerentscheidungen des Bundesverfassungsgerichts zum Grundrecht auf Asyl", *EuGRZ* 1994, p. 85 (99).

[47] Fuente: *Innenpolitik, Informationen des Bundesministers des Innern,* Nr. I /1995, p. 5, *Asylbilanz* 1994.

[48] A. VOSSKUHLE plantea, con razón, la cuestión de si la puesta al día del artículo 16 de la Ley Fundamental como "ruptura del estilo original" conlleva peligros para la función de la Constitución (*AÖR* T.119 [1994], p. 35 [36] con otros documentos). La "calidad de composición" del artículo 16.a de la Ley Fundamental ha sido criticada en la comparecencia de expertos ante la Comisión Constitucional Conjunta. Véase, al respecto, LOTZ, taquigráfico. Prot. I, p. 37, 249: H.J PAPIER, ibídem., p. 55; STEINBERG, ibídem., p. 67; B. SCHLINK, ibídem., p. 73, 425; E. SCHMIDT-JORTZIG, ibídem., p. 82; K. HAILBRONNER, ibídem., p. 282, 285.

[49] A estos efectos, véase el informe de la Comisión de expertos *Staatszielbestimmungen / Gesetzgebungsaufträge*, 1983, p. 19 y ss; K. STERN, *Staatsrecht,* T. III/2, 1994, P. 1486; J. ISENSEE, en, ISENSEE / KIRCHHOF (edit.); *HdbStR III,* 1998, Nota al margen § 57, p. 115.

[50] Constitución de Baviera: artículo 106.1 – derecho a vivienda – artículo 128.1 – derecho a formación profesional, artículo 141.3 – disfrute de la naturaleza, artículo 166.2 – derecho al trabajo, artículo 174 – derecho al descanso, artículo 171 – derecho de protección frente a las vicisitudes de la vida; Constitución de Bremen: artículo 8 – derecho al trabajo, artículo 14 – derecho a la vivienda, artículo 27 – derecho a la formación; Constitución de Hessen: artículo 28 – derecho al trabajo; Constitución de Rheinlandpfalz: artículo 53 – derecho al trabajo.

También las Constituciones de los nuevos *Länder* han hecho lo propio tras las modificaciones constitucionales[51]. Por el contrario, la Ley Fundamental era, respecto a esta forma de normativización, más discreta: la exigencia de reunificación, los objetivos estatales, la integración europea, la salvaguarda de la paz y el equilibrio macroeconómico se consideraban mayormente como objetivos abstractos. La concreción se dejaba al legislador dentro del marco de configuración política. Esta mesura respecto a la reforma se ha planteado tras la reunificación. Ya el sentido reflejado en los artículos 3 a 5 del Tratado de Reunificación hace pensar a este respecto en una exigencia de revisión[*]. Igualmente en la discusión política sería propuesta, en distintas ocasiones, la recepción de los ya citados objetivos. Sin embargo, definitivamente, se admitirían solo tres objetivos, dos de ellos en la parte relativa a los derechos fundamentales, y otro, la protección del medio ambiente, en un nuevo artículo 20.a de la Ley Fundamental[**].

[51] Véase, con respecto a esto, la descripción de la determinación de objetivos estatales en las Constituciones de los nuevos Länder federales de J. DIETLEIN, *Die Grundrechte in den Verfassungen der neuen Bundesländer*, 1993, p. 121 y ss; M. SACHS, en, K. STERN (edit.), *Deutsche Wiedervereinigung* T. II/2, 1992, P. 3 (8). Respecto a la situación de Brandeburgo, véase, D. FRANKE, ibídem., T. III, p. 1 (13) – Brandeburgo; K. WEDEMEYER, ibídem., p. 37 (40 y ss) – Mecklemburgo-Vorpommern; A. FRANKE, ibídem., p. 55 (83) – Sajonia; H. V. BOSE, ibídem., p. 79 (83 y ss) – Sajonia-Anhalt. M. SCHMID, ibídem., p. 105 (107) – Turingia; E. DAHNKE, ibídem., p. 119 (136) – en general; S. MAGIERA, ibídem., p. 141 (155). En referencia al Estado Federal; Chr. DEGENHART, "Rechtseinheit und föderale Vielfalt im Verfassungsstaat", *ZfA* 1993, p. 409 (412 y ss). Respecto a la cuestión de cual debe ser el objeto de regulación de una Constitución, véase D, MERTEN, "Verfassungspatriotismus und Verfassungsschwärmerei", *VerwArch.* T. 83 (1992), p. 238 y ss.

[*] *(Nota del traductor)* Artículo 3 del Tratado de Reunificación (Entrada en vigor de la Ley Fundamental): "Con la entrada de vigencia de la adhesión se incluye la de la Ley Fundamental de la República Federal de Alemania, en la versión aclaratoria publicada en el Boletín de Legislación del Estado (Bundesgesetzblatt) parte III, finalmente modificado a través de la Ley de diciembre de 1983 (BGBl. I S. 1481) Modificaciones constitucionales futuras): "Los Gobiernos de las dos partes recomiendan que los cuerpos legislativos de Alemania, en los Länder de Brandeburgo, Meclemburgo Pomerania, Sajonia, Sajonia Anhalt y Turingia, así como en la parte del Land de Berlín, en la cual hasta ahora no tenía vigencia. Artículo 4 (Modificaciones como consecuencia de la adhesión de la Ley Fundamental): "La Ley Fundamental se reformará en los siguientes aspectos. a) El preámbulo se expresara como sigue: " Conscientes de su responsabilidad ante Dios y ante los hombres.

[**] *(Nota del traductor)* Artículo 20.a de la Ley Fundamental: "El Estado protegerá también, asumiendo la responsabilidad ante las generaciones venideras, las condiciones naturales de vida en el marco del orden constitucional, mediante la actuación del Poder Legislativo y, dentro de la ley y del derecho, de los poderes Ejecutivo y Judicial".

a) La protección de "las condiciones naturales de vida" del artículo 20.a de la Ley Fundamental, fue como tal indiscutible, aun cuando en una década se había hablado de las más variadas formulaciones[52]. En lo esencial, la versión de la Ley radica en una propuesta de R. Scholz cuyo núcleo es vincular la protección a través de la legislación con el "ordenamiento constitucional". Con ello se trata de asegurar que el bien protegido, "las condiciones de vida naturales", no pueda presentarse como "super-valor" (*Überwert*) jurídico constitucional en las disposiciones legales, pero que tenga que ser ponderado con otros bienes constitucionales. Como tales se hacen notar especialmente la libertad de desarrollo económico y la obligación del equilibrio económico común, inclusive el equilibrio presupuestario. La decisión obligatoria última sobre el resultado de la ponderación es, en esto como en la determinación de todos los demás objetivos estatales de la Constitución, sustraída en cierto modo al Parlamento y atribuida al Tribunal Constitucional. Es difícil de pronosticar si aquí se pueden esperar sorpresas. Como es sabido, en alta mar y ante el Tribunal uno queda sólo en manos de Dios.

b) Si bien queda fijada en la parte relativa a los derechos fundamentales la complementación del artículo 3.2 de la Ley Fundamental respecto a la "promoción" de la "consecución real de la igualdad de derechos entre mujeres y hombres", también se ha valorado el "intento de solución de las desigualdades existentes a través del Estado" como objetivo estatal[53]. La formulación elude el concepto "equiparación", que podía hacer pensar más en una igualdad de resultados, lo que hubiera sido incompatible con el propio artículo 3.3 y, a su vez, en relación con el servicio público, con el artículo 33.2 de la Ley Funda-

[52] Véase K. STERN, "Zur Aufnahme eines Umweltschutzzieles in das Grundgesetz", *NWVBl.* 1988, p. 1 y ss. Otros documentos en MEYER-TESCHENDORF, "Staatsziel Umweltschutz", *Politik und Zeitgeschehen,* 1993, p. 23 y ss; el mismo, "Verfassungsrechtlicher Schutz der natürlichen Lebensgrundlage", *ZRP* 1994, p. 73 y ss.

[53] Informe de la Comisión Constitucional Conjunta, publicación del Bundestag 12/6000, p. 50; W. SCHMITT GLAESER, *Gleichberechtigung oder Gleichstellung, Der Arbeitgeber,* 1993, p. 416 y ss; F. A. JAHN, "Empfehlungen der Gemeinsamen Verfassungskommission zur Änderung und Ergänzung des Grundgesetzes", *DVBl.* 1994, 177 (183); ROHN / SANNWALD, "Die Ergebnisse der Gemeinsamen Verfassungskommision", *ZRP* 1994, 65 (71); H.J VOGEL, "Die Reform des Grundgesetzes nach der deutschen Einheit.- Eine Zwischenbilanz", *DVBl.* 1994, 497 (500) "Sehr grosszüzig für Personalratswahlen Hess", *StGH*, *NVwZ* 1994, 1197.

* *(Nota del traductor)* Artículo 33.2 de la Ley Fundamental: "Todos los alemanes tendrán, según su aptitud, su capacidad y su competencia profesional, igualdad en el acceso a cualesquiera cargos públicos".

mental*. Pero reconoce que hay un déficit real de igualdad en perjuicio de las mujeres. Sin embargo, deja pendiente qué consecuencias jurídicas se pueden deducir de la admisibilidad de medidas de promoción de la mujer. Si fueran las denominadas cuotas "fijas" por las que debía de reservarse un porcentaje determinado de plazas abiertas a cubrir por mujeres, habría que tener en cuenta que esto es rechazado todavía por muchos, ya que a esta medida estaba conectado un efecto de resultado y, por tanto, no casaba con el principio de igualdad de derechos y el artículo 33.2 de la Ley Fundamental[54]. Se estaba también en desacuerdo sobre las llamadas cuotas "flexibles", que permiten, con igual cualificación, cierta preferencia respecto a la solicitante femenina. Puede plantearse si eso es admisible jurídico-constitucionalmente, pero, al fin y al cabo, parece, más bien, una compleja "formula de compromiso", por lo menos con vistas a su desarrollo posterior en orden a la reunificación. En cualquier caso, la prohibición de discriminación del artículo 3.3 de la Ley Fundamental no puede encubrirse por esa posibilidad[55]. El artículo 3.2 de la ley Fundamental deja más cuestiones sueltas que claras. Es, más bien, como digo, ante todo una fórmula de compromiso[56].

Ninguna persona razonable ignora que la igualdad jurídica de derechos, que no sólo garantiza el artículo 3.2 de la Ley Fundamental, sino también varios convenios internacionales ya ratificados[57], aún no ha supuesto la nivelación

---

[54] Informe de la Comisión Constitucional Conjunta, publicación del Bundestag 12/6000, p. 51; R. SCHOLZ, "Die Gemeinsame Verfassungskommision von Bundestag und Bundesrat. Auftrag, Verfahrensgang und Ergebnisse", *ZfG* 1994, 1 (23); M. SCHLACHTER, "Berufliche Gleichberechtigung", *JA* 1994, 72 (73); W. BROHM, "Soziale Grundrechte und Staatszielbestimmungen in der Verfassung. Zu den gegenwärtig diskutierten Änderungen des Grundgesetzes", *JZ*, 1994, 219; M. SACHS, *HdbStR*, V, 1988, § 126, nota al margen 125.

[55] Véase M. SCHLACHTER, *aaO*, p. 74 con documentación adicional. Que la cuota de mujeres para las elecciones internas de partidos es admisible, no es indiscutible. En el marco de la preparación de elecciones encontramos esta cuestión bajo la ley de desarrollo del artículo 38.1 de la Ley Fundamental (véase Hbg. VerfGH, NVwZ 1993, 1083). En las elecciones internas de partido podía el artículo 21.1 de la Ley Fundamental admitir ciertas reglas de cuota (véase, sobre ello, V. NIEDING, "Politische Wahlen und Frauenquote", *NVwZ* 1994, 1171 [1176]).

[56] J. ISENSEE, "Mit blauen Auge davongekommen –Das Grundgesetz. Zu Arbeit und Resultaten der Gemeinsamen Verfassungskommission", *NJW* 1993, 2583 (2585); R. SANNWALD, "Die Reform des Grundgesetzes", *NJW* 1994, 3313 (3314). Jüngst VG Schleswig und VG Arnsberg, *NVwZ* 1995, p. 724.

[57] Véase I. EBSEN, "Gleichberechtigung von Männern und Frauen", en BENDA/ MAIHOFER/ VOGEL (edit.), *HdbVerfR*, 2ª edición, 1994, p. 263 (268).

entre hombre y mujer. Sin embargo, no parece que el Tribunal Constitucional Federal estuviera en camino de ello, sobre todo desde la resolución sobre el trabajo nocturno, al señalar el principio jurídico de igualdad de derechos como un objetivo. La expresión "el hombre y la mujer tienen los mismos derechos", expone el Tribunal, "no quiere eliminar sólo normas jurídicas referidas a ventajas o desventajas de carácter sexual, sino llevar a cabo para el futuro la igualdad de derechos entre los sexos... Se refiere a la equiparación de las relaciones de vida. Así, tienen las mujeres las mismas oportunidades de trabajo que tienen los hombres. La tradicional asignación de roles, que lleva a un importante gravamen u otras desventajas respecto a la mujer, se puede dejar de consolidar a través de medidas estatales... Desventajas fácticas que encuentran las mujeres de forma característica y pueden ser compensadas con base a la exigencia del artículo 3.2 de la Ley Fundamental a través de regulaciones favorables..."[58] ¿Implica esta nueva prescripción algo más? Apenas en ningún caso garantiza este postulado, ciertamente desmesurado, la emancipación de la mujer como "equilibrio de fuerzas entre hombre y mujer" [59]. Pero, al mismo tiempo, no debería de ser solamente una mera "declaración *good –will*" para la mujer[60].

c) Se complementaría también la prohibición de discriminación del artículo 3.3 de la Ley Fundamental con la frase "nadie podrá ser perjudicado a causa de su minusvalía". ¿Quién puede poner en duda que, en relación con esto, hay mucha malicia respecto a su aceptación social? ¿Hay aquí una prescripción jurídico-constitucional que pudiera extenderse como exigencia ineludible a otros grupos? Es de temer que los minusválidos queden decepcionados, pues este objetivo estatal se conforma, nada más, como exigencia de igualdad de trato general en conexión con las exigencias del Estado social. Más importante hubiera sido una protección de la obligación de promoción que se tuviera que plasmar de hecho en la legislación y en la práctica diaria.

---

[58] BVerfGE 85. 191 (207).

[59] V. SLUPIK, *Die Entscheidung des Grundgesetzes für Parität im Geschlechterverhältnis. Zur Bedeutung von Art. 3. II y III in Recht und Wirklichkeit,* 1988, p. 92.

[60] Así, E. DENNINGER, *Menschenrechte und Grundgesetz*, 1994, p. 7.

C) Se observan en este momento cambios y complementos de la Ley Fundamental bajo ciertos puntos de vista teórico-constitucionales y funcional-constitucionales que cuesta mucho ver con total entusiasmo. Respetamos que se haya mantenido la reforma de los objetivos estatales y las promesas, a veces excesivas, que decoran algunas de las Constituciones de los nuevos *Länder*. Sin embargo, es bastante notorio que la solución de cuestiones inaplazables de actualidad y de futuro previsible es rara vez un cometido de la Constitución, ya que a veces se quiere tomar la Constitución como la respuesta a todas las situaciones imaginables; de por sí se le exige demasiado y se sobrecarga excesivamente. Esta observación era en 1977 mi resumen para la tarea de la Comisión de Trabajo para la Reforma Constitucional[61], lo cual vale hasta hoy. Las Constituciones deben, por esto, guardarse de llegar a ser el objeto de la política diaria, del espíritu dominante y del sentimentalismo.

Los peligros de los objetivos constitucionales normativizados constitucionalmente residen en que éstos sitúan la normatividad estricta y la justiciabilidad de la Ley Fundamental ante una difícil prueba. Nadie sabe que hace el Tribunal respecto a ellos, cuando además es él quien tiene la última palabra sobre las normas jurídicas. El "catecismo popular" jurídico constitucional de Friedrich Neumann de la Asamblea Nacional de *Weimar*, tras resurgir en el Consejo Parlamentario, volvía, por lo visto, con cierto retraso. No obstante, cabe plantearse por qué tenía la Comisión, si ya se habían retomado ciertos objetivos estatales "flexibles", que temer de los objetivos "duros", como por ejemplo:

- seguridad interior.
- inmigración,
- imposición conforme a la productividad.

[61] K. STERN, "Schlussbericht der Enqute-Kommission Verfassungsreform des Bundestages", *ZRP* 1977, 12 (13). También ha rechazado D. MERTEN la "busca de la comprensión constitucional" como un "desplazamiento en la Constitución", que se recarga con sueños de la humanidad, referencias a la unidad, responsabilidad de futuro y distanciamiento respecto al pasado" ("Die Staatszieldebatte", en, E. KLEIN (edit.), *Verfassungsentwicklung in Deutschland nach der Wiedervereinigung,* 1994, p. 65 [75]).

- limitación de cuotas del Estado y cuotas de endeudamiento.
- ¿aseguramiento de la economía social de mercado?

4. LAS MODIFICACIONES DE LA LEY FUNDAMENTAL RESPECTO A LA RELACIÓN ESTADO - LÄNDER

I. El empuje para un fortalecimiento del principio federativo de la Constitución surgía de los *Länder*. Ya en julio de 1990 el Canciller (*Ministerpräsident*) acordó el "punto angular" para el nuevo "ordenamiento federal estatal de la Alemania unida", una decisión que suponía situar el artículo 5 del Tratado de Reunificación como primer punto de partida. La idea fundamental de esta decisión eran las modificaciones que "la Constitución y la realidad constitucional habían ido requiriendo, y que venían dadas como consecuencia del desarrollo creciente y profundización en las competencias de los *Länder*". Además se entendía que la nueva Alemania unida "debía ser, en gran medida, un Estado federal de marcado carácter federativo"[62]. Para la consecución de este objetivo el *Bundesrat* constituía, aún antes de que fuera formada la Comisión Constitucional Conjunta, el 1 de marzo de 1991, una Comisión de Reforma Constitucional con 32 miembros[63]. Repitiéndose, por consiguiente, la manera de proceder de 1971 para la Comisión-Simposio de Trabajo para la Reforma Constitucional.

II. Es verdad que los *Länder* tendrían que aceptar en el transcurso del tiempo una pérdida competencial notable a favor del Estado y sobre todo de Europa, pero estaban dispuestos a ello y a abandonar voluntariamente algunas de sus funciones, particularmente cuando éstas implicaban costes importantes. Ahora bien, la pérdida competencial afectó sobre todo a los Parlamentos de los *Länder*, y las ventajas venían, en gran parte, sólo a favor de los Gobiernos de

---

[62] La citada decisión angular de 5 de julio de 1990, publicado en Zparl 1990, p. 461 y ss.

[63] La propuesta de esta Comisión está publicada en la documentación del Bundesrat "*Stärkung des Föderalismus in Deutschland und Europa sowie weitere Vorschläge zur Änderung des Grundgesetzes*", 1992, Publicaciones del Bundesrat. Nr. 360/92. Compárese, con respecto a esto, también ASMUSSEN / EGGELING, "Empfehlungen des Bundesrates zur Stärkung des Föderalismus in Deutschland und Europa", *VerwArch.* T. 84 (1993), p. 230 y ss.

los *Länder*, siguiendo la regla de beneficios mutuos a través de competencias de colaboración en el *Bundesrat*. Estaba claro con la modificación del artículo 23 de la Ley Fundamental que se fortalecían principalmente las posiciones del *Bundesrat*. El paso a lo que podemos denominar como "federalismo de gobierno", por tanto, se ha solidificado, como ya antes el federalismo cooperativo. Consecuentemente, es preciso volver ahora a reflexionar respecto al federalismo[64], pues en algunas características de esta forma positiva de Estado se manifiestan todavía ciertos inconvenientes importantes. En Alemania esto es un hecho, sobre todo teniendo en cuenta su historia jurídico-constitucional y la misma existencia del artículo 79.3 de la Ley Fundamental. Ahora bien, ¿cuáles son las vías que nos pueden mostrar claramente estas disonancias, sobre todo las divergencias financieras entre los *Länder*? ¿Han supuesto realmente mejoras las modificaciones de la Ley Fundamental en el ámbito del artículo 72[*] y siguientes?

A) Donde quiera que la Federación ha optado por desarrollar una competencia legislativa concurrente, no siempre se ha llevado a cabo una paralela labor de total implementación y ejecución, aun cuando la materia objeto de desarrollo hubiera sido determinable como "necesaria" para el interés federal en el sentido del artículo 72.2 de la Ley Fundamental. Esta situación queda además afectada por el hecho de que lo que se pueda entender como "necesario" ha sido visto por el Tribunal Constitucional Federal como no justiciable[65]. Por otra parte, hay que destacar lo citado en ese mismo artículo en relación

---

[64] Véase K. STERN, "Föderative Besinnung", en, *Festschrift für H. Huber,* 1981, p. 319 y ss. También publicado en *Der Staat des Grundgesetzes,* 1992, p. 98 y ss.

[*] *(Nota del traductor)* Artículo 72 de la Ley Fundamental: "1.- En el ámbito de la legislación concurrente los Länder tendrán competencia legislativa mientras y en la medida en que la Federación no haga uso de su facultad legislativa. 2.- Tendrá la Federación facultad de legislar en este ámbito cuando y en la medida en que la creación de condiciones de vida equivalentes en el territorio federal, o en la preservación de la unidad del derecho o del sistema económico en interés del Estado haga indispensable una ley federal. 3.- Se podrá disponer por ley federal que pueda ser sustituida por el ordenamiento regional cualquier regulación que, habiendo sido adoptada por ley federal, ya no sea necesaria en el sentido del apartado 2.

[65] Véase BverGE 2, 213 (224); 10, 234 (245); 13, 230 (233); 26, 338 (382); 33, 224 (229); 65, 1 (63); 65, 283 (289); críticamente H. W. RENGELING, en, ISENSEE / KIRCHHOF (dir.); *HdbStR* T. IV, § 100, nota al margen 123; CHR. DEGENHART, "Rechtseinheit und föderale Vielfalt im Verfassungstaat", *ZfA* 1993, p. 409 (416).

a la exigencia de lograr unas "condiciones de vida equivalentes" en todo el territorio federal como directriz para el legislador federal[66]. El peso ha sido desplazado a través de la nueva versión del artículo 72.2 a favor de los *Länder*, aunque a mi parecer sólo de forma nimia. La salvaguarda de la unidad económica y jurídica tiene que estar, en efecto, en "el interés estatal global", pero, por otro lado, ya es necesario empezar a hablar, en vez de "equivalencia", del "establecimiento de condiciones iguales de vida". Pero la mayor ventaja para los *Länder* está ahora en el artículo 93.1. núm. 2.a[*], para casos de disparidad de opiniones o controversias sobre las previsiones y cumplimiento de los requisitos establecidos en el artículo 72.2, cuando así lo pide el *Bundesrat*. En estos casos, ante las posibles discrepancias, de un Gobierno de un *Land* o también de uno de sus Parlamentos, se podrá acudir al Tribunal Constitucional Federal. Hasta ahora sólo podían los Gobiernos de los *Länder* entablar medidas de control. Lo importante no era el incremento de solicitantes, sino la posibilidad de apelación ante el Tribunal Constitucional Federal, de su renuncia a la anterior jurisprudencia y de hacer valer, en el marco del artículo 72.2, su competencia de control. Si el Tribunal después intervendrá, no es seguro. Seguramente la cláusula referida a lo "necesario" es reemplazada por una cláusula referente a lo "indispensable", y el artículo 72.2 se determinará fuertemente por medio de algún concepto jurídico constitucional indeterminado. Ambas posibilidades fuerzan, en todo caso, a una fundamentación sólida de las cuestiones de su competencia. Sin embargo, cómo pueda interpretar el Tribunal el concepto, no se puede predecir aún[67].

---

[66] K. STERN, *Staatsrecht*, T. I, 2ª edición, 1984, § 19 IV 1b, p. 750; H. LECHELER, en ISENSEE / KIRCHHOF (dir.); *HdbStR* III, 1988, § 72, nota al margen 48; J. ISENSEE, ibídem, T. IV, 1989, § 98, nota al margen 251; el mismo, "Der Föderalismus und der Verfassungsstaat der Gegenwart", *AöR* T. 115 (1990), p. 248 (255); P. SELMER, "Einheit der Rechtsordnung und Einheitlichkeit der Lebensverhältnisse nach Wiederherstellung der deutschen Einheit, en, *Vielfalt des Rechts-Einheit der Rechtsordnung, Hamburger Ringvorlesung,* 1994, p. 199 (200):

[*] *(Nota del traductor)* Artículo 93.1. de la Ley Fundamental: "El Tribunal Constitucional Federal decidirá (...) [2.a] Casos de controversias sobre si una ley cumple o no los requisitos establecidos en el artículo 72.2, a petición del Bundesrat, del Gobierno de un Land o el Parlamento de un Land".

[67] Sobre la cuestión fundamental de la jurisdicción constitucional en relación con el poder político, véase H. H. KLEIN, "Verfassungsgerichtsbarkeit und Verfassungsstruktur. Vom Rechtsstaat zum Verfassungsstaat", en, *Festschrift für Franz Klein,* 1994, p. 511 y ss; K. HESSE, "Die

B) Las modificaciones en las materias competenciales son razonables y en su mayor parte poco problemáticas[68]. Es satisfactorio, desde el punto de vista de un sufrido profesor universitario, que no se haya traqueteado, dentro del marco competencial, el artículo 75. núm. 1.a de la Ley Fundamental*. Han logrado los *Länder* en el artículo 75.2 que "sólo en casos excepcionales la normativa-marco pueda contener regulaciones de detalle o de aplicación directa"; hasta ahora esta cuestión venía determinada en su mayor parte por la jurisprudencia[69]. También sería normativizada rotundamente la obligación jurídico-constitucional de los *Länder* de conversión de la normativa-marco en el plazo fijado legalmente (artículo 75.3).

verfassungsgerichtliche Kontrolle der Wahrnehmung grundrechtlicher Schutzpflichten des Gesetzgebers, en: *Festschrift für E. Mahrenholz*, 1994, p. 541 y ss.

[68] Véase CHR. DEGENHART, "Rechtseinheit und föderale Vielfalt im Verfassungsstaat", *ZfA* 1993, p. 409 (415); F. A. JAHN, "Empfehlungen der Gemeinsamen Verfassungskommission zur Änderung und Ergänzung des Grundgesetzes", *DVBl*, 1994, 177 (180); R. SANNWALD, "Die Reform des Grundgesetzes", *NJW* 1994, 3313 (3315); el mismo, "Die Reform der Gesetzgebungskompetenzen und des Gesetzgebungsverfahrens nach den Beschlüssen der Gemeinsamen Verfassungskommission von Bundestag und Bundesrat", *ZG* 1994, p. 134 (140).

* *(Nota del traductor)* El artículo 75. 1 de la Ley Fundamental expresa que "la Federación tendrá, dentro de los supuestos del artículo 72, la facultad de dictar normas-marco para la legislación de los Länder en las siguientes materias: 1.- El estatuto jurídico de lo funcionarios adscritos al servicio público de los Länder, municipios y otras corporaciones de Derecho público, en cuanto el artículo 74a no determine otra cosa. 1a).- Las bases de la enseñanza técnica superior; 2) el régimen jurídico general de la prensa; 3) la caza, la protección de la naturaleza y el cuidado del paisaje; 4) la distribución de la tierra, la ordenación del territorio y el régimen hidráulico; 5) el registro, empadronamiento e identificación personal; 6) la protección del patrimonio cultural alemán frente a su traslado al extranjero. El artículo 72 apartado 3 se aplicará por analogía. 2.- Sólo excepcionalmente las disposiciones marco podrán entrar en detalles o contener regulaciones de aplicación directa. 3.- Cuando la Federación dicte disposiciones marco, los Länder están obligados a dictar las leyes necesarias, dentro de un plazo adecuado establecido por la propia ley".

[69] Véase BverGE 4, 115 (127); 7, 29 (41); 7, 155 (161); 8, 186 (193); 25, 142 (151); 38, 1 (10); 51, 43 (54, 56); 66, 270 (285); 66, 291 (307); 67, 382 (387); 80, 137 (157).

C) Las modificaciones en el área del procedimiento legislativo (artículos 76.2, 76.3** y 77.2.a)***, son de tipo técnico-procedimental y no necesitan ninguna observación inmediata[70]. Lo mismo vale para la complementación

** *(Nota del traductor)* Artículo 76 de la Ley Fundamental: 1.- Las proposiciones de ley serán presentadas en el Bundestag por el Gobierno Federal, por miembros del propio Bundestag o por el Consejo Federal. 2.- Los proyectos de ley del Gobierno Federal deberán ser enviados primeramente al Bundesrat. Este podrá (dictaminar sobre dichos proyectos dentro de un plazo de seis semanas. Si por razones importantes, especialmente debido a la extensión de un proyecto, solicitase una prórroga del plazo, éste será de nueve semanas. El Gobierno Federal podrá enviar al Bundestag, al cabo de tres semanas, o cuando el Bundesrat haya expresado una solicitud de acuerdo con la tercera frase, al cabo de seis semanas, un proyecto de ley que, a titulo excepcional, hubiere calificado de particularmente urgente al enviarlo al Bundesrat, aun cuando no hubiera recibido todavía el dictamen del Bundesrat; luego que el Gobierno Federal reciba dicho dictamen, lo hará llegar sin demora alguna al Bundestag. En el caso de proyectos de reforma de la presente Ley Fundamental y de transferencia de derechos de soberanía de acuerdo con el artículo 23 ó el artículo 24, el plazo para el dictamen será de nueve semanas; la cuarta frase no tendrá aplicación alguna. 3.- Los proyectos de ley del Bundesrat deberán ser enviados al Bundestag por el Gobierno Federal en un plazo de seis semanas. Este deberá expresar en ese momento su opinión. Si por razones importantes, especialmente debido a la extensión de un proyecto, solicitase una prórroga del plazo, éste será de nueve semanas. Si el Bundesrat, a título excepcional, hubiera calificado de particularmente urgente un proyecto, el plazo será de tres semanas o, si el Gobierno Federal hubiera expresado una solicitud de acuerdo con la tercera frase, de seis semanas. En el caso de proyectos de reforma de la presente Ley Fundamental y de transferencia de derechos de soberanía de acuerdo con el artículo 23 ó el artículo 24, el plazo será de nueve semanas; el cuarto inciso no tendrá aplicación alguna. El Bundestag tendrá que deliberar sobre el proyecto y adoptar una decisión en plazo razonable.

*** *(Nota del traductor)* Artículo 77.2 a. de la Ley Fundamental: " En tanto una ley requiera la aprobación del Bundesrat, éste, si no ha presentado una solicitud de acuerdo con el apartado 2 primera frase o el proceso de mediación haya concluido sin una propuesta de reforma del acuerdo de ley, deberá resolver la aprobación en un plazo adecuado.

[70] Esto significa concretamente: 1.- La prolongación del tiempo de deliberación del Bundesrat sobre proyectos de ley de 3 a 9 semanas, en proyectos necesarios urgentes de 3 a 6 semanas. Sufren los proyectos del Gobierno federal una modificación de la Ley Fundamental en el Bundestag o respecto a la aplicación del derecho de soberanía conforme al artículo 23 o 24 de la Ley Fundamental al objeto de ampliar el plazo para la toma de posición a 9 semanas; 2.- El ajuste de los plazos para la conducción de proyectos del Bundesrat a través del Gobierno federal en el Bundestag de acuerdo a la regulación del artículo 76.2 de la Ley Fundamental (artículo 76.3 de la Ley Fundamental); 3.- La toma de posición del Gobierno federal respecto a proyectos del Bundesrat es aún sólo facultativa; 4.- igualmente como el Bundestag sobre proyectos del Bundesrat, tiene el Bunderat, en cuanto a las leyes de ratificación, plazo suficiente para tomar la decisión. Véase, respecto a esto, con todo detalle H. Hofmann, "Die Ausgestaltung des Gesetzgebungsverfahrens nach der Reform des Grundgesetzes", *NVwZ*, 1995, pp. 134 y ss; R. SANNWALD, *ZG* 1994, p. 134 (143).

del artículo 80 respecto a los párrafos 3 y 4*, en que el *Bundesrat* confiere un derecho de iniciativa reglamentaria y abre la posibilidad a los Parlamentos de los *Länder* de dictar en lugar de reglamentos también leyes formales.

D) Sin duda, el mayor éxito de los *Länder* era la posibilidad de colaboración con los futuros proyectos y actos jurídicos de la Unión Europea. Se ha llegado, con el artículo 23 de la Ley Fundamental y la Ley sobre la colaboración entre Estado y *Länder* en cuestiones de la UE, a un procedimiento de participación gradual –obligación de información al Gobierno Federal, toma de posición del *Bundesrat*, consideración decisiva en particular de proyectos relevantes para los *Länder* e inclusión de los representantes de los *Länder* en el proceso de decisión en la UE–. Además, la cesión de soberanía, como ya recomendaba la Comisión-Simposio de Trabajo para la Reforma Constitucional, queda sujeta a consentimiento del *Bundesrat*. Ya se ha observado, en el punto 3.III, que el nuevo artículo 23 de la Ley Fundamental está sobrecargado con detalles cuya recepción no corresponde necesariamente al principio de claridad constitucional y a una normativa constitucional de óptimo resultado. En esta cuestión hay que anotar, por un lado, que las posibilidades de participación de los *Länder* no incluyen a los Parlamentos de los *Länder*, ni siquiera en orden a materias que tienen que ser desarrolladas a través de normativa de los *Länder*. Por otro lado, y esto, a mi parecer, también encierra cierta dificultad, el establecimiento de la posición de negociación de la política europea alemana podría llegar a requerir mucho tiempo, dados los múltiples acoplamientos respecto al *Bundesrat* y desde ahí a los Gobiernos de los *Länder*. Complicaciones deriva-

* *(Nota del traductor)* Artículo 80 de la Ley Fundamental: "1.- El Gobierno Federal, cualquier Ministro federal o los Gobiernos regionales podrán ser autorizados mediante ley federal a dictar ordenanzas siempre que la ley haga constar el contenido, la finalidad y el alcance de la autorización otorgada. La ordenanza deberá asimismo especificar su fundamento jurídico. Si la ley prevé la posibilidad de delegar la autorización, la delegación deberá hacerse mediante ordenanza. 2.- Siempre que no existan disposiciones legales federales en contrario, se requerirá la aprobación del Bundesrat para los decretos del Gobierno Federal o de un ministro federal referentes a los principios y tasas para la utilización de instalaciones del correo y las telecomunicaciones, a la construcción y a la explotación de ferrocarriles, a los principios de la percepción de las tasas para el uso de las instalaciones de ferrocarriles de la Federación, así como para los decretos basados en leyes federales que requieran la aprobación del Bundesrat que sean ejecutadas por los Länder, sea por delegación de la Federación, sea como materia propia. 3.- El Bundesrat puede enviar al Gobierno Federal proyectos para el otorgamiento de decretos que requieren su aprobación. 4.- En tanto que por ley federal o sobre la base de leyes federales, los Gobiernos de los Länder estén autorizados para dictar decretos, los Länder también quedarán facultados para dictar normas mediante ley."

das, principalmente, de las típicas soluciones en bloque. Habrá que esperar un poco, por tanto, para ver si este "ánimo para abrir nuevos caminos dentro de la estructura estatal federal de Alemania" en la política europea, de la que habla R. Scholz[71], no suponen finalmente un alto precio. El conflicto Estado-*Länder* ante el Tribunal Constitucional Federal parece pre-programado.

En el mismo nivel europeo han ganado terreno los *Länder* a través del establecimiento del principio de subsidiariedad del artículo 3.b.2 del Tratado Constitutivo de la Comunidad Europea y de la apertura del Comité de las Regiones (artículo 198.a y siguientes del Tratado Constitutivo de la Comunidad Europea). Cabe valorar positivamente esta cuestión, ya que, a través del "Acuerdo sobre la designación de miembros y representantes en el Comité de las Regiones de la Comunidad Europea de 27 de mayo de 1993", se tienen en cuenta en este sentido también los municipios, aunque con sólo tres representantes. El potencial federal alemán, amplificado en el futuro por medio de Austria, ha ganado, por lo menos, nuevas oportunidades.

E) Si estas modificaciones contribuyen a un "fortalecimiento del federalismo en Alemania y en Europa" como era el objetivo del *Bundesrat*, y si se ha enriquecido el "arte de la forma federal"[72], es incierto. Tanto en la Comisión Constitucional Conjunta y en la Comisión del *Bundesrat*, como también en el pleno de las corporaciones legislativas se dejan a un lado ciertos trastornos de la estatalidad federal. Estas circunstancias se manifiestan también en que nuestros *Länder*, tanto "por su importancia y eficiencia" (artículo 29.1 de la Ley Fundamental), como por su fuerza económica y financiera, se fortalecen a partir de la unidad alemana, pero muestran una notable disparidad, que sobre todo tiene consecuencias en la cuestión de la compensación financiera horizontal. Con ello se han mencionado dos temas centrales: por un lado, las cuestiones financiero-constitucionales vigentes, que tienen validez desde el 1 de enero de 1995, tras la desaparición de la reglamentación especial del artículo 7 del Tratado de Reunificación relativo a los objetivos de uniformidad para todos los *Länder*; y, por otro lado, la nueva estructuración del territorio federal[73]. Entre

[71] "Gesetz und Europäische Einigung", *NJW* 1992, 2593 (2595).

[72] Peter BADURA, "Die Kunst der föderalen Form – Der Bundesstaat in Europa und die europäische Föderation," en, *Festschrift für P. Lerche*, 1993, p. 369 y ss.

[73] Éxito que sólo podía tener Berlín-Brandeburgo (véase el artículo 118 de la Ley Fundamental nueva redacción). Últimamente, sobre este tema, Chr. MECKING, "Die räumliche Neugliederung

ambos existe, como el Tribunal Constitucional Federal ha expuesto en sus dos grandes resoluciones referidas a la compensación financiera, de 27 de mayo de 1992, una conexión[74]. La compensación financiera, como se ha desarrollado particularmente desde 1969, conduce a un enfrentamiento entre los *Länder* y el Estado y los propios *Länder*, que debilita considerablemente la relación estatal federal. Ahora bien, la "obligación de solidaridad" derivada de la Ley Fundamental, de la totalidad de los *Länder* y del Estado, no puede colapsar al Tribunal Constitucional Federal. Tampoco la autonomía de los *Länder*, que es ciertamente un criterio esencial estatal federal, puede llegar hasta tal punto que su saneamiento presupuestario puedan superarlo con su propio esfuerzo, por tanto; hay que reflexionar sobre estas modificaciones en el sistema. Crisis presupuestarias permanentes de algunos *Länder* y determinadas incumbencias del Estado, por ejemplo, las exigencias para la reunificación, han desgastado las finanzas del Estado y han dado lugar a ciertos chantajes. Esto significa reexaminar el sistema de financiación conjunta, las asignaciones complementarias del Estado y el sistema de participación en el impuesto sobre el volumen de ventas del artículo 106.3 y 4 de la Ley Fundamental[*]. Tampoco estaría mal, por tanto, pensar en una autonomía fiscal de los *Länder* como se conoce de otros Estados federados[75]. Así, en todo caso, se consigue una reflexión sobre sistemas separados, desconcentración de competencias conjuntas y eliminación de la "problemática federativa".

des Bundesrepublick Deutschland als Gegenstand der Verfassungsreform", en, BORGMANN / GEIS (dir.), *Verfassungsreform und Grundgesetz, Assistententagung öffentliches Rechts* 1992, p. 95 y ss.

[74] BVerfGE 86, 148 (270).

[*] *(Nota del traductor)* Artículo 106.1 de la Ley Fundamental: "Corresponderá a la Federación el rendimiento de los monopolios fiscales y el producto de los impuestos siguientes: (...) 3) impuesto de transporte de mercancías por carretera; 4) impuestos sobre transacciones de capital, el impuesto sobre seguros y el impuesto sobre letras de cambio."

[75] Véase la proposición del Consejo Consultivo científico del Ministerio Federal de Finanzas en su dictamen para compensación financiera de los *Länder* en la República Federal Alemana de 1992, *Bhf*, cuaderno 47, p. 92 y ss.

5. UNA OPINIÓN GLOBAL POSITIVA RESPECTO A ALEMANIA Y SU CONSTITUCIÓN

I. En el epílogo para la segunda edición de su antología "el futuro de la Constitución", D. Grimm no ha sostenido, respecto a la reforma constitucional y tras la reunificación, ningún dictamen favorable. De la Comisión Constitucional Conjunta ha expuesto que "se ha vuelto sobre temas de todo tipo, que en algunos casos se han tratado de una forma que puede dar lugar a recelos, ya que la comprensión de la función y el sentido de una Constitución no puede dejarse abandonada o sólo dependiente del mecanismo rutinario de la política de partidos". Véanse, por ejemplo, los artículos 16.a y el artículo 23.2-7 de la Ley Fundamental[76].

También la Comisión-Simposio de Trabajo para la Reforma Constitucional recibió similares censuras negativas durante cierto tiempo[77]. ¿No es la Constitución alemana tan buena Constitución? También de mí se han oído palabras críticas respecto a análisis que no han cuajado. A pesar de que mi opinión global, que ciertamente es positiva sobre el Estado alemán y su Ley Fundamental, no entra a tratar directamente prescripciones nuevas de resultado seguro, creo que es conveniente prestarles cierta atención en muchos aspectos, más cuando procuran superar las disonancias entre el hombre del Este y del Oeste. Y en ello baso mi última opinión positiva:

A) La economía ha atravesado rápidamente el bache profundo de la recesión de los últimos dos / tres años. El interés por la innovación y la disposición al riesgo en la industria y en la clase media aumenta, si bien la dedicación al desarrollo, la investigación y la inscripción de patentes todavía no ha llegado a los niveles de los Estados Unidos o Japón. El Consejo de expertos respecto a la inspección de la situación macroeconómica ha certificado buenas previsiones

---

[76] D. GRIMM, *Die Zukunft der Verfassung*, 2ª edición, 1994, p. 441.

[77] H.P. IPSEN, "Zum Schlussbericht der Enquete-Kommission Verfassungsreform", *DÖV* 1977, 537 (543); W. SCHMITT-GLAESER, "Stärkung der politischen Mitwirkungsrechte", *DÖV* 1977, 544 y ss; R. WAHL, "Empfehlungen zur Verfassungsreform", *AöR*, T.103 (1978), p. 477 y ss; R. GRAWERT, *Zur Verfassungsreform, Der Staat*, T. 18 (1978), p. 229 y ss; R, STEINBERG, "Verfassungspolitik und offene Verfassung", *JZ* 1980, 385 (390); B. O. BRYDE, *Verfassungsentwicklung*, 1982, p. 134 y ss.

de crecimiento[78]. El pertinaz desempleo parece estar en camino a una cierta tendencia descendente. La recaudación fiscal aumenta y permite a la política financiera una reducción de la considerable deuda pública como insoslayable obligación económica. Casi el 20% de las obras completas del Estado tienen ya carga de intereses. Consecuentemente, la necesidad de consolidación es, hoy como antes, importante. Como es sabido, D. Ricardo refería ya que "*that the very best of all plans of finance is to spend little*"[79]. Ha de impulsarse la seguridad de la situación; en caso contrario se acrecentaría el peligro de que inversiones de capital extranjero no vengan al país y acaben fuera las nacionales. Forma parte también del aseguramiento de la situación, por consiguiente, explicar "otros costes" existentes fuera de regularización como *quantité negligeable*. El principio de "austeridad estatal" podría ser una buena directiva a todos los niveles, es decir, tanto de Europa como de los municipios. Sólo tiene que estar preparado el Parlamento, empezar consigo mismo y, por ejemplo, reducir el número de escaños de diputados, como ha hecho el Estado libre de Sajonia de modo ejemplar el año pasado. El alarmante y elevado gasto público de más del 50% y el alto nivel impositivo en torno al 45% debilita el crecimiento potencial y la capacidad de rendimiento individual. Por lo mismo, el Tribunal Constitucional Federal solicitaba para 1996 una exención fiscal del mínimo existencial respecto a otros riesgos. Se tiene que pensar en la Constitución en la parte relativa a las cuestiones financieras, en el artículo 106.3 párrafo 2 de la Ley Fundamental, donde se apunta a "evitar una sobrecarga de las obligaciones impositivas". Sin mencionar más sobre esta prescripción, opina el Consejo de expertos en un reciente dictamen: el recargo de solidaridad podría disminuirse en un coeficiente entre el 5% y el 2% desde el 1 de enero de 1996 hasta el 0% para el 31 de diciembre de 1997[80].

B) Si se observa el texto constitucional, se entrevé que la Ley Fundamental no ha quedado fortalecida en gran manera con el proceso de reforma, y ello

---

[78] Consejo de expertos, dictamen anual 1994/1995, "*Den Aufschwung sichern –Arbeitsplätze schaffen*", p. 159 y ss., número 188.

[79] Cit. en Ch. B. BLANKERT, *Öffentliche Finanzen in der Demokratie*, 2ª edición, 1994, p. 2. También, téngase en cuenta, por ejemplo, la presión para creación y contratación de "delegados para la equiparación de derechos", que no tienen ninguna competencia concreta, y que supone la gestación de costes notables. Con encomendar a los empleados ya existentes este cometido tendríamos suficiente.

[80] Consejo de expertos, antes citado, p. 203 y ss.

a pesar de que el proceso de debate se ha desarrollado de forma totalmente satisfactoria, incluso en cuestiones ciertamente polémicas. Para la gran mayoría la Ley Fundamental sigue siendo la Constitución, esa Constitución que ha conducido de forma segura a la República Federal de Alemania desde 1949, sobre todo ante ciertos peligros de política interior y exterior, y que también ha dado lugar a la reunificación de la RDA y de su gente, desde hacia tiempo duramente castigada por el destino. En este sentido, la Comisión Constitucional Conjunta ha mantenido con razón el rumbo, más cuando ha mantenido cierta distancia respecto a algunas de sus modificaciones "revolucionarias". También ha advertido ante la sobre-regulación de la legislación. No se debería querer cargar el máximo nivel legal con toda clase de "lírica constitucional" y anhelos ante las posibilidades actuales. La Alemania unida debería terminar ahora su discusión constitucional; esto tiene validez también en orden a los nuevos *Länder*, cuyo proceso legislativo constitucional, entretanto, ha terminado[81]. Los fundamentos constitucionales de Alemania están preparados. Las controversias tienen que disiparse en el Tribunal Constitucional; esto debería salir bien en el futuro. Observamos en este sentido la Ley Fundamental conforme a su Ley de Reforma (*Änderungsgesetz*) número 42[*], y así hay que poner de relieve particularmente:

a) El artículo 146 de la Ley Fundamental, a pesar del Tratado de Reunificación y de su redacción modificada, pasa a estar obsoleto; ya no hay una "bomba de relojería en el cuerpo constitucional", de la que tanto se hablaba en ocasiones[82]. Se ha impuesto la opinión de que todo cambio constitucional

[81] Al respecto, K. STERN, *Staatsrecht*, T. III/2, 1994, § 93. Para otras comprobaciones véase la nota a pie de página n.° 51.

[*] *(Nota del traductor)* La Ley de Reforma 42, de 27 de octubre de 1994 (BGBl I S 3146) modificó distintos aspectos de la Ley Fundamental, entre las que destacan: el hecho de que la Federación deba cumplir unos requisitos más estrictos para ejercer sus capacidades en orden a la legislación concurrente y la legislación básica, la posibilidad de que el Bundesrat, los Gobierno y los Parlamentos de los Länder puedan acudir al Tribunal Constitucional Federal, y algunas modificaciones para garantizar la autonomía financiera de los Länder. Los artículos que quedaron afectados o que fueron integrados serían: 3, 28, 29, 72, 74, 75-77, 80, 87, 93, 20 a, 118 a, 125 a.

[82] Véase, por ejemplo, J. ISENSEE, *Frankfurter Allgemeine Zeitung* de 28 de agosto de 1990, p. 10, M. KRIELE, *Welt* de 16 de agosto de 1990, p. 5; M. SACHS, "Das Grundgesetz im vereinten Deutschland –endgültige Verfassung oder Dauerprovisorium?", JuS 1991, p. 985 y ss; D. HECKMANN, "Kontinuität oder Diskontinuität des Grundgesetzes?", en, BORGMANN-GEIS y otros (dir.), *Verfassungsreform und Grundgesetz, Assistententagung öffentliches Recht*, 1992, p.

sólo es posible dentro de los límites del artículo 79 de la Ley Fundamental[83]. Por medio de la creación de la Ley Fundamental se ha ofrecido al pueblo alemán en su totalidad su Constitución definitiva, como dice la nueva formulación del Preámbulo. Una versión para toda Alemania que ya no estará pendiente, como ha afirmado E. G. Mahrenholz[84], sino de que ésta exista en la propia Ley Fundamental[85]. Esta Constitución se ha acreditado en sus propias estructuras fundamentales organizativas; que desde la garantía de sus derechos fundamentales ha asegurado la democracia liberal y el Estado de Derecho; que desde su jurisdicción constitucional federal guarda su inviolabilidad sin bloquear su capacidad decisoria futura. Ante el pueblo ha mantenido, a través de la elección de 13 legislaturas del *Bundestag* un amplio consenso, una firme

---

9 y ss; E. WIEDERIN, "Die Verfassunggebung im wiedervereinigten Deutschland", *AöR* T.117 (1992), p. 410.

[83] Véase K. STERN, en STERN / SCHMIDT-BLEIBTREU (dir.), *Verträge und Rechtsakte zur Deutschen Einheit*, T. II: Eininigunsvertrag, 1990, p. 49; el mismo, "Der verfassungsändernde Charakter des Einigungsvertrages", *DtZ* 1990, p. 289 (299); el mismo, *Staatsrecht*, T. III/2, 1994, § 89 III 3c; V. KRÖNING, "Kernfragen der Verfassungsreform. Plädoyer für eine Konzentration auf das Wesentliche", *ZRP* 1991, 161 (165); H. HUBA, *Das Grundgesetz als dauerhafte gesamtdeutsche Verfassung-Erinnerungen an seine Legitimität, Der Staat* T. 30 (1991), p. 367 (375); H. HECKMANN, "Verfassungsreform als Ideenwettbewerb zwischen Staat und Volk", *DVBl*, 1991, 847 (852 y ss); M. HERDEGEN, *Die Verfassungsänderungen im Einigungsvertrag*, 1991, p. 28 y ss; F. OSSENBÜHL, "Probleme Der Verfassungsreform in der Bundesrepublik", *DVBl*, 1992, 468 (470); H. U. ERICHSEN, "Die Verfassungsänderung nach 79 GG und der Verfassungsbeschluss nach Art. 146 GG", *Jura* 1992, 52 (55); R. ZIPPELIUS, "Deutsche Einheit und Grundgesetz", *BayVBl*, 1992, 289 (291); JARASS-PIEROTH, *GG-Komm*, 2ª edición, 1992, Art 146, nota al margen 1; P. KIRCHHOF, *Braucht Deutschland eine neue Verfassung?*, 1992, p. 57; el mismo, en ISENSEE-KIRCHHOF (dir.), *HdbStR* VII, 1992, § 166, nota al margen 61 y ss; CHR. DEGENHART, "Rechtseinheit und föderale Vielfalt im Verfassungstaat", *ZfA* 1993, p. 409 (422); K. HESSE, "Die Verfassungsentwicklung seit 1945", en BENDA / MAIHOFER / VOGEL (dir.), *HdbVerfR*, 2ª edición, 1994, § 3, nota al margen 39; W. KNIES, "Verfassunggebung oder Verfassungsänderung?", en E. KLEIN (dir.), *Verfassungsentwicklung in Deutschland nach der Wiedervereinigung*, 1994, p. 31 y ss.

[84] *Die Verfassung und das Volk*, 1992, p. 41. Sobre ello, también, P. HÄBERLE, Europ. Zschr. D. öff. Rechts 1991, pp. 125 y ss.

[85] Véase K. HESSE, *aaO*, así como H. J. PAPIER, en, *Kontinuität und Diskontinuität in der deutschen Verfassungsgeschichte, Seminar zum 80. Geburtstag von K.A. Bettermann*, 1994, p. 85; R. SCHOLZ, "Aufgaben und Grenzen einer Reform des Grundgesetzes", en, *Festschrift für P. Lerche*, 1993, p. 65; P. KIRCHHOF, *Brauchen wir ein neues Grundgesetz?*, 1992, p. 8; J. ISENSEE, *Braucht Deutschland eine neue Verfassung?*, 1992, p. 54.

legitimación plebiscitaria, incluso sin referéndum[86]. Por lo tanto, la "debilidad de legitimación del principio"[87] ha ido sanando desde hace algún tiempo.

b) Era inadecuado, en cualquier caso, no ver los peligros de los fundamentos estatal-constitucionales y enunciados de la Ley Fundamental. Yo he denunciado en reiteradas ocasiones, la prolijidad de diferentes nuevas modificaciones constitucionales que son un peligro para la claridad y exactitud constitucional. Una Constitución que conlleva una excesiva regulación para su aplicación, pierde su carácter como orden fundamental. El totalitarismo de una Constitución toma aire a través de la actuación política. Por eso la Constitución tampoco puede sobrecargarse con anhelos ante las posibilidades actuales de la política diaria. También la experiencia del pasado sirve sólo respecto a una recepción limitada de análisis constitucionales concretos. La Ley Fundamental, en su totalidad, expresa, suficiente y claramente, que excluye, desde su estructura fundamental democrático-liberal y su estado de vigencia de las garantías constitucionales de *check and balances of power*, toda forma de abuso de poder dictatorial, tanto en el ámbito personal como político. "Nosotros somos el pueblo" dice un lema enardecedor al librarse del totalitarismo del partido único socialista; esto está dentro de la forma clásica del artículo 20.2 de la Ley Fundamental* y no necesita ninguna incorporación adicional.

II. Quien interpreta la fórmula "todo poder estatal surge del pueblo" en relación con el concepto subsiguiente de "votación", ya que el referéndum también podría llegar a ser autorizado a través de ley[88], comprende la clara declaración del Consejo Parlamentario en el sentido de una estricta democracia representativa, lo que es puesto de relieve a través de la repetida denegación de proposiciones para la admisión de *referenda* y plebiscitos (artículo 111 a/a), conforme al ejemplo de los artículos 73-75 de la Constitución del *Reich* Alemán de 11 de agosto de 1919[89]. H.v. Mangoldt, miembro mismo del Consejo Parlamentario, explicó algo esta negativa, afirmando que tal vez no haya sido

[86] En detalle, W. KNIES, *aaO*, pp. 22 y ss.

[87] H.P IPSEN, *Über das Grundgesetz*, 1950, p. 27; véase también W. KNIES, *aaO*, pp. 19 y ss.

* *(Nota del traductor)* El articulo 20.2 de la Ley Fundamental afirma que "todo el poder estatal emana del pueblo, que lo ejerce en las elecciones y votaciones, mediante los órganos legislativos, ejecutivos y judiciales."

[88] A. BLECKMANN, "Die Zulässigkeit des Volksentscheides nach dem Grundgesetz", *JZ* 1978, 217.

[89] Véase *JöR*, nota a pie T.I (1950/51), p. 620.

la preocupación respecto a la influencia monopolística de las organizaciones de partido, como W. Weber opinaba[90], sino, a excepción de ciertas prácticas alentadoras respecto al referéndum y el plebiscito en la época de *Weimar* y nacionalista, la preocupación de que lleguen a ser accesibles ciertas influencias demagógicas tras muchos años de incapacitación política del pueblo[91]. Es obvio que 45 años después este argumento, a la vista de la maduración democrática alcanzada de Alemania, ha llegado a ser discutible. Tanto en la Comisión-Simposio de Trabajo para la Reforma Constitucional, como también en la Comisión Constitucional Conjunta, se presentaría la propuesta de añadir componentes plebiscitarios a la Ley Fundamental[92]. También en la Ciencia del Derecho del Estado y en la consulta de expertos se abogaría por formas de democracia directa[93]. Sobre todo H. H. von Arnim no se cansaría de ver en lo que respecta a este punto un medio frente a la indiferencia política y los manejos de los partidos estatales[94].

La Comisión-Simposio de Trabajo para la Reforma Constitucional ha rechazado 1976 propuestas de modificación –en mi recuerdo por unanimidad–, ya que esto conducía a la "des-racionalización" de las decisiones políticas y llevaba a más daños que beneficios para el sistema parlamentario representativo[95]. También la Comisión Constitucional conjunta ha rechazado la inserción de formas plebiscitarias por mayoría[96]; en el *Bundestag* y en el *Bundesrat* no ha cambiado nada, si bien una mayoría considerable se ha pronunciado a favor del referéndum y el plebiscito respecto a materias legislativas, salvando –al igual que el artículo 73.4 de la Constitución del *Reich* Alemán de 11 de agosto de 1919– las materias sobre cuestiones financieras[97]. También en la población

---

[90] W. WEBER, *Weimarer Verfassung und Bonner Grundgesetz*, 1949, p. 16, 22.

[91] H.V MANGOLDT, *Das Bonner Grundgesetz*, 1ª edición, 1953, art. 20. Advertencia 4.

[92] Véase, respecto a la Comisión-simposio de Trabajo para la reforma constitucional, la cuestión 3/76, pp. 47 y ss., particularmente 52 y ss. En cuanto a la Comisión Constitucional conjunta, véase el informe de la Comisión, Publicaciones del Bundestag 12/6000, p. 83 y ss.

[93] Prueba de P. BADURA, "Thesen zur Verfassungsreform in Deutschland", en, *Festschrift für K. Redeker*, 1993, p. 120.

[94] *Zuletzt Staat ohne Diener*, 1993.

[95] Véase la cuestión 3/76, pp. 53 y ss.

[96] Véase, respecto a esto, el informe de la Comisión, Publicaciones del Bundestag 12/6000, pp. 83 y ss.

[97] Respecto a la Constitución del Reich Alemán de 11 de agosto de 1919, véase G. ANSCHÜTZ, *Die Verfassung des Deutschen Reichs vom 11 August 1919*, 14ª edición, 1933, artículo

misma se oyeron voces, sobre todo desde algunos "foros de opinión", invocando la maduración democrática lograda y la posibilidad de decisión popular de muchos *Länder*, frente a la mediatización absoluta del pueblo a través de los partidos. En un nivel federal se pueden desaconsejar tales plebiscitos. Mi punto de vista expresado en la Comisión-simposio, se inclina a pensar que los elementos de democracia directa no fortalecen la estructura representativa parlamentaria, sino que la debilitan. De hecho, está afirmación no ha sido rebatida tras 20 años con nuevos argumentos. Respecto a la fundamentación basta indicar lo siguiente:

- ¿Cómo se debe integrar el consentimiento federal?
- ¿Puede el Tribunal Constitucional Federal, ante una determinada y eventual inconstitucionalidad, declarar nula una ley ratificada de esa manera soberana?
- ¿Puede el Parlamento corregir la ley ratificada, si se confirma después su inconveniencia?
- ¿Pueden plantearse cuestiones complicadas y difíciles, que la gran mayoría de las veces requieren de un tratamiento pormenorizado, a través de un simple sí - no?
- ¿Cabe la posibilidad de decidir ciertas cuestiones, después de una larga reflexión del Parlamento, con una fácil salida, apelando al pueblo?
- ¿No se fortalecería realmente el Estado de partidos, por lo menos en el nivel federal, y, en realidad, sólo los grandes partidos tendrían capacidad para organizar un plebiscito?

Los motivos en orden a un rechazo son también notablemente importantes y se han de tener en cuenta sobre todo respecto a lo que se pueda esperar de los instrumentos plebiscitarios. Por el acto de la elección es el pueblo la instancia de apelación perfecta. Aquí se puede exigir una participación más fuerte del pueblo. Las rígidas listas de partidos no tienen que ser la última palabra en el

73, advertencia 10. Respecto a la adopción de elementos plebiscitarios en la Ley Fundamental, véase el resultado de la votación en el Bundestag, informe taquigráfico del Bundestag 238, sesión de 30 de junio de 1994.

derecho a la representación proporcional, como enseña Baviera[98]. Parece ser también importante que la política de partidos se ocupe poco de sí misma y escuche más las preocupaciones que mueven al pueblo; esto tiene validez en particular con vistas a las población de los nuevos *Länder*. No pueden crecer aparte, sino desde una misma base. La Constitución de la libertad y la economía social de mercado tiene que encontrar el mismo éxito en el Este y en el Oeste. La democracia de partidos es un problema de calidad, y la calidad se resuelve sobre la capacidad funcional y la posibilidad de confianza en el sistema de gobierno parlamentario, lo que es imprescindible para los partidos políticos. La fuerza adhesiva, no sólo de los partidos políticos, sino también de las confesiones importantes y sindicatos ha disminuido de modo notable. Aquí hay algo que hacer, tratar de recuperar la confianza perdida.

III. He empezado con el recuerdo de los comienzos de la Conferencia de Bitburgo. Permítanme, aún una vez más, volver hacia atrás, esta vez a la Alemania anterior a los años 50 y a los hombres de esta tierra. Ellos y su Estado sangraban por todas las heridas. Desaliento, desesperación y espanto marcaban el ánimo. Hoy han cicatrizado estas heridas, pero se abrirán otras. Los factores de perturbación en el trabajo parlamentario han sido grandes tras las elecciones de 16 de octubre de 1994 en muchas cuestiones y también en el vocabulario político[99]. También hay motivos de inquietud respecto al estado de ánimo de la sociedad: Ideologías igualitaristas exageradas de fuerte matiz, un potencial de pretensiones inadecuadas frente al Estado, un rechazo frente a la formación de elites en la escuela y la universidad, caracterizan en gran medida el ambiente. Partidos y Parlamento se ocupan demasiado de sí mismos y sus resultados malogrados; a menudo agregan a los antiguos fallos supuestas nuevas correcciones. Entre Este y Oeste falta aún la consonancia interior, difieren aún. Esta tiene que ser nuestra meta, fomentar el optimismo y fortalecer la fuerza de los incentivos en todas las áreas. Se tienen que abordar los temas sustanciales de la política alemana –reducción del desempleo a través de la aseguración del auge económico, garantía de la estabilidad social e interior, así como del futuro

[98] Véase la propuesta de la Comisión-simposio de trabajo para la reforma constitucional respecto a la cuestión 3/76, pp. 19 y ss; 61 y ss.

[99] Neue Zürcher Zeitung de 20./21 de noviembre de 1994 –tele-emisión –términos registrados, en los cuales se titula a los respectivos adversarios políticos como "tuberculoso", " montón de estiércol", o "el pillo cazador de ratas del Berlín oriental", por citar sólo algunos. La lista se puede alargar.

de Europa–. Así puede contribuir la Ley Fundamental como una Constitución de la libertad y del Estado de Derecho democrático. Yo afirmo desde el más íntimo convencimiento, que es una buena Constitución, en cuyas afirmaciones fundamentales se puede encontrar todo. El gran triunfo sobre la falta de libertad y la dictadura de hace 5 años no puede perderse.

GÉNESIS Y EVOLUCIÓN DEL CONSTITUCIONALISMO AMERICANO-EUROPEO: ALGUNOS COMENTARIOS SOBRE ASPECTOS FUNDAMENTALES*

Por Klaus Stern

SUMARIO. 1. El Estado constitucional y la noción de Constitución.- 2. Derechos humanos y básicos.- 3. Garantía de la Ley constitucional.

1. EL ESTADO CONSTITUCIONAL Y LA NOCIÓN DE CONSTITUCIÓN

El Estado absoluto que surgió de las guerras religiosas en Europa durante los siglos XVI y XVII supuso una profunda transformación. En un largo y difícil proceso político, social y jurídico se desarrolló el Estado constitucional, en otras palabras, un Estado cuyas estructura, funciones y límites en relación con el ciudadano individual están determinados por un sistema jurídico basado en principios fundamentales específicos. Ese Estado constitucional se ha vuelto, tras el paso de doscientos años, la quintaesencia de muchas entidades políticas y el elemento natural de nuestra filosofía política. Este es el motivo por el que nos esforzamos por hacer de esto parte de la estructura organizativa de la comunidad de naciones, aunque somos conscientes de que en el mundo ciertamente se lesionan en muchas ocasiones principios anejos a esta concep-

---

* Conferencia pronunciada en la Facultad de Derecho de la Universidad de Sudáfrica (a invitación del Instituto de Derecho comparado y extranjero) el 26 de febrero de 1985. Inicialmente publicado en *The Comparative and International Law Journal of Southern Africa,* july 1985, pp. 185 y ss.

ción del Estado basado en la libertad y el imperio de la ley. Tan convencidos estamos de que el Estado constitucional es el mejor marco posible para una sociedad, que debemos esforzarnos al máximo constantemente para justificar esta realidad esencial.

En las antiguas naciones, como en las de Europa, una Constitución es, en palabras de Hegel, "el trabajo de siglos, la noción y el conocimiento hasta el que se ha desarrollado lo racional en una nación". En el nuevo mundo, los arquitectos del Estado constitucional no podían basarse en la sustancia histórica del pueblo. Tuvieron que recurrir a las ideas, los conocimientos y logros del viejo mundo. Sin embargo, eran indudablemente esas mismas peculiaridades de la construcción estatal *–élan vital–* en el territorio virgen junto con la comedida tradición política europea, las que infundieron cierta virilidad en la concepción del Estado constitucional para poder aparecer como la gran perspectiva para el futuro. Como escribió James Madison en el periódico *The Federalist*, que apareció en el proceso constitucional estadounidense y también vendría a tratar aspectos teóricos del constitucionalismo; el Estado constitucional pasaría a ser "la reflexión más importante para la naturaleza humana". Es en todo caso seguro que, desde el comienzo del Estado constitucional estadounidense hacia adelante, la palabra escrita de la ley se conformaría sobre la base de principios específicos, o, en palabras de Immanuel Kant, en la "idea irresistible" de que el poder ejecutivo debe estar ligado al imperio de la ley y que su legitimación debe ser de naturaleza constitucional. Si bien esta primera premisa en que se basa el Estado constitucional vio la luz del día en los Estados Unidos, la mayoría de aquellos que colaboraron en su desarrollo conceptual tenían sus orígenes en casi todas naciones de Europa. Desde la antigua Grecia hasta el presente, la evolución del Estado constitucional resultó ser la historia de los intentos por establecer una base legal para la autoridad del Estado y asegurar para el ciudadano una vida en libertad en una sociedad gobernada bajo el imperio de la ley. El *imperium absolutum* tenía que ser reemplazado por el *imperium limitatum*.

También sería crucial para la creación del Estado constitucional el concepto de la Constitución como base suprema de las normas fundamentales y que suelen ser consagradas en un instrumento constitucional especial.

Existe una intención perspicaz que trata de identificar la noción moderna de Constitución con la obra de los filósofos clásicos que se remontan a Aristóteles. Ahora bien, en su pensamiento, como en el de Platón, hay ciertamente diferencias entre el concepto del Estado como principio legal de gobierno respecto al orden en la sociedad y la ley "normal", la "Constitución" de Aristóteles revela ante todo una forma de gobierno. No obstante, había muchas formas de gobierno. Él no era consciente de la singularidad de este tipo de "Estado constitucional". El abogado romano, como destaca Cicerón concretamente en *De Republica*, también estaba preocupado con las formas de gobierno, con el establecimiento de una mejor Constitución material, pero no tenían conocimiento de una calidad especial de los preceptos legales como aspecto fundamental de la Constitución y como tipo específico del Estado.

Las señales más claras de esta toma de conocimiento se han de buscar en ciertas teorías expuestas durante la Edad Media. La idea de la soberanía del pueblo, que había sido inherente a la tradición germánica, de una sociedad en la que gobierno debe tener también una base legal y en la que el poder (como también el eclesiástico) tiene que ser limitado a través de la ley, no se había desvanecido totalmente. En las épocas siguientes, sin embargo, este sentido de gobierno se limita por el *jus naturale* o *jus divinum* (después también por el *jus gentium*) y da paso al Estado absoluto, la omnipotencia del reinado despótico. La autoridad soberana simplemente se arroga a sí misma poderes ilimitados.

No obstante, no podemos dejar de mencionar a dos grandes personalidades ciertamente modernas del medioevo, cuyas doctrinas se pueden comprender como precursoras del constitucionalismo: Marsilio de Padua y Nicolás de Cusa.

Para el *Defensor Pacis* ya se encuentra una *lex* que dirige el modo de conducción de la autoridad autocrática. Nicolás era más explícito, al declarar que el Papa está limitado por los *canones* y el Emperador por las *leges imperiales*. Pero estas leyes todavía eran derivadas principalmente de contratos o del Derecho natural, y en todo caso no eran leyes creadas por una institución especial de la autoridad del Estado. Ahora bien, una vez que surge el concepto de una ley fundamental superior ya estaba trazado el camino.

Christian Wolf en su *Jus Naturae methodo scientifica petraetatum*, describe las *leges fundamentales* como estatutos en los que quedan fuera las cuestiones jurisdiccionales de las cuestiones legislativas y en los que *ad modum habendi et tenendi imperium pertinent*, y que eran vinculantes para el gobernante en el ejercicio de su autoridad gubernativa. No obstante, las leyes fundamentales, como indica el propio uso del plural, por el momento no representan una decisión concertada en la estructura básica de la sociedad, que implique el conocimiento del Estado como la cristalización de la teoría constitucional. Eran a decir verdad una red de garantías de los derechos y privilegios con respecto a la propiedad, las reglas que gobernaban la sucesión al trono, cuestiones de organización y libertad religiosa, que debían su existencia más a sucesos determinados de la historia que a un plan metódico y en los que, sobre todo, no era perceptible ningún acuerdo en cuestiones que requerían ciertas bases. Esta era la realidad no sólo respecto a las *leges fundamentales* del Imperio Germánico, sino también en cuanto a ciertas garantías de derechos específicos que habían sido establecidas en otros países y que han sido tradicionalmente consideradas como los primeros documentos constitucionales. Por ejemplo, la Carta de León de 1188, la Carta Magna de 1215, la *Kulmer Handfeste* de 1233, y la *Joyeuse Entrée* de los Países Bajos de 1356.

Solamente dos de estos instrumentos eran en cierto modo una excepción: el "*agreement of the people*" y el "*instrument of government*" de la Inglaterra de Cromwell. Si bien estos pactos fueron efímeros, el concepto del Estado constitucional moderno se va acentuando, cien años antes del inicio de la lucha por la idea constitucional en los Estados Unidos. Tal Constitución sería considerada como la expresión concreta del modelo de perfección de una sociedad gobernada por leyes, no hombres, como dijo James Harrington, reflejando el punto de vista de los filósofos clásicos.

En ese momento, la teoría constitucional no había reconocido inmediatamente el sentido de este concepto. Gregory of Tours, ya había usado ciertamente el termino "*Constitutio*" respecto a las *leges fundamentales* en su *De Republica*, publicada en 1578, sin embargo su forma de gobierno, del mismo modo que tiempo después Locke, Pufendorf y otros, continua dentro del tipo básico de derecho vinculado a su sentido natural o contractual.

Los elementos en los que se justifica la autoridad aún no habían sido "descubiertos" como base de la Constitución.

En mi opinión, ese punto crucial, en cierto sentido siguiendo la línea de pensamiento de Montesquieu, lo encontramos principalmente en la teoría del jurista de Génova Emerich de Vattel, quien, en la famosa tercera carta del primer volumen de su *Droit des gens ou Principes de la Loi Naturelle* de 1758, definió la noción y la esencia de la Constitución en un sentido moderno, como instrumento al que se subordina toda autoridad estatal, entendiendo la "nación" como el cuerpo creador de la Constitución: "*Il est... manifeste que la nation est en plein droit de former elle-même sa Constitution...*".

Por lo tanto, la idea moderna de la Constitución y su aparición como *pouvoir constituant* especial había sido expresada en la teoría pero aún no puesta en práctica. Ello se conseguiría en el Nuevo Mundo, antes de la proclamación por el abate Sieyès en la Asamblea Nacional francesa.

De vez en cuando uno está inclinado a pensar en las primeras Cartas del siglo XVII, tales como la *Connecticut,* Nueva Jersey, *Rhode Island, Pennsyilvania, Maryland, Massachussets y Delaware*, como un adelanto muy importante. Esto, en mi opinión, es verdadero solamente en cierto modo. Desde cierta perspectiva podemos observar que tienen un carácter solo superficialmente constitucional. Había un tipo formal de ley básica que era en parte el resultado de decisiones que implicaban al pueblo, pero el Derecho inglés continuaba en un nivel superior, es decir, realmente las colonias reconocían la soberanía del Parlamento inglés. El concepto de la Constitución tal y como lo conocemos hoy no se establecería definitivamente en Nueva Inglaterra hasta después de 1776.

En el último tercio del siglo XVIII el poder ilimitado se exigiría por los propios colonos. Por otra parte, durante mucho tiempo sus derechos básicos fueron no tanto comprendidos como derechos del ciudadano inglés, sino como derechos humanos y civiles referidos a un *status* especial sancionado judicialmente en la Constitución. Sólo con este punto llega a tomar sustancia el concepto moderno de Constitución. Con el deseo de las Colonias de llegar a la independencia, a saber, una consecuencia lógica de la historia, estos tres grandes ideales se harían realidad en América, apelando además a las antiguas tradiciones.

La mayoría de las Constituciones estatales, además de la Constitución de la Unión de 1787, introducen la idea de la "voz" del pueblo como elemento de creación de la Constitución que define las obligaciones y límites del poder gubernamental. "Solamente la autoridad expresa del pueblo puede otorgar la necesaria validez a la Constitución", como diría James Madison en *The Federalist*. El Estado era conformado como una democracia de participación en la toma de decisiones y la propia Constitución se comprende como un acto de creación jurídica de nivel superior, cuya autoridad nace por la decisión directa del pueblo. El establecimiento de una Constitución es el ejercicio de la soberanía popular y, dado este origen, goza de un rango más alto que cualquier otro tipo de autoridad. El gobierno de la Constitución sustituye al gobierno por voluntad. Sin embargo, no todo es la soberanía pura del pueblo, sino la soberanía constitucionalizada del pueblo, es decir, limitada ante todo por los derechos básicos.

2. DERECHOS HUMANOS Y BÁSICOS

Las Constituciones existentes hasta los comienzos del siglo XVIII habían sido concebidas desde el punto de vista de los poderes dirigentes, y el hecho de que las *leges fundamentales* o Cartas de libertad contuvieran ciertos "derechos de carácter meritorio", privilegios de clase u otro tipo de garantías, da igual. Esos derechos no eran derechos subjetivos y supremos sino que en gran parte conformaban garantías concedidas simplemente por la autoridad gubernamental. La Constitución "verdadera" y perfecta no existe, sin embargo, hasta que se establece el *status* básico del individuo en sociedad, y en particular, sus derechos subjetivos fundamentales en relación con la autoridad estatal. La independencia constituida a través de la soberanía del pueblo depende también de la libertad y del imperio de la ley como ingredientes elementales de la democracia. En la Constitución moderna las premisas generales del hombre como ser humano y ciudadano tuvieron que llegar a hacerse realidad.

Este paso de incorporación de los derechos del hombre en Derecho positivo como reflejo de su personalidad y dignidad también apareció por primera vez con la Constitución americana. Lo que importaba, sin embargo, no era tanto la propia codificación de los derechos fundamentales –que hasta cierto punto estaba ya cubierta con la Declaración de Derechos inglesa– como el hecho de que los principios de la organización estatal y las subsiguientes libertades individuales estuviesen, en esencia, conformados conjuntamente y uno sobre otro. Constitución y derechos fundamentales se estructuraban, de la misma manera, en limitaciones normativas de la autoridad gubernamental. Es la síntesis de los dos lo que confiere sobre la Constitución la dignidad verdadera del Derecho fundamental, integrándose como fundamentos del Estado.

La idea del *pouvoir constituant* del pueblo y la codificación de los derechos humanos y civiles se consideran a menudo, como dijo por ejemplo E. Zweig, "las dos manifestaciones de una misma atmósfera espiritual". Consecuentemente, es muy apropiado buscar explicaciones de los derechos básicos a partir de muchas ideas religiosas, filosóficas, antropológicas, éticas y políticas, como el cristianismo, el Derecho natural, el humanismo, la ilustración, el individualismo y, por supuesto, en el propio constitucionalismo liberal y democrático, que tuvo un papel decisivo.

En los inicios de la evolución de la relación entre los derechos básicos y la sociedad, el Estado era, quizás contradictoriamente, característica del tira y afloja del hombre *versus* Estado, en palabras de Richard Thoma, lo cual cambió visiblemente con la institucionalización de estos derechos como Derecho positivo en las Constituciones de los Estados. Libertades básicas y derechos han llegado así a ser expresiones fundamentales de constitucionalidad. También, dado su origen "*antérieurs et superieurs aux lois positives*", han llegado a ser un elemento esencial de las Constituciones nacionales. Sin ellos, de acuerdo con articulo 16 de la Declaración Francesa de los Derechos del hombre y del ciudadano de 26 de agosto de 1789, el Estado no tiene ninguna Constitución. Aquellos derechos se convirtieron en "la base y fundamentación del Gobierno", como expresaba la famosa *Bill of Rights* de Virginia. Esta transformación asombrosa desde la independencia al Derecho positivo que se plasma en la Constitución (la máxima de que no puede haber verdadera Constitución sin protección de los derechos básicos) requiere de estudio más exhaustivo.

Si observo de modo correcto la línea histórica y conceptual del desarrollo de los derechos básicos, hay tres períodos principales y distintos: una fase inicial que duró aproximadamente hasta el año 1600, un período provisional que termina con la Declaración de Derechos del Congreso Continental de Filadelfia en 1774, y otro paso que encontramos en las declaraciones de derechos de los Estados de Nueva Inglaterra. Hasta el siglo XVII descubrimos solamente un débil contorno en los derechos fundamentales en forma de restricciones objetivas del poder real, privilegios, derechos de los terratenientes y, como máximo, algunas libertades. Incluso las Cartas no contenían la libertad individual como principio. El período provisional del siglo XVII queda marcado por fundamentos espirituales, religiosos y filosóficos de la libertad y los derechos naturales del hombre. De esas ideas emergieron estas garantías significativas de los derechos fundamentales y libertades de los Estados ingleses, y respecto de todos los ciudadanos ingleses: la *Petition of Rights* de 1628; el *Habeas Corpus Act* de 1679, y la *Bill of Rights* de 1689. Los estudios del momento, las publicaciones y discusiones teóricas establecieron la base intelectual y científica para la creación de los derechos fundamentales. Una necesidad que mencionan Hobbes, Milton, Coke y Locke. También era importante en este periodo la nueva percepción del Derecho natural por parte de los escritores holandeses, alemanes y franceses como Hugo Grocio, Samuel Pufendorf, Christian Wolff.

El desarrollo de teorías conceptuales en esta época llega a ser crucial respecto a los conflictos constitucionales que aparecen a finales del siglo XVIII. Prepararon el terreno para la conexión posterior a 1776 entre las nociones de derechos básicos y de estructura fundamental del Estado, en la forma de una Constitución escrita superior a las leyes parlamentarias y a la autoridad.

Como ya sabemos, surgiría una animada discusión entre Georg Jellinek y Emile Boutmy respecto al mayor valor de los documentos que lanzarían la idea de los derechos fundamentales a su marcha triunfal dentro de los futuros documentos constitucionales del mundo; la Declaración de Derechos de Virginia promulgada el 12 de junio de 1776 y la Declaración de los Derechos del Hombre y del Ciudadano de 26 de agosto de 1789.

Retrospectivamente, esta argumentación sobre la prioridad de los textos no merece que se le dedique mucho más tiempo. Ahora bien, quizás la Declaración francesa generó impulsos más fuertes en Europa, pero en términos de desarrollo histórico y de relevancia jurídica los documentos constitucionales americanos llegaron a ser mucho más concluyentes y traerían la consolidación de lo que se denominan "derechos constitucionales básicos". Es a este constitucionalismo y no a la abstracción de los derechos básicos franceses a quien pertenecería el futuro.

Los padres de la Constitución americana se plantearon una visión global diferente. Querían sustituir las teorías abstractas y filosóficas de los derechos fundamentales y de los derechos naturales o derechos de nacimiento del ciudadano inglés por derechos constitucionales para todos, que éstos pudiesen ser fácilmente comprendidos, interpretados o aplicados y, sobre todo, recurribles como principios válidos de la ley en contraposición a las típicas exigencias de la autoridad. Algunos de estos derechos serían incorporados a la Constitución y en otros casos fueron vinculados a ella como una especie de declaración de derechos. La mencionada Declaración de Derechos de Virginia llegó a ser la más famosa, pero quizás la más completa y estructurada fue la Constitución de Massachussets. La primera contenía una declaración de derechos, la segunda un marco de gobierno. Sus autores expresaron las intenciones que perseguían con el siguiente comentario: "Entendemos que una Constitución tiene como razón de ser la intención de conformar un sistema de principios establecidos para asegurar el disfrute y la posesión de los derechos y garantías contra cualquier usurpación de la clase gobernante".

Intentando dar respuesta a cómo ocurrió todo aquello, cómo aquél pueblo, aquella joven nación de americanos llegó a prestar este servicio fundamental y totalmente determinante para la evolución del Estado constitucional moderno, lo importante, en mi opinión, es tratar de considerar los siguientes puntos.

Al principio los colonos se consideraban a sí mismos como ciudadanos ingleses leales y se amparaban en sus derechos de nacimiento como ingleses, que se derivaban de las leyes fundamentales. El primer código de leyes americano aparecería en 1687 bajo el significativo título de "*The Excellent Priviledge of Liberty and Property, being the Birthright of the Free-born Subjects of England*". Los "derechos absolutos principales", es decir, los derechos de propiedad, como reconocía William Blackstone en sus *Commentaries on the Laws of England*, jugaban un papel importantísimo. Debemos recordar que estos derechos no eran de una categoría más alta, sino la propia "ley común de la colonia", que el Parlamento podía denegar en virtud de su soberanía.

Los derechos originales ingleses tenían pues validez, no obstante, sólo en tanto el pueblo permanecía leal a Inglaterra y no violaba sus leyes. Desde el momento en que apareció la posible intención de establecer su propio Estado, aquellos derechos dejaban de tener su fundamento. No tuvieron ya ningún sentido una vez que la Corona los había anulado deteniendo a los colonos, imponiendo restricciones comerciales y subiendo los impuestos. Si el propósito era ya crear un Estado independiente de Inglaterra, donde los derechos pudieran garantizarse, era necesario desarrollar, desde esos derechos ingleses, nuevos derechos que pudieran ejercitarse por cada individuo y que fueran superiores incluso a un Derecho puramente estatutario. Una antigua idea europea probaba la reconducción de esa transformación: El Derecho natural como ley suprema que obligaba a toda la autoridad gubernamental, y los subsiguientes derechos "naturales" de todo ciudadano, incluyendo el derecho a oponerse al uso ilegitimado del poder ejecutivo.

El modo en que el concepto europeo de ley natural fue recibido en América fue sorprendente, sobre todo si tenemos en cuenta su pérdida de importancia en la propia Europa, pero esto es explicable. Los juristas americanos conocían las obras de Altusio, Grocio, Locke, Pufendorf y Wollf, por mencionar sólo a los más importantes. Habría que recordar a este respecto el magnífico trabajo sobre el derecho medieval de Otto von Gierke. Esto les permitiría crear unos conceptos de ley natural, racional y colectiva comprensible para sus compatriotas, pues los colonos tenían una visión mucho más abierta de todas estas ideas que los europeos, cuyo pensamiento estaba obstruido por una compleja red de trabas y obligaciones. Todo tipo de confesiones religiosas encontraron causa común en la ley natural. También los jueces americanos estaban inclinados a invocar las leyes de la naturaleza y la razón ante la falta de un precedente estatutario. Por tanto, los americanos fueron capaces de deducir de la ley natural un argumento convincente de que los derechos que habían sido violados eran precisamente los derechos originales de cada individuo, derivados de la propia naturaleza del hombre y que el poder no podía en ningún caso dejar a un lado, fuese la Corona inglesa o el nuevo Estado americano al que se pretendía llegar. Declarando su fe en la ley natural los colonos fueron capaces al mismo tiempo de imbuir a los derechos humanos un valor espiritual expansivo. Su influencia llegaría más allá de las costas de Norteamérica y conseguir apoyos en otros lugares.

La antigua tradición europea no fue suficiente en sí misma para crear un Derecho básico manifiestamente de tipo constitucional. Este fin requería de un segundo paso, que en realidad sería el único que desencadenaría la revolución constitucional; los derechos anteriores y superiores del hombre tenían que ser codificados de forma inequívoca y fuera de toda duda. Tenían que conformarse como derechos del individuo que, en tanto ley superior y de rango constitucional, llegaran a constituirse en garantías jurídicamente obligatorias para toda la autoridad. Los derechos humanos derivados de la ley natural tenían que convertirse en genuinas leyes fundamentales como fundamentos del cuerpo político. El objeto era otorgar a estos derechos la categoría de "fundamentos del gobierno", como se había ya expresado en la " *Great Charter of fundamentells*" establecida por el oeste de Nueva Jersey en 1677, si bien sólo tuvo una vigencia de diez años. Estos derechos elementales tenían que encontrar su fuente como derechos en los niveles más altos de autoridad constitucional de la nación y ser ellos mismos derechos de la Constitución.

Si la Constitución tenía que ser la ley por excelencia del legislativo, del mismo modo todos los derechos principales tenían que ser parte integral del instrumento constitucional en orden a que éstos también adquirieran la cualidad de ley suprema. Estos derechos habían sido primero derechos naturales y pasaban a ser derechos con rango constitucional, derechos establecidos constitucionalmente. Estaban conformados así como derechos positivos, que al estar contenidos en la Constitución, no estaban a disposición del Gobierno. La Constitución, aparte de definir la estructura básica del Estado, incorporaba la proclamación, garantía y protección de los derechos individuales y del ciudadano para su relación personal, social y política con la autoridad estatal. En este sentido, los derechos aseguraban los principios fundamentales materiales del Estado constitucional. Estos garantizaban los derechos subjetivos para la mayoría de los individuos, en especial las libertades de los ciudadanos, por lo tanto, ante su lesión requerían de una mayor protección. Además, hay que tener en cuenta que al mismo tiempo se habían conformado en reglas constitucionales que representaban los principios básicos de una sociedad basada en la ley objetiva, dirigida por valores normativos. A través de la incorporación de los derechos fundamentales en la ley constitucional el constitucionalismo, basado en valores de sociedad, se fue transformando en un constitucionalismo de derechos fundamentales y dio así al Estado una nueva base material para su legitimación. Desde entonces el principio guía para toda Constitución fue la necesidad de incorporar los derechos fundamentales. Estos eran "el corazón de toda Constitución", como dijo el Juez Earl Warren, o, en expresión del Tribunal Constitucional Federal alemán, "elementos esenciales de la estructura constitucional a los que no se puede renunciar". La ley natural, la Teología, la Filosofía y la teoría fueron suplantadas por la realidad jurídica. Los derechos humanos como categoría metapositiva se transformaron en derechos básicos e instituciones de la ley positiva.

Con el establecimiento de una Constitución que comprende los derechos fundamentales y partiendo del Estado como autoridad jurídica suprema, el Estado tiene que pasar a ser el Estado constitucional, es decir, un Estado que sólo pueda ejercitar la autoridad dentro de los límites y de acuerdo con la Constitución, respetando al máximo los derechos fundamentales del individuo. No es pues la existencia constitucional del Estado como tal el hecho que marcó una época, sino el carácter específico de la Constitución y su contenido material como sistema jurídico básico que determina el cuerpo político *in toto*. En el Estado constitucional la soberanía ha llegado a un nivel de madurez superior a la de cualquier otra forma anterior de gobierno.

Uno puede dudar que jamás llegue a existir un sistema socio político de validez absoluta universal y eterna, pero el Estado constitucional democrático orientado a los derechos básicos y a las libertades ha sido una fuente de muchos éxitos durante sus doscientos años de evolución, que ha llegado a ser un marco para salvaguardar los principios y valores tradicionales, como también capaz de establecer un consenso entre los miembros de la sociedad, basado en la experiencia histórica y los conceptos racionales. Desde luego, esto justifica un artículo como el 79.3 de la Ley Fundamental de Alemania, que delimita las cuestiones intocables constituyentes de la nación.

La Constitución de tipo normativo que surgió en los últimos treinta años del siglo XVIII es, en palabras de W. Kägi en su *Die Verfassung als rechtliche Grundordnung des Staates*, "la expresión de un Estado ético que considera al individuo respecto al Estado de forma seria y no sólo en términos de su vida en sociedad, teniendo en cuenta su existencia política, como persona que comparte su responsabilidad con otros y se implica en procesos de decisión, no observándole simplemente como un objeto político. Además prueba que la autoridad estatal parte de una perspectiva humana, es decir, como una institución pública que entiende al individuo como depositario mismo de la sociedad, al cual no puede mirar como una propiedad suya desde una actitud de poder exenta de reglas y que por fuerza conduce en última instancia a un destino fatal".

3. GARANTÍA DE LA LEY CONSTITUCIONAL

Obviamente, la Constitución sólo puede ser la ley fundamental del Estado constitucional si aquellas expresiones de la autoridad gubernamental que son contrarias a ella no adquieren validez. La cuestión del *status* superior de la Constitución suscita inevitablemente también la pregunta de la garantía de los principios de la ley constitucional. Por tanto, se necesita un guardián de la Constitución para reafirmar su autoridad. La cuestión está en donde se puede encontrar sin caer en el círculo vicioso que tanto preocupaba a los antiguos filósofos: *¿Quis custodiet ipsos custodes*?

De acuerdo a los estudios más prestigiosos y recientes de Derecho constitucional europeo y americano, la garantía judicial de la primacía de la Constitución es una lógica de la propia Constitución. Así, con una lógica jurídica incontestable, Hans Kelsen destacaba que "una Constitución bajo actos inconstitucionales y especialmente leyes inconstitucionales, también tiene que mantener su vigencia precisamente porque esa inconstitucionalidad la sitúa en el camino de su derogación... mucho más que su posible enjuiciamiento"; la misma posición toma el francés Maurice Hauriou y el italiano Giorgio del Vecchio. Bajo la Constitución, tal y como la vemos hoy, la noción de decisión judicial de inconstitucionalidad se da por sentada. Pero ¿dónde está el original de esa noción y cuándo se estableció por primera vez? En Alemania, por ejemplo, no fue una cuestión obvia, inicialmente, y la Constitución no era reconocida como superior a la ley.

En la opinión de una de las grandes autoridades americanas en Derecho constitucional, Charles Howard McIlwain, la "*judicial review* no es tanto una invención americana, sino que realmente es algo tan antiguo como el propio constitucionalismo, sin lo cual no se hubiera podido mantener". Sin embargo, el constitucionalismo real, como hemos visto, aparece primero en los Estados Unidos de América. El concepto básico del constitucionalismo monárquico o parlamentario era diferente. Durante mucho tiempo, primero el Rey, luego el Presidente de la República o el Parlamento, era el garante de la Constitución, a pesar de que de vez en cuando la legitimación judicial tenga, en teoría, prioridad sobre la autoridad política. Aquí podemos traer a colación el Derecho constitucional de la época de Weimar en Alemania (similar a otros gobiernos constitucionales de la época en Europa) y cuestionarnos: ¿Son los tribunales los guardianes de la Constitución?

A mediados del siglo XIX, Robert von Mohl dirigió un estudio altamente científico y comparativo de la trascendencia de las leyes constitucionales y si los juzgados tenían jurisdicción para revisar los actos del Parlamento respecto a su constitucionalidad. Observó que "hasta ahora han sido casi exclusivamente los expertos americanos los únicos que han tratado esta materia en profundidad... sólo poco a poco han empezado a hablar los europeos sobre esta cuestión, sobre todo en Bélgica y Alemania."

Alexander Hamilton en *The Federalist* número 78 publicado en 1788, expuso las razones principales de por qué los juzgados deben ser guardianes de la Constitución y deben tener poder para declarar nulas las leyes inconexas con ella. Según él esto deriva de la "naturaleza y razón de su objeto". Hamilton no da fuentes y sólo se remite al "célebre" Montesquieu, pero le menciona sólo para ilustrar cómo la autoridad judicial era la más frágil en la que se supone que se puede confiar para la protección de los derechos constitucionales y del ciudadano. No obstante, Hamilton no se distingue a sí mismo como el descubridor de las consecuencias que se derivan del principio de primacía de la Constitución. Frecuentemente él mencionaba que tan sólo mostraba argumentos obvios y doctrinas de otros. Por tanto, tenemos que mirar más atrás en el tiempo.

En 1610 el juez inglés Sir Edward Coke decidió de una manera distinta un caso importante que concernía al Dr. Bonham; a su juicio, el Derecho común controla los actos del Parlamento y caso de que tales actos estuvieran en contra del Derecho común y la razón tenían que considerarse nulos. Coke recurrió a "nuestros libros" pero sin mencionar sus fuentes. Con excepción de algunas reglas de ciertos tribunales antiguos, él probablemente se refería a aquellos manuscritos medievales según los cuales los actos de soberanía que no observan los límites de la ley natural estaban vacías, y eran nulos y no comprometían a nadie. Argumentó que tales leyes serían inválidas si no pudieran fundamentarse en el Derecho común y la razón, o si eran "repugnantes o imposibles de llevar a cabo", si bien él no hacía referencia a su inconstitucionalidad. Así vemos que el Derecho común sería considerado como la expresión del derecho y la razón, pero no de la Constitución.

El famoso dictamen de Coke no ganó aceptación en Inglaterra, sin embargo, renacería cien años después en la disputa sobre la *Septennial Act.* La razón de esto estaba quizás en el hecho de que Coke cambió la peluca de juez por la de parlamentario (una inversión de roles que sería muy controvertida en Alemania), por lo que esta idea pasó a un segundo plano. (Como un miembro de la oposición, sin embargo, llegó a ser también una gran amenaza para el Rey que aspiraba a la Monarquia más absoluta). La idea crucial es que la ley inglesa no acepta una diferencia en el *status* entre la ley constitucional y la de tipo estatutario. El Parlamento conforma el poder supremo. "La soberanía y el legislativo son términos convertibles", esa es la cita de William Blackstone en sus famosos *Commentaries on the Laws of England.*

Ahora bien, una vez conocido el fallo de Coke tenía que resucitar alguna vez triunfalmente sobre el suelo americano. Como apunta Charles Grove Haines, en 1914, en su estudio sobre el origen, fundamentos y evolución de la doctrina americana de la *judicial review,* "sería la resistencia a la autoridad inglesa la que llevó a la Revolución Norteamericana y dio lugar a la concepción de una ley fundamental, como también a la idea de los derechos naturales individuales del pueblo y alentó a los jueces a entender su protección como una misión propia. La doctrina de que había leyes superiores a las que la totalidad de la legislación se debe ajustar fue defendida por James Otis". Otis, abogado en Boston, defendía a los comerciantes contra las autoridades aduaneras aproximadamente 150 años después de la sentencia de Coke, invocando, *inter alia*, el fallo en el caso Bonham y afirmando que "los actos contra la Constitución son nulos". El término "inconstitucional" sería usado poco después por él y otros abogados americanos, especialmente en referencia a la *Stamp Act* de 1765. Se puso de moda en los Estados de Nueva Inglaterra y se convirtió en un instrumento importante en la lucha por la independencia americana. Es verdad que la independencia se consiguió por la fuerza de las armas, pero esa lucha haría ver que se trataba más de una revolución constitucional, para ser más exactos; la evolución sobre la trascendencia y el *status* de una Constitución en la vida de una nación. En cualquier caso los argumentos jurídicos jugaron un papel más importante y la teoría de la *judicial review* llegaría a ser sumamente popular. Aunque los desarrollos iniciales habían señalado esa dirección, la *judicial review* era, a fin de cuentas, un producto de la última parte del siglo XVIII y se reafirmaría por primera vez en los Estados Unidos, sin desmentir aquel ingrediente inicial europeo.

James Otis, un estudiante de la Universidad de Harvard, era un hombre educado que, como afirmaba su publicación "*The Rights of the British colonies asserted and proved* ", conocía la obra de Grocio, Locke, Pufendorf, Montesquieu y Vattel. Se ha dicho incluso que, a su juicio, un jurista erudito debería tener siempre un manual de Derecho natural y otro de Filosofía moral en su escritorio. No sorprende, por lo tanto, que él considerara el principio de invalidez de las leyes inconstitucionales como Derecho natural, de gentes y de razón divina.

Algunos de los tribunales coloniales habían asumido la línea de pensamiento de Otis y declararon la *Stamp Act* inconstitucional e inaplicable, pero al principio no había sido aún conformado completamente. Primero tenían que establecer el reconocimiento de la supremacía de la Constitución y de la autoridad constitucional del pueblo, pues los derechos fundamentales estaban englobados en las constituciones de los Estados fundadores de la Unión como derechos constitucionales de los ciudadanos. Este principio se establecería toscamente en el período entre 1774 y 1803. Podemos citar a Haines otra vez, "fue en este período en el que la doctrina americana de la *judicial review* sobre la legislación se anunciaría y aceptaría formalmente como una característica del Derecho público de los Estados federales y de la nación. El surgimiento gradual del principio de que las Constituciones son leyes fundamentales con un carácter sagrado y peculiar, la limitación de la legislación, de la Constitución como límite de autoridad y la consideración de los tribunales como guardianes especiales de las leyes superiores, pueden observarse en la evolución de las ideas políticas que llevan desde la separación del Imperio Británico hasta el establecimiento de un Estado independiente en América".

En la famosa decisión unánime de la Corte Suprema de John Marshall, en febrero 1803, se ve como el origen de la *judicial review* de las leyes el examen de su constitucionalidad y su nulidad ante su contradicción con la Constitución. Pero esa decisión marcó en realidad el final de un desarrollo que había comenzado casi treinta años antes y que había prevalecido sobre el sistema jurídico inglés. A pesar de todo, Marshall le dio al *judicial review* el carácter de principio fundamental que ostentaría en el futuro Derecho constitucional americano.

Los tribunales de los Estados federales que formarían después la Unión ya habían examinado actos legislativos respecto a su compatibilidad con las Constituciones de los Estados federales. Cierto número de estos casos se sucedieron en la Corte Suprema del Estado Virginia, Nueva Jersey, Nueva York, Connecticut, *Rhode Island*, Carolina del Norte y Massachusetts. La literatura constitucional americana no excluyó la posibilidad de que se pudieran encontrar instancias similares. No es necesario ningún estudio detallado respecto de si tales decisiones en todos estos casos proporcionaron razones convincentes. Lo importante es que los jueces no aceptaban los actos parlamentarios sin la posibilidad de su revisión. Esta tendencia continuó después de la entrada en vigor de la Constitución de la Unión de 1787 y la *Judiciary Act* de 1789. Los tribunales de otros Estados hicieron lo mismo.

Así, aunque la Corte Suprema ejercitaba la *judicial review*, como también los juzgados estatales, se enfatizó en varias ocasiones anteriores a 1803, que los actos contrarios a la Constitución eran completamente nulos, los argumentos finales serían formulados en 1803 por John Marshall. Están basados en esencia sobre dos simples pero excelentes perspicacias:

Porque la Constitución es la ley suprema que se basa en la voluntad del pueblo y se constituye en el límite de toda la autoridad gubernamental, ante la que las leyes de menor rango deben ceder en caso de contradicción. No es jurídicamente válido, no se considera una ley, y por lo tanto, no puede ser aplicada por los tribunales como intérpretes autorizados y guardianes de la ley, y en particular de la Constitución.

En la disputa política sumamente feroz sobre esa decisión de la Corte Suprema, se señaló en varias ocasiones que la posibilidad de la *judicial review* sobre las leyes respecto a su constitucionalidad era una cuestión superflua o había sido creado artificialmente, o incluso que había sido un manifiesto puramente político del Presidente de la Corte Suprema, quien anteriormente había estado involucrado en políticas de partido. Quizás encontremos alguna evidencia para considerar esta opinión, pero la decisión ganó confianza tanto en la jurisprudencia como en la práctica de gobierno y fue el factor más influyente para conformar el Derecho constitucional americano, si bien con alguna oposición. Hoy se considera uno de los núcleos del Derecho constitucional americano: "esa opinión es precisamente el principio del sistema constitucional americano", lo cual es una opinión general. Hoy ya no hay ningún desacuerdo sobre el este principio, si acaso simplemente sobre los criterios de aplicación.

Tuvo que pasar casi un siglo, sin embargo, para que los científicos del Derecho dedicasen aún mayor atención al tema de la *judicial review* y sobre los jueces como guardianes de la Constitución. Quizás pueda verse la razón en el hecho de que para algunos era una norma, mientras que para otros era demasiado poco común que se volviera a suceder una situación que desde hacia más de cincuenta años no había vuelto a ocurrir, y que dio lugar a que la Corte Suprema ejercitara su derecho a la *judicial review* declarando una ley nula. Pero el Poder Judicial llegó a su clímax en los años treinta en relación con la legislación *New Deal* de Franklin D. Roosevelt, que pasaría después a través de una fase crítica, decayó bruscamente, y volvió enérgicamente ya en los sesenta y setenta.

En Alemania, tuvo que pasar más de un siglo después de la llegada del constitucionalismo moderno para que la *judicial review* respecto a los actos parlamentarios y su constitucionalidad llegara a ser la práctica habitual. El proceso evolutivo iniciado con la decisión de la Corte Suprema del *Reich* de 4 noviembre de 1925 sería mucho más pausado y sólo recibió impulso por parte de los científicos del Derecho. El grado de consistencia entre los fundamentos aclaratorios de los jueces americanos y de los argumentos conformados en Alemania es a veces considerable, ahora bien, sin llegar a deducir de esto una similitud de carácter jurídico como la que se puede hacer hoy en día (aunque esto no se suele hacer). Nuestra Ley Fundamental ha confirmado *expressis verbis* en la Constitución la nulidad por inconstitucionalidad y ha conformado el Tribunal Constitucional con autoridad para declarar actos de este tipo nulos y sin efecto.

Lo que en América fue una simple deducción de la Constitución, que por cierto celebrará su bicentenario muy pronto y que estaba basada en muchos argumentos y principios, se ha expandido a la Constitución de nuestro país y a otros muchos otros países de Europa Occidental, como Austria, Italia, España, Portugal, y Francia. En este sentido, la jurisdicción constitucional ha resultado ser la consumación del Estado constitucional. No es solamente la lógica de la Constitución y su base jurídica suprema, como ya he dicho, sino también una lógica de la relación entre el ciudadano y su Estado que es regulada a través de los derechos fundamentales por los que han luchado amargamente.

LA LEY FUNDAMENTAL DE BONN EN EL MARCO DE UNA VISIÓN CONSTITUCIONAL EUROPEA COMPARADA*

Señoras y señores, estimados alumnas y alumnos,

"No se puede atravesar dos veces por el mismo río", diría Heráclito, el filosofo griego conocido con el sobrenombre de "el oscuro". Ahora estoy por tercera vez ante la Sociedad Jurídica de Berlín y sólo puedo decir –como usted ya ha hecho claramente, Señor Presidente del Parlamento Municipal– que este es un lugar especial para pronunciar un discurso, precisamente ante el Tribunal Supremo de lo Contencioso-Administrativo, lugar en el que, hace cierto tiempo, se reunía la Sociedad Jurídica de Berlín. Éste ha sido, además, mi compromiso desde 1962 hasta 1966/67. Con ello, también conseguí una mayor relación con esta ciudad, que por entonces aún estaba dividida y hoy, afortunadamente, es una ciudad nuevamente unida. Por eso estaba claro para mí que iba a aceptar su invitación *Herr Präsident Dr. Schmidt*, aun cuando no tenía en mi agenda de trabajo en ningún caso elaborar una conferencia. Algunos de ustedes saben por las noticias que precisamente estoy a punto de terminar el tomo V de mi *Staatsrecht*, que se dedica a los fundamentos históricos del Derecho político alemán y, por tanto, reflejo algunas cuestiones de lo que aquí, en esta casa y aún más en todo Berlín, ha pasado. Aparecerá en noviembre y en él se llega a encontrar al pueblo de Berlín, por el que manifiesto tanto cariño.

* La conferencia se pronunciaría en estilo libre. El estilo de la misma se ha mantenido. La documentación se encuentra en el tomo V del "*Staatsrechts der Bundesrepublik Deutschland*" de 1999, y en el artículo "*Ausstrahlungswirkung des Grundgesetzes auf ausländische Verfassungen*" [Efecto de influencia de la Ley Fundamental en las Constituciones extranjeras] para el Congreso Constitucional de Bonn "50 años de la República Federal de Alemania – pruebas y desafíos. La Constitución ante el futuro".

I.

Si hoy hablo sobre el tema "La Ley Fundamental de Bonn en el marco de una visión constitucional europea comparada", está claro que quiero reseñar con ello dos reflexiones: en primer lugar, el 50 aniversario de nuestra Constitución y, en segundo lugar, la integración de esta Constitución en el sistema constitucional europeo. En los últimos días se han pronunciado por el aniversario de la Ley Fundamental muchos discursos y se han escrito muchos artículos, buenos y menos buenos; ahora deben ustedes escuchar una conferencia más. Esto podría ser ciertamente lo normal. Por este motivo prefiero decir más bien poco de la Ley Fundamental y me concentraré más en lo que la Ley Fundamental ha significado y aún significa para las Constituciones europeas.

Hemos pues de festejar los 50 años de nuestra Constitución, una primicia para Alemania; pues no siempre hemos tenido tanta suerte con nuestras Constituciones históricas como ahora con la Ley Fundamental. Hagamos memoria: La Constitución del *Reich* de 1849, la Constitución de la Iglesia de San Pablo (*Paulskirchen*), prácticamente no entró en vigor; la Constitución de *Weimar* de 1919, que dura poco menos de 14 años, tampoco; la Constitución del *Reich* alemán de 1871 ha alcanzado la duración de la Ley fundamental. El 50 cumpleaños de una Constitución podemos verlo por consiguiente, en nuestra agitada vida, perfectamente como una excepción. No sorprende, precisamente por eso, que la Ley Fundamental haya recibido tantos elogios, aunque, desde luego, éstos no le hayan acompañado desde su nacimiento en 1948/1949.

Debemos pensar que las condiciones de éxito para la Ley Fundamental en 1948/1949 eran francamente malas. Pero la Constitución se desarrolló muy bien. Alemania en 1948/1949 estaba dividida. La Ley Fundamental se consideraba como algo provisional o, como muchos mejor preveían, como transitoria (*Theodor Heuss*). En cualquier caso, era una Constitución que surgía en un tiempo difícil, en el que el pueblo estaba en la miseria y en el que además teníamos que dirigir la mirada al Telón de Acero, que tenía aspecto de estar aún peor que la Alemania del Oeste. En junio de 1947 el Presidente del Gobierno alemán en la Conferencia de Munich no lograría conseguir nada para la unión de Alemania. El Presidente del Gobierno de la zona ocupada soviética había prohibido prácticamente en la Administración militar soviética la negociación de la unidad alemana, o negociar sobre cuestiones que llevaran de una u otra forma a la relación con ella.

La fracasada Conferencia de los Presidentes de Gobierno y la "Guerra Fría" que se desató entre el Oeste y el Este, llevaron a que en 1948 los aliados occidentales decidieran la creación de un "Estado del Oeste". Éste se debía conformar sobre los *Länder*, que por entonces ya existían como tales. La asistencia de los Estados Unidos de Norteamérica era sobre todo lo más importante para el surgimiento de la Ley Fundamental y de la República Federal de Alemania. Tenemos que agradecer mucho esta ayuda y apoyo, no sólo en cuanto a lo material, sino también en el plano ideal. No en vano fueron la Constitución de los Estados Unidos y otras Constituciones europeas, como, por ejemplo, la de Italia o Suiza, adonde algunos miembros del Consejo Parlamentario habían emigrado, modelo para algunos puntos de la Ley Fundamental. Para el catálogo de derechos fundamentales jugó también un papel determinante la Declaración Universal de Derechos del Hombre de 10 de diciembre de 1948. En este sentido se quería comprender la Ley Fundamental como una Constitución de reorganización del Estado alemán, que no olvidaba la historia, pero que también quería ir hacia el futuro con decisión. Usted, *Herr Präsident* del Parlamento Municipal de Berlín ya lo ha subrayado: el Estado social de Derecho, la democracia liberal y los derechos fundamentales eran entonces el gran eslogan que resurgía e infundía esperanza para todos. Esto lo ha conseguido la Ley Fundamental, sin ninguna duda.

Aun cuando constatemos el hecho de que la Ley Fundamental ha experimentado 46 leyes de reforma (*Änderungsgesetze*), concebidas sobre un total de 100 artículos respecto a los 146 iniciales, afectando a poco menos que 50 artículos, podemos afirmar que no han supuesto cambios estructurales en el sistema, ni en la organización básica de la Ley Fundamental. Había además numerosos modelos en ciertos aspectos que podían haber conformado en su momento una Constitución más completada, modelos en el sentido de que no pudieron ser reglamentados en 1949, por un lado, a causa de las imposiciones aliadas y, por otro, ante la expectativa –ya hemos citado la relación fallida de Berlín– a la que quedaba sujeta. Esto supuso además muchas adaptaciones imprescindibles en el transcurso del tiempo. Yo puedo citar, por ejemplo, las cuestiones de defensa en la Constitución, que en 1956 tuvieron que ser insertadas como un gran bloque en la Ley Fundamental, o además las cuestiones referidas al estado de emergencia en 1968. También quiero recordar que tendríamos asimismo numerosas modificaciones respecto a aspectos presupuestarios y financieros, los más importantes en 1969. Estas inserciones han retocado importantes áreas constitucionales y han reglamentado modificaciones básicas en las relaciones Estado-*Länder*, sin embargo, finalmente, no han variado la estructura fundamental de la Constitución.

Bajo la consideración de numerosos y pequeños cambios o adaptaciones quiero también citar las reglamentaciones referidas a Europa en los años 90, a saber, sobre todo los aspectos del artículo 23 de la Ley Fundamental, en su nueva redacción; también los artículos 28.1 y 88 de la Ley Fundamental se modificaron en la dirección fijada por el Tratado de *Maastricht*. Con carácter previo se llevarían a cabo las modificaciones relativas a la reunificación: del Preámbulo, del artículo 146 y la supresión del artículo 23 de la Ley Fundamental en su antigua redacción, así como de una importante serie de otros artículos. No se tocaría la Ley Fundamental en su sustancia, si bien el aumento del peso del voto de los cuatro grandes y "viejos" *Länder* en el *Bundesrat* no había gustado a los pequeños, en especial a los nuevos *Länder*.

Sería determinante para Alemania en 1990 algo más: Es a la Ley Fundamental, a la que los hombres de los restablecidos "nuevos" *Länder*, que también de algún modo tenían una larga tradición, dieron su aprobación. La Declaración de Ingreso dice expresamente: "Nos adherimos a la Ley Fundamental". Lo normal es que pueda adherirse un Estado, pero no queda tan claro lo mismo respecto a una Constitución. La consecuencia del artículo 23 en su antigua redacción era esencial, ya que la Ley Fundamental, a causa de esta adhesión, tendría validez también en la Alemania unida.

Finalmente, llegaría un momento ciertamente peculiar, comprendiendo también modificaciones en el área de los derechos fundamentales: los artículos 16, 16.a y 13 se modificarían en 1998 y 1999, después de que fueran modificados los artículos 10 y 19.4 de la Ley Fundamental ya en 1968. No eran cambios pequeños, eran cambios realmente prolijos, que en cierto modo incluyen una reglamentación de aplicación en el texto constitucional. Quiero remarcar esto: que la actividad constitucional de estos inicios no necesariamente se encontraba a la altura del constituyente de 1948/1949. Se podría aún decir mucho sobre estas cuestiones, sin embargo, por ahora tienen que quedar aparte las críticas.

En el círculo de las modificaciones constitucionales abordadas o puestas en práctica es de recordar también que ambas comisiones estaban dirigidas a realizar reformas constitucionales fundamentales. En los años 70 fue la Comisión-simposio de Trabajo para la Reforma constitucional, la que dejó aún más claro el carácter constitucional de la Ley Fundamental, su probada eficacia y que por tanto no necesita ningún cambio fundamental. La Comisión Conjunta para la Reforma Constitucional del *Bundestag* y *Bundesrat* ha supuesto, tras la reunificación en los años 90, grandes cambios. Sin embargo, no ha cambiado nada la sustancia esencial de la Ley Fundamental. En resumen, podemos decir: bien es verdad que la Ley Fundamental no es la de antes, pero en la sustancia sigue siendo la Ley Fundamental, tal y como sería creada en 1949.

En el transcurso de los muchos actos celebrados con ocasión del aniversario de la Ley Fundamental, recientemente, en el Congreso Constitucional celebrado en *Bonn* en el Ministerio Federal de Interior, ha planteado en este sentido *Grimm* algunas cuestiones: "¿Ha satisfecho las exigencias la Ley Fundamental? ¿Cuales son los criterios de calidad de una Constitución?" Él opina, con cierto matiz crítico, que la Ley Fundamental podrá hacer ya poco más teniendo en cuenta la modernidad actual, y añade: "Su fulgor, a saber, su valía y su fuerza de validez ya no es tan evidente". "La política –añade–, se ha nivelado en el camino al lado de la Constitución, sobre todo, en el ámbito *Bund / Länder*." También *von Arnim* ha descrito hace pocos días en el "*Welt am Sonntag*", que se ha desarrollado bajo la Ley Fundamental una nueva Constitución, una Constitución de la Constitución.

Yo opino que este matiz crítico ni acierta respecto al estilo de la Ley Fundamental ni en su función. Para mí queda acreditado el buen resultado de la Constitución y, sobre todo, también como Constitución aceptada por el pueblo, en cuyos fundamentos desde entonces han sido llevadas a cabo muchas elecciones al *Bundestag*, que ha superado todo tipo de incidentes y la ha legitimado ante el pueblo. Por lo tanto las discusiones sobre la necesidad de una votación popular respecto a la Constitución no son convenientes. Sin embargo –se ha señalado críticamente– la excelente calidad de la Constitución aún no significa que, contradictoriamente, el Estado tenga una buena Constitución. Aquí observo en efecto una fila de problemas políticos que se sitúan sobre todo en aspectos relativos a la globalización de la economía, la internacionalización de nuestros estados, pero además, por ejemplo, en el tema de la revolución tecnológica, en particular en el área de la comunicación. Aquí también cabe citar el tema de la reforma del sistema fiscal y de pensiones, el sistema educativo y, sobre todo, la lucha contra el desempleo. En realidad, la solución de estas grandes y difíciles tareas no es un tema de la Constitución y su reforma. En este sentido, la Constitución no señala ningún límite. Esto depende de lo que los políticos responsables y el personal de dirección política hacen en conjunto respecto a estos problemas. Además, nosotros somos los responsables de la selección de políticos aptos para la resolución de las tareas planteadas y, asimismo, de la selección de los propios partidos políticos.

Cuando he oído o leído precisamente los discursos en Bonn o Berlín, los artículos de periódico y revistas especializadas con motivo del 50 aniversario de la Ley Fundamental, me parece que se han quedado cortos con las celebraciones oficiales: el contexto europeo en el que se sitúa la Ley Fundamental. No pienso ahora en los cambios jurídicos inducidos de carácter colectivo, como el caso de los artículos 23 y 88 de la Ley Fundamental o la posibilidad de participación con derecho a voto de los ciudadanos de la Unión en las elecciones municipales, sino en cuestiones como efectos de modelo, esto es, el efecto de influencia de la Ley Fundamental en otras constituciones, en particular las más recientes y recientísimas constituciones europeas. Respecto a esta temática me ocuparé a continuación. Quiero concentrarme hoy simplemente en Europa, a pesar de que es un hecho que la Ley Fundamental también juega un importante papel más allá del continente europeo, por ejemplo, para las constituciones de Sudáfrica o Namibia y para muchas otras constituciones de Sudamérica o Centroamérica, como también para los antiguos países de la Unión Soviética.

II.

En esta área podemos comprobar respecto a las últimas cinco décadas, dos fases en que las naciones europeas han visto como decisiva la Ley Fundamental en las modificaciones constitucionales o ante la aparición de nuevas constituciones. En parte, incluso, era corriente, como ha notado mi colega y amigo americano *Donald P. Kommers*, afirmar que la Ley Fundamental había reducido la Constitución americana como modelo de referencia. En la primera fase, en los años setenta, tomarían la Ley Fundamental como modelo Grecia, Portugal y España, que habían salido de periodos dictatoriales y transformarían sus Estados de gobierno totalitario en Estados libres y democráticos. En la segunda fase, ya avanzados los años ochenta y a comienzos de los noventa, se orientarían nuevamente en la Ley Fundamental los antiguos países socialistas y comunistas de centro Europa oriental, sobre todo, Hungría, Polonia, la República checa, Eslovaquia, Eslovenia, Croacia y los Estados Bálticos. La Ley Fundamental sería, como mínimo, escala comparativa, incluso en parte modelo en la asunción textual de formulaciones, de prescripciones constitucionales o, en cierto modo, como equivalente objetivo. En este sentido, quiero dejar claro a ustedes cuatro aspectos característicos: derechos fundamentales, democracia, Estado social de derecho y, el cuarto, la Jurisdicción Constitucional. Al final deseo tratar aún ciertas reflexiones sobre la homogeneidad constitucional europea.

1. Todas las nuevas constituciones en Europa contienen hoy amplios catálogos de derechos fundamentales, principalmente situados a la cabeza de la Constitución, para acentuar su más alto rango. Se vuelve, por lo visto, si se atiende a una reflexión de *Carl Schmit* sobre el origen de la Ley Fundamental, al sentido de que no sólo son un "apéndice" de la Constitución, sino que, por el contrario, "rigen" la Constitución.

Muchos países del sudeste, centro y del este europeo han englobado la protección de la dignidad humana en sus nuevas constituciones y, con ello, han adoptado su determinación valorativa primaria para la comprensión del individuo y el Estado. En este sentido, como modelo sirve frecuentemente el artículo 1.1 de la Ley Fundamental, cuya formulación en algunas ocasiones se ha recepcionado literalmente. También en el ámbito de los derechos de libertad individuales, que conforman el núcleo de la moderna protección del hombre y de los mismos derechos fundamentales, ha ofrecido la Ley Fundamental impulso para muchas de las nuevas constituciones. Asimismo podemos citar aquí el derecho fundamental al libre desarrollo de la personalidad (artículo 2.1 de la Ley Fundamental), que sería recepcionado en Grecia casi literalmente. También el "derecho fundamental a la autodeterminación informativa", derecho que el Tribunal Constitucional Federal deducía del artículo 2.1 en conexión con el artículo 1.1 de la Ley Fundamental, sería asegurado expresamente en muchas constituciones.

Del mismo modo, en la recepción de los derechos fundamentales relativos a la esfera democrática, muchas nuevas constituciones se orientan en la Ley Fundamental. Todos los Estados del sudeste, centro y del este europeo garantizan la libertad de expresión, de información y prensa, así como la libertad de reunión y asociación, cuyas formulaciones se han inspirado claramente en el artículo 5.1, 8.1 y 9.1 de la Ley Fundamental. Además, la libertad de información se ha conformado, en el marco en la onda constituyente más reciente, en muchas de las constituciones del centro y del este europeo, como derecho garantizado constitucionalmente a conseguir cierta información del Estado.

En gran parte y de modo similar a la Ley Fundamental, las nuevas constituciones contienen catálogos detallados de derechos fundamentales de carácter social y económico, si bien, a veces, no se conforman como derechos subjetivos. La fijación de los derechos fundamentales sociales podría ser atribuida también a la influencia de ciertas constituciones antiguas y se ha visto a veces como "herencia socialista".

Es claramente reconocible la influencia de las garantías de protección jurídica del artículo 19.4 de la Ley Fundamental en el Derecho constitucional extranjero. Muchas constituciones contienen este tipo de preceptos de tipo general, que abren vías jurídicas para el caso de que el individuo se sienta lesionado en sus derechos a través de un acto estatal. Para la mayoría de los países del centro y del este europeo esta amplia posibilidad de protección jurídica representa un *novum*, en tanto conforme a sus constituciones anteriores, el mencionado principio tenía sólo cierta validez, es decir, la protección judicial únicamente sería proporcionada sí era reconocida expresamente por ley.

Tan importante como la misma recepción jurídica singular, lo que no sorprende tanto a la vista de las raíces histórico-espirituales comunes de los derechos fundamentales en la cultura atlántico-europea, es la amplia y duradera adopción de la teoría general de los derechos fundamentales, sobre todo desde la perspectiva de las disposiciones básicas del artículo 19.1 y 2 de la Ley Fundamental, así como las diversas soluciones de la ciencia del Derecho político alemán y el Tribunal Constitucional Federal. En este sentido deben de ser expuestas desde la óptica de tres diferentes direcciones.

Primero: La concepción de la "doble función de los derechos fundamentales", conforme a la que los derechos fundamentales incluyen no sólo derechos subjetivos, sino también un contenido jurídico-objetivo, y que ha sido ampliamente recepcionada en el extranjero. Ambas funciones se han acentuado en cierta manera expresamente en las nuevas constituciones, por lo menos en lo que se refiere a la jurisprudencia de los distintos Tribunales Constitucionales.

Igualmente es reconocible y claro, en segundo lugar, la teoría de la *Drittwirkung der Grundrechte* (tercer efecto de los derechos fundamentales), desarrollada en la ciencia del Derecho político alemana y por el Tribunal Constitucional Federal, y concretamente, la influencia en el ámbito del Derecho privado, en particular en los nuevos ordenamientos constitucionales del sur de Europa. El Tribunal Constitucional español, por ejemplo, ha seguido también al Tribunal Constitucional Federal y a la literatura alemana en la interpretación relativa a un núcleo de cierto efecto mediato de los derechos fundamentales en las relaciones entre particulares. Incluso se ha empleado en España el concepto *Drittwirkung* para caracterizar esta cuestión.

En tercer lugar, encontramos la Ley Fundamental repetidas veces como imagen de principios jurídico constitucionales respecto a las posibilidades de restricción de los derechos fundamentales. Así se observan normativizadas en numerosas constituciones garantías del contenido esencial de los derechos que siguen el artículo 19.2 de la Ley Fundamental; en Portugal, España, Hungría, Polonia y Estonia, casi textualmente. Sin embargo, se encuentran también otras formulaciones, que reseñan la cuestión sin mayor referencia. La Constitución griega, por ejemplo, no contiene *expressis verbis*, ninguna determinación en el mismo sentido, si bien el concepto de garantía del contenido esencial ha hallado entrada a través de la jurisprudencia constitucional. En esta relación se habla también frecuentemente de la discusión teórica alemana sobre el contenido esencial "absoluto", o mejor dicho "relativo", respecto a la determinación de lesiones ilegítimas para la protección de derechos fundamentales.

Por otro lado, el principio de proporcionalidad ha encontrado también su sitio en todos los nuevos ordenamientos constitucionales del sudeste y centro de Europa. Las limitaciones jurídico fundamentales son particularmente constitucionales sólo cuando no implican un recorte excesivo y desmedido.

Aun cuando este principio no se considere expresamente en las constituciones, ha supuesto ciertamente su recepción en la práctica judicial-constitucional.

2. Tanto los países del sur como también del centro de Europa se identifican por sus constituciones asentadas en el principio democrático, lo que también la Ley Fundamental de Alemania sitúa como principio y base esencial muy definida. Muchas de las nuevas Constituciones normativizan el principio de democracia y de soberanía popular en una forma que se orienta claramente en el artículo 20.1 y 20.2 de la Ley Fundamental, a veces por medio del Preámbulo, pero, sobre todo, en disposiciones introductorias de organización. Todas estas nuevas constituciones se conforman como democracias parlamentarias, con ciertos matices presidenciales conforme al modelo francés, como por ejemplo Polonia, Checoslovaquia, Eslovaquia, Croacia, Letonia y Lituania. Respecto a los elementos plebiscitarios, estos se conocen en gran medida como lo hace la Ley Fundamental. Así puede plantearse, por ejemplo, en Polonia, por el Presidente o por el Parlamento el referéndum sobre "cuestiones de especial significación". Algunas constituciones van más allá y posibilitan además la iniciativa popular y la petición de referéndum. Esto podría ser motivo, también en Alemania, para reflexionar sobre la implantación de posibilidades plebiscitarias.

Ahora bien, la más fuerte influencia respecto al principio democrático la ha ejercido la Ley Fundamental en la nueva estructuración jurídica de la esencia de los partidos. En el devenir del proceso de sustitución del régimen de partido único a un sistema pluralista de partidos moderno estos países se orientan más o menos en la democracia de partidos característica de la Ley Fundamental. Muchos han adoptado el *status* jurídico constitucional de los partidos políticos como el que está fijado en el artículo 21.1 de la Ley Fundamental. En relación con esto se han recepcionado, también en la jurisprudencia del Tribunal Constitucional Federal, principios desarrollados sobre la financiación de los partidos y la igualdad de oportunidades de los partidos políticos. Gran numero de constituyentes han asimilado respecto a la protección de sus nuevamente restablecidos ordenamientos constitucionales también las ideas de una democracia con cierta capacidad de autodefensa.

3. Respecto a la clara influencia de la Ley Fundamental, hay que volver sobre todo a la adhesión expresa de las Constituciones del sudeste, centro y

oeste europeo sobre el Estado de derecho (*Rechtsstaat*) –cuyo carácter del término no tiene un equivalente exacto en lengua francesa o inglesa, sino sólo en cierto modo explicable– . La idea del Estado de derecho, en disociación con el Estado absoluto o el Estado injusto, pertenece, junto al principio democrático, a los conceptos clave de la organización estatal ante el paso de la forma de gobierno totalitario al Estado de libertades y al ordenamiento de sociedad. La vigencia de las garantías constitucionales y la justicia describen el principio de ordenación fundamental orientativo de la Ley Fundamental o, si lo queremos formular de modo simple y rápido, la sujeción de todo el poder del Estado a unos principios constitucionales determinantes; la separación de poderes, el principio de supremacía de la Constitución y las garantías de los derechos subjetivos exigibles por el individuo frente al Estado. Esta adhesión, conformada en el artículo 1.3 de la Ley Fundamental respecto a los derechos fundamentales en particular y en el artículo 20. 3 en general, se encuentra de forma similar en casi todas las nuevas constituciones. En este sentido, sería recepcionado también en el artículo 20.3 de la Ley Fundamental el principio de legalidad de la Administración en sus dos manifestaciones, a saber, como reserva de ley y como primacía de la ley. Conforme al abandono de las estructuras estatales de tipo comunista y socialista, construidas sobre la concentración del poder y centralización de la fuerza, garantizan las nuevas Constituciones de modo inequívoco el principio de separación de poderes, lo que significa dar un destacado papel, frente a *Montesquieu*, a la jurisdicción.

También el principio del Estado social –aunque en la Ley Fundamental se formula sólo en combinación con el Estado de derecho– ha encontrado eco en diferentes nuevas Constituciones del sudeste, centro y este europeo. Consecuentemente, junto a la normativización positiva de los derechos fundamentales sociales se han conformado, también como en la República Federal y expresamente como objetivo del Estado, aspectos como la seguridad social y justicia social como categorías fundamentales de la estatalidad social.

4. En el recorrido de vuelta de los Estados del sudeste, centro y oeste europeo a la comunidad jurídica de Estados democráticos, ha experimentado la jurisdicción constitucional de nuevo un progreso claro. Era ya en parte existente en tiempos del poder comunista, pero apenas clasificado como tribunal real en los llamados consejos constitucionales, conforme al principio de unidad del poder estatal y centrado en la representación nacional, era además poco

eficaz, por lo que tras el derrumbamiento del régimen totalitario este tipo de tribunales constitucionales debía de fortalecer de modo decisivo la constitucionalidad jurídica democrática. La jurisdicción constitucional alemana era a este respecto, casi en su totalidad, un modelo.

A favor de un Tribunal Constitucional, como institución independiente y potente, se han orientado en los años 70, Grecia, Portugal y España; fuerte como en el modelo alemán y austriaco. En el este de Europa, Polonia alcanzaba en el año 1982 –en aquel tiempo aún como país socialista pero esforzándose para el restablecimiento del Estado de derecho por el movimiento Solidaridad– una jurisdicción de garantías constitucionales, que, no obstante, comenzaría su actividad en 1986. Este Tribunal Constitucional ha sido reemplazado entretanto como consecuencia de la nueva Constitución de Polonia de 1997 por un Tribunal Constitucional abierto. La idea de la jurisdicción constitucional independiente ha formado mientras un cortejo triunfal por toda Europa oriental. No de otro modo han procedido Lituania y Letonia. Sólo la Constitución de Estonia prevé, por el contrario, –probablemente dada la influencia escandinava– un control de normas descentralizado conforme al modelo americano de la *Judicial Review*, por lo que todo tribunal queda habilitado y obligado para examinar la constitucionalidad de cada norma de relevancia resolutoria y para no aplicarla en caso de inconstitucionalidad.

El Tribunal Constitucional Federal Alemán sirve también como medida de orientación respecto del nombramiento del juez constitucional, si bien cada país ha ido por su propio camino. Los problemas delicados de una reglamentación adecuada en torno a la elección de miembros del Tribunal Constitucional son conocidos y, precisamente en Alemania, se han discutido mucho. Como órgano constitucional, el Tribunal Constitucional tiene interés en el proceso político, sobre todo en la cuestión del perfeccionamiento del Derecho constitucional; su legitimación democrática debe estar por encima de toda duda. Como parte del poder jurídico, debe ser un juez constitucional independiente. La mayoría de los nuevos Estados democráticos se han decidido prácticamente por la posibilidad de nombramiento del juez constitucional a través del órgano político. Sin embargo, sólo pocos han delegado la elección del juez únicamente al cuerpo legislativo conforme al modelo de la Ley Fundamental, como, por ejemplo, Portugal, Polonia, Hungría y Croacia. Según la mayoría de las nuevas Constituciones o de las leyes de los tribunales constitucionales, se ha incluido al Jefe del Estado en el proceso de elección, para limitar en la elección a través del Parlamento la influencia existente de fuerza de los partidos políticos. Se han encontrado al efecto diversas soluciones: en Eslovenia se ha admitido al Jefe del Estado un derecho de proposición, en España y Eslovaquia designan al juez constitucional principalmente a partir del Parlamento, en la República de Checoslovaquia sólo con su consentimiento. Algunas veces se hace participar incluso a la judicatura en el proceso de nombramiento, así por ejemplo, en Lituania, donde el Parlamento elige tres jueces constitucionales a propuesta del Presidente del Gobierno, del Presidente del Parlamento y del Presidente del Tribunal Supremo. Con estas formas de participación, diferenciadas por órganos no parlamentarios, estos países han logrado buenas experiencias en cuanto a la calidad de sus jueces constitucionales. Se debería reflexionar también en Alemania sobre estos modos de elección.

Los tribunales constitucionales han asumido la obligación de aseguramiento de la primacía de la Constitución dentro del ordenamiento jurídico. Para satisfacer este papel como guardián de la Constitución se ha dotado a estos recientes tribunales constitucionales, de la misma manera que en la jurisdicción constitucional alemana, de amplias competencias, muchas veces en catálogos de atribuciones detallados y en principios enumerados como en la cobertura de la Ley Fundamental y la legislación, con similitud también con el artículo 93.2 de la Ley Fundamental. La más importante atribución es a este respecto el control de la inconstitucionalidad de las leyes. En relación a esto algunos Tribunales se han desviado del modelo alemán cuando el Tribunal Constitucional no declara las normas inconstitucionales nulas *ex tunc*, sino que aboga, conforme a la teoría de la impugnabilidad austriaca, por una invalidez *ex nunc*. Desde un punto de vista práctico, tiene esta solución ventajas notables. Así, no son o tienen que ser revocados con base en su nulidad por inconstitucionalidad de modo general los actos ejecutivos derivados de una norma, sino sólo excepcionalmente. El Tribunal Constitucional puede determinar también los momentos de supresión de la norma en cada caso concreto.

La recepción más significativa en el ámbito de la jurisdicción constitucional es la previsión de defensa de la protección individual jurídico-constitucional a través del recurso de amparo conforme al modelo del artículo 93.1/4-a de la Ley Fundamental. De vez en cuando puede uno proceder no frente a ciertos actos de soberanía, sino sólo frente a actos de soberanía respecto a la ley que le sirve de base. Hay también, como en el Tribunal Constitucional Federal alemán una sobrecarga de trabajo en los tribunales constitucionales, así particularmente en España y Hungría.

III.

Los Estados europeos se encuentran en estos días ante un desafío extraordinario, que exige junto a la solución de la catástrofe de los Balcanes una reflexión sobre su identidad, sus raíces históricas comunes y su futuro político como Comunidad, que ha comprometido Derecho y cultura. El modelo de los Estados constitucionales que se ha impuesto tras la Segunda Guerra Mundial en el oeste de Europa, y que desde hace una década también ha encontrado propagación en gran medida al otro lado del Telón de Acero en diferentes Estados de la antigua Unión Soviética, puede significar también una importante contribución en este sentido. A veces se habla incluso del inicio de la hora mundial de los Estados constitucionales (*P. Häberle*). Esto puede parecer lejano, ya que observamos en gran parte del globo que el tipo de constitucionalidad estatal europeo-atlántica ha permanecido dispar. Sin embargo, no es tan inalcanzable. ¿Acaso no hablamos ya nosotros al tratar del desarrollo constitucional europeo de un Derecho constitucional de la Comunidad Europea? La comunidad cultural de valores de carácter histórico ha llegado a ser también una comunidad jurídica. Desde hace algún tiempo se conforma como un amplio ámbito jurídico europeo estricto, sobre todo en lo tocante a la jurisprudencia del Tribunal de Justicia de las Comunidades Europeas, el Tribunal Europeo de los Derechos Humanos, la ciencia jurídica europea y constitucional. También respecto a la jurisprudencia del Tribunal Constitucional Federal, muchas veces en referencia a "principios jurídicos generales" y "tradiciones constitucionales de los Estados miembros" o a una "cultura jurídica y tradición constitucional común europea" de muchos siglos. Una visión constitucional comparativa intensiva y sistemática tiene que llenar de vida este contenido, por ahora, aún algo abstracto. Ese análisis comparativo detallado de las constituciones europeas también supone una contribución esencial dentro del debate constitucional europeo de la actualidad, remarcando además las características comunes. Después de que se ha decidido acordar, aún en la época de los 15 miembros de la Unión Europea, el inicio de un nuevo nivel en el proceso preparatorio de la integración europea, se ha pensado asimismo en una futura Constitución Europea, una "Carta" europea o un Tratado constitucional, en tanto que se quiere ver, en mi opinión, no ya un tratado fundacional escueto, sobre todo en lo que se refiere a los principios democráticos y la concretización de derechos individuales. Si ha llegado el momento de una Constitución europea, es una cuestión que queda abierta. Sin embargo, es seguro: la amplia integración política en el marco de la Unión Europea presupone elementos concordantes ciertos en cada una de las constituciones de los Estados miembros; pues sólo una cultura jurídico-constitucional común puede llegar a formar el fundamento para una futura unión política y sobre todo para una *Constitutio Europaea.*

Junto a todas las diferencias de cada una de las constituciones estatales, por ejemplo, en el ámbito de la organización estatal donde se observa tanto el sistema federal como unitario, hay ahora, sin embargo, una mutua aproximación sobre todo en el marco de la Unión Europea a través del reconocimiento del regionalismo y la subsidiariedad, y se puede reconocer en los elementos del Derecho constitucional europeo común un *Jus Publicum Europaeum* comparable al antiguo Derecho romano. Esto tiene también validez particularmente respecto a las modificaciones jurídico constitucionales de los Estados de Europa oriental y central en su camino de vuelta a Europa. Así, en base a los avances en Inglaterra, los Estados Unidos de Norteamérica y Francia desde hace bastante más de dos siglos quedaría perfilado el Estado constitucional europeo de la Edad moderna, respondiendo, ya hoy, a la conformidad a los principios estatales constitucionales de la soberanía popular, la democracia, el Estado de derecho, la separación de poderes, los derechos humanos y los derechos fundamentales y su protección efectiva, de modo que la Constitución de Europa acerca por la base estas tradiciones comunes.

En este aspecto, la Ley Fundamental de la República Federal de Alemania ha significado una contribución importante de la que podemos sentirnos orgullosos los alemanes. Hace 50 años nadie se había atrevido a soñar una exportación jurídico constitucional alemana; pero el transcurso del tiempo ha desarrollado un efecto de magnetismo de la Ley Fundamental y hoy forma parte notable en la cultura jurídica europea, en la que tantas naciones han participado. Esto ha contribuido además a que se haya adelantado la europeización de los ordenamientos constitucionales nacionales; también ha impedido que el

Derecho constitucional haya languidecido respecto a la "jurisprudencia de los *Länder*", de lo que ya había advertido hace tiempo *Rudolph von Ihering*. Es al pintor *Oskar Kokoschka* a quien se le atribuye la observación de que Europa no será realmente nada geográfico, sino más bien una parte del mundo cultural. Cuidemos de que se llegue también, así, a una comunidad jurídica, sobre todo si se entiende el Derecho también como parte de la cultura.

DESARROLLO CONSTITUCIONAL UNIVERSAL Y NUEVAS CONSTITUCIONES*

Por Klaus Stern

Con gran satisfacción y gratitud he sido invitado de nuevo y por tercera vez a la Universidad de *Nihon*. Desde mi primera visita a Japón en 1987 he mantenido un estrecho contacto con mi colega y amigo el profesor Hiroaki Kobayashi. Asimismo, fue él mi invitado el pasado año en el simposio de Berlín "Diez años de la reunificación alemana". Soy muy afortunado al poder estar aquí precisamente un año después.

Lógicamente, no son sólo los vínculos personales las razones de mis contactos permanentes con Japón, sino también los puntos comunes de nuestras ciencias jurídicas, particularmente la ciencia del Derecho constitucional.

Japón y Alemania han conseguido después de la Segunda Guerra Mundial nuevas Constituciones, en 1946 y 1949. Japón se sitúa incluso junto con Francia e Italia a la cabeza en lo que a desarrollos constitucionales de posguerra se refiere. Alemania les siguió tres años después. Sin embargo, tendría dos Constituciones, ya que, como país vencido de la Segunda Guerra Mundial, fue dividido por las potencias vencedoras. Ahora, desde 1990, hay de nuevo una Constitución para la Alemania reunificada: La Ley Fundamental de la República Federal de Alemania.

Sin embargo, las Constituciones no fueron conformadas sólo por los vencidos tras 1945, sino también por las potencias vencedoras, en parte, incluso, en repetidas ocasiones. Europa oriental sería incluida en 1989 en el movimiento

---

* Ensayo publicado en la Revista *Comparative Law,* Vol. 18 (2001), Nihon University, Tokio.

jurídico estatal y constitucional de las democracias liberales. Consecuentemente, merece la pena echar un vistazo a los movimientos constitucionales y sus fundamentos en los últimos tres siglos. Es obvio que mis reflexiones se basarán preferentemente en el panorama ideológico europeo y norteamericano; debido a mi procedencia, sin embargo, de todos modos, son consideraciones generalmente aceptadas y, por tanto, también relevantes para Japón.

Después de que se hubieran desarrollado los Estados de la actualidad, desde finales del siglo XVI, tras las guerras de religión y las revoluciones, se pasaría al replanteamiento de las cuestiones desde la racionalidad, es decir, a los sólidos principios de los que se deriva el orden actual. En particular se trataba de ordenar el ejercicio del poder estatal conforme a normas y principios jurídicos. Como concepto de estas normas se recurre al concepto aristotélico de *politeia* y al concepto romano de *constitutio*, respectivamente. Modernamente se habla de Constitución, *Constitution*. Con este término se quiere aludir a la ley fundamental del Estado en forma escrita, que fija determinados principios jurídico-constitucionales orientativos y que está legitimada por un poder constituyente.

Esta moderna Constitución normativa se diferencia fundamentalmente de todas aquellas experiencias constitucionales anteriores, que eran conformadas en tratados, garantías jurídicas y pactos de limitaciones de poder. Tras el preludio de Oliver Cromwell en Inglaterra, surge la forma de Constitución moderna en los Estados de Nueva Inglaterra y posteriormente en los Estados Unidos de Norteamérica; particularmente, caben mencionar, *Pennsylvania* (1776), *Massachussets* (1780) y *New Hampshire* (1783). Este proceso tiene su momento culminante con la Constitución de la Unión de 1787, a la que se suma el importante suplemento de derechos fundamentales de 1789. Después se extiende este movimiento constitucional por Europa, con Polonia en mayo de 1791, Francia en septiembre de 1791, Suiza en 1798 y los Países Bajos en el mismo año. En el siglo XIX le seguirían España, Suecia, Noruega, numerosos Estados alemanes, Portugal, Bélgica, Cerdeña, Austria-Hungría, el Imperio Alemán, Turquía, Japón y otros. En el siglo XX podemos mencionar la existencia de Constituciones estatales a escala mundial. Hoy, de los 185 países que integran las Naciones Unidas, son pocos los que aún no poseen una carta constitucional escrita; en este sentido, podemos mencionar países como Gran Bretaña, Israel y Arabia Saudita. La idea constitucional está extendida como hecho universal; es global, mucho tiempo antes de la globalización de la economía. El filosofo alemán Inmanuel Kant decía que ésta llegaría a ser una "idea irreversible". A esto se enlazan un conjunto de varias cuestiones que deben ser consideradas a continuación:

I. ¿En qué fundamentos históricos, jurídicos y políticos se basa el movimiento constitucional?

II. ¿A qué principios tiene que obedecer una Constitución para ser válida como Constitución ideal?

III. ¿Qué funciones tiene que cumplir la Constitución moderna para hacer de un Estado un Estado constitucional?

En un IV epígrafe trataré de hacer un resumen.

I.

Los movimientos constitucionales los podemos reconocer ya en el mundo antiguo. Pero quedaban determinados sólo filosóficamente o teocráticamente y obtuvieron cierta realidad principalmente en cortos periodos, por ejemplo, con los hebreos, los griegos y romanos, sobre todo en su periodo republicano. Su estudio empieza a ser interesante para nosotros, a efectos del constitucionalismo moderno, con la Revolución puritana en Inglaterra. Este periodo está representado a través de documentos históricos significativos como el *Agreement of the people* (1639), el *Instrument of Government* (1653), el *Habeas-Corpus-Act* (1679), la *Bill of Rights* (1689) y el *Act of Settlement* (1701). No obstante, no sólo la madre patria Inglaterra experimentó la importante aparición de estas leyes constitucionales, sino también las colonias americanas, los llamados Estados de Nueva Inglaterra.

Respecto a la contribución teórico-espiritual de la idea constitucional pueden citarse los nombres de muchos pensadores europeos: Aristóteles, Bodino, Locke, Hobbes, Montesquieu, Pufendorf, Kant, Tocqueville, los autores americanos del *Federalist papers* y muchos otros. En sus reflexiones políticas, de ciencia política y Derecho público, era típico encontrar principios y pautas que pretendían ofrecer al Estado un ordenamiento seguro, razonable y de libertades civiles, como normas sólidas. La primera definición de la idea constitucional, en esencia aún hoy válida, proviene del teórico suizo y natural de Ginebra Emer de Vattel y de su obra aparecida en 1758 "*Droit des Gens*", concretamente en el Capítulo III § 27, *de la constitution de l'État*. "Constitución", escribe *Vattel*, "es la regulación fundamental que determina el género y modo en el que se debe ejercer la autoridad pública". A través de la Constitución se hace visible la forma bajo la que actúa la nación como cuerpo político, cómo y a través de quienes debe ser gobernado un pueblo y cuales son los derechos y obligaciones de los gobernantes. La Constitución no es nada más que la conformación del ordenamiento en el que una nación se asienta, la comunidad de fines y beneficios que la sociedad política desea alcanzar".

Consecuentemente, la Constitución debería determinar la organización fundamental del Estado, a saber, el ordenamiento jurídico básico. A éste le corresponde no sólo la organización fundamental del poder estatal, sino también la conformación de los derechos del hombre y del ciudadano frente al Estado. En este sentido, en la Francia de la gran Revolución, la Declaración de Derechos estaba ante un estatuto organizativo (*Organisationsstatut*). En el movimiento constitucional de los Estados Unidos de Norteamérica ocurre de modo similar. La *Bill of Rights* de Virginia y los derechos fundamentales de la Declaración de Independencia Americana se sitúan en ese momento ante la delineación organizativa constitucional.

En las Constituciones del siglo XIX encontramos ya ambas partes –derechos fundamentales y organización– como inseparables; esto también era efecto de la misma atmósfera espiritual, política y jurídica.

Una Constitución que se hubiera limitado tan sólo a contemplar la organización estatal habría permanecido como un residuo del Antiguo Régimen, es decir, un Estado que no ha depuesto su carácter absolutista y quiere establecer limitaciones de autoridad acá y allá.

La Constitución "auténtica" y completa existe solamente cuando en ella se encuentra contenida la posición básica del individuo en el Estado, en particular los derechos subjetivos fundamentales del hombre frente al poder estatal: los derechos fundamentales personales y de libertad política.

Ordenamiento de poder y de libertad no están en contradicción en una Constitución, sino en conexión inseparable. Son de contenido inseparable.

Esta relación dual en una carta constitucional normativa es la gran conquista del siglo XVIII. La forma constitucional antigua y clara de referencia a la organización se fundiría con la idea de los derechos fundamentales en una idea constitucional moderna. Tal síntesis caracteriza, desde entonces, el Estado constitucional moderno y empieza a expandirse como idea universal.

A principios del siglo XIX, organización estatal y derechos individuales no se conforman ya en dos partes, sino en una parte integral de la nueva Constitución. Una Constitución configurada de este modo es realmente una novedad en la teoría estatal y política. El concepto constitucional antiguo, referido a la organización del poder estatal, se enriquece a partir de ahora jurídico-materialmente. Con total razón podía afirmar el artículo 16 de la Declaración Francesa de los Derechos del Hombre y del Ciudadano de 26 de agosto de 1789: "*Toute société, dans laquelle la garantie des droits n'est pas assurée, ni la séparation des pouvoirs déterminée, n'a point de constitution.*"

La organización del Estado y el estatuto jurídico del ciudadano eran antes dos regímenes jurídicos separados, ahora son una unidad y se condicionan recíprocamente: los derechos fundamentales han llegado a ser parte del ordenamiento fundamental del Estado; el poder estatal dirige su práctica a través de los derechos fundamentales. Los derechos fundamentales llegan a ser simultáneamente "*basis and foundation of government*" y, con ello, pauta de toda la estatalidad. De este modo, el Estado ha llegado a ser Estado constitucional en un sentido pleno; un Estado que sólo de conformidad y dentro de los límites de la Constitución puede ejercer el poder estatal. No es sólo la configuración de Estado el hecho trascendente, sino la conformación constitucional bajo la inclusión de los derechos fundamentales. En este acto es observable el momento crucial de la trasformación del Estado. El Estado se transforma, por sí mismo y por la simple razón de Estado, en el Estado cuya razón se determina de forma total a través de la Constitución.

Los fundamentos político espirituales de esta Constitución moderna estaban en la idea de la soberanía popular, que tienen una dilatada historia, y en la idea de libertad, que también se remonta a unos fundamentos históricos profundos. La soberanía popular llevaría al poder constituyente del pueblo a una idea de libertad desde la catalogación de los derechos humanos y los derechos fundamentales. Una tercera idea radicaba en la consideración de que el poder del Estado debía ser *empire of laws and not of men*. En el marco de este principio obtenía la Constitución una particular dignidad, de modo que ésta debía ser no una ley modificable en cualquier momento, sino una "ley de leyes". Debía, ya que es norma inmediata atribuida al pueblo, tener también cierta supremacía, con la que tienen que estar en armonía todos los cambios del poder estatal, incluyendo las leyes. Este es el fundamento del principio del Estado de Derecho, cuya coronación ha sido después, sobre todo en la segunda mitad del siglo XX, la conformación de la jurisdicción constitucional, sobre la que luego volveremos a tratar.

II.

He mostrado, hasta el momento con la descripción de unas líneas muy aproximativas, el camino hasta la Constitución moderna. Hoy caracterizamos los principios en los que se basa la Constitución moderna por medio de conceptos clave; poder constituyente del pueblo, ordenamiento democrático, derechos fundamentales, libertad, igualdad, participación política, vigencia de las garantías constitucionales, Estado de Derecho y conformación de primacía, y su protección jurídica. Estos principios caracterizan la Constitución moderna ideal. Constituciones de este tipo forman un Estado como Estado constitucional real, es decir, en el que el poder está limitado y es legitimado por el pueblo.

Junto a esas posiciones constitucionales fundamentales las modernas Constituciones se han enriquecido progresivamente con otros componentes, así, por ejemplo, la difícil reforma de las Constituciones a efecto de impedir la intervención de mayorías parlamentarias simples. Además, sobre todo, se pueden mencionar las declaraciones relativas a las relaciones Estado-Iglesia (Religión), en Alemania y en Japón, por ejemplo, hay una posición contraria a una Iglesia oficial estatal. También se pueden citar, asimismo, prescripciones de nacionalidad, cuestiones respecto a la profesionalidad del funcionario, carácter de la federación y de los partidos, autonomía administrativa comunal, o para el aseguramiento de determinadas instituciones y similares. Últimamente también se observan obligaciones sociales del Estado, matizaciones culturales, medioambientales o de promoción de determinados objetivos, y que se manifiestan como esenciales para la comunidad. Uno habla en tal relación, de determinación de fines estatales a los que el Estado, particularmente el legislador, debe dar prioridad, pero que no suponen derechos del ciudadano como los derechos fundamentales.

La razón de esta diversidad político estatal en cada país es, precisamente, ese carácter de la Constitución moderna, que está en relación con su ya citada conformación de supremacía. Esto significa que el Derecho constitucional sólo puede ser modificado si se procede para ello con una mayoría cualificada del Parlamento, quizás una mayoría de dos tercios del número de componentes, como, por ejemplo, establece el artículo 79.2 de la Ley Fundamental de Alemania o el artículo 96 de la Constitución del Japón, a cuyo efecto todavía cabe plantearse un referéndum popular. Tal complejidad con respecto a la modificación es un signo de la Constitución, que dado su contenido se erige en el Estado como ley especial, como Ley Fundamental.

No obstante, hoy tiene que reconocerse con la creciente internacionalidad y la supranacionalidad de los Estados nacionales, que la supremacía de la Constitución en la pirámide normativa empieza a debilitarse. Para la Unión Europea tiene ya validez actualmente que el Derecho europeo posee prioridad de aplicación también frente al Derecho constitucional nacional. Cuestión que tenía también que aceptar el Tribunal Constitucional Federal alemán. De todos modos, optó por no recurrir a esta prioridad si era desatendido el estándar de derechos fundamentales indispensable y sobre todo los principios estructurales del Estado establecidos en el artículo 79. 3 de la Ley Fundamental (BVerfGE 89, 155 [174f., 188]). El artículo 79.3 de la Ley Fundamental trata de una disposición que prohíbe también al legislador reformar ciertos principios que menciona. Tampoco puede llegar a transferirse a las organizaciones supranacionales lo que la Ley Fundamental no permite, y no es, por consiguiente, competencia de la Comunidad. El artículo 23.1 de la Ley Fundamental conduce ahora a tal afirmación inequívocamente.

Con la inclusión de los Estados constitucionales europeos en la Unión de Estados europeos han surgido nuevos y complicados problemas en los Estados constitucionales nacionales, que esperan con impaciencia aún una solución. De entre estos forman parte principalmente las relaciones de los guardianes constitucionales nacionales, en Alemania, por ejemplo, el Tribunal Constitucional Federal alemán, respecto al Tribunal de las Comunidades Europeas. La caracterización escogida para esto por el Tribunal Constitucional Federal alemán como "relación de cooperación (BVerfGE 89. 155 [175]), deja abiertas muchas posibilidades de interpretación. Uno incluye también las atribuciones del Tribunal Europeo de Derechos Humanos para la protección de los derechos del hombre y las libertades fundamentales conforme al Convenio Europeo para la protección de los Derechos Humanos. Así queda claro que ya no se puede hablar más de una autarquía constitucional nacional.

La supranacionalidad europea no infravalora, sin embargo, la labor creativa constitucional de los legisladores constitucionales en los últimos tiempos. Sin embargo, la referencia de la actualidad señala a una homogeneidad constitucional global o, como mínimo, muy amplia, respecto a la que Europa ya ha alcanzado una alta proporción. Ésto no va referido sólo al oeste, centro y sur de Europa, sino, desde el cambio de 1989/1990, también al este y sudeste europeo, donde surgieron, por lo general, nuevas Constituciones o fueron revisadas fundamentalmente las antiguas Constituciones de las "democracias populares". Todas estas Constituciones se orientan hacia la democracia parlamentaria, el Estado social de derecho, la separación de poderes, un amplio catálogo de derechos fundamentales, la independencia del Poder Judicial y hacia la defensa de la Constitución a través de un Tribunal Constitucional.

III.

Existe cierto acuerdo sobre la significación, el rango y el contenido esencial de la Constitución moderna, pero se trata aún de determinar las funciones y obligaciones del Estado constitucional moderno. En esta temática está incluida, sobre todo, la cuestión de la efectividad de la Constitución. Para cumplir con su propio sentido, las Constituciones tienen que poseer carácter impositivo, no pueden ser mera decoración, es decir, existir sólo en apariencia, mientras en realidad dominan otras fuerzas en el Estado. En estas señales tiene que reflejar una Constitución determinadas funciones:

1. La Constitución tiene que atender a una función de orden. Esta característica la comparte con el conjunto del Derecho, y es su meta, proscribiendo la anarquía. La Constitución trata además de ser orden fundamental que da contenido y forma al Estado y le constituye en esencia de efectividad política. Debe dar lugar al *government by constitution* y ser la base de todo el ordenamiento jurídico. Ningún acto de soberanía puede estar en contradicción con ella. La Constitución debe de ser el "punto de Arquímedes" de todo el sistema jurídico.

No obstante, nunca puede ser la Constitución un orden cerrado, lo que se destaca a través del espíritu abierto y amplio de sus formulaciones; tiene que emplear cláusulas generales, las cuales han de completarse. En este sentido la Constitución ofrece cierta fuerza política, sobre todo al legislador, se trata de directivas y mandatos, también precisamente para la estructuración de la realidad social. Tal línea de fondo se encuentra en las Constituciones recientes a veces de forma bastante amplia, por ejemplo, respecto al orden económico, la protección del medio ambiente, el deporte y en otras áreas de actividades correspondientes al individuo y la sociedad. Los Estados de la actualidad no pueden ni quieren renunciar a ser Estados de carácter social. Tampoco quieren ser "Estados vigilantes". La Constitución moderna se ha declarado, por ello, a favor de un *pouvoir actif* del Estado y ha tomado esta posibilidad como criterio orientativo, si bien no siempre de modo preciso. Así, por ejemplo, la Ley Fundamental reconoce simplemente que la República Federal Alemana como un Estado social.

2. La Constitución debe poseer una función de estabilización; ella debe ser orden fundamental, por consiguiente, factor constante y de apoyo de la existencia estatal. Asimismo, la Constitución democrática no es exactamente la voluntad respectiva de una determinada mayoría, sino "la expresión de la voluntad popular constante y reafirmada, a la cual se ha llegado después de una amplia deliberación" (James Bryce). Las Constituciones son establecidas, pues, con carácter de permanencia e inviolabilidad. Para reforzar esta estabilidad, algunas Constituciones determinan normas de intangibilidad, las llamadas cláusulas de eternidad, así, por ejemplo, el ya citado artículo 79.3 de la Ley Fundamental para la República de Alemania. Con esto se protegen, en primer lugar, elementos nucleares de la esencia del Estado, es decir, conceptos como república, democracia, vigencia de las garantías constitucionales; en Alemania, también son protegidos de esta manera la estructura estatal federal y la funda-

mentación en los derechos humanos, que tienen validez jurídico constitucional, todos sin excepción, como *rocher de bronze*. Tales declaraciones intocables no quedan, sin embargo, exentas de riesgo; éstas pueden representar ataduras para el legislador en orden a modificaciones constitucionales ante el transcurso del tiempo. En cierto modo, se tienen que referir, pues, solamente a "valores eternos", sobre los que hay un consentimiento general.

La estabilidad de una Constitución, por lo demás, no puede ser tomada como inflexible. Una Constitución tiene que ser también idónea respecto al futuro. Tiene que poder ser modificada si se distancia de la *volonté générale* y sólo cuando se perciba como entumecida. Con esto abordamos un problema complejo del desarrollo constitucional. Problema que se resuelve mejor en los Estados con una jurisdicción constitucional fuerte, ya que un Tribunal Constitucional consigue abrir vías de interpretación con facilidad, sin exámenes escépticos y sin conllevar complejos procesos políticos de reforma por los órganos parlamentarios.

3. La Constitución debe conformar unidad. Tal posibilidad no está pensada en el sentido de unidad nacional, hecho que ha ofrecido un impulso para el constitucionalismo en la mayoría de los países, sino también en un sentido de reactivación. Las resoluciones emanadas de la Constitución deben ser parte del consenso político que conlleva la Nación. En este sentido, el profesor alemán de Derecho político Rudolf Smend, ha atribuido a la Constitución el cometido de "integración" del pueblo. Esta integración se prueba al exterior a través de algunas ceremonias de tipo político, por ejemplo, la fiesta nacional o en otras ocasiones estatales especiales, las banderas, discursos conmemorativos, las elecciones, los debates parlamentarios importantes y similares. La Constitución cumple, por tanto, una función importante a efectos de la reconciliación de las fuerzas políticas y sociales, sobre todo para asegurar la paz en el interior. Para este cometido han establecido la mayoría de las nuevas Constituciones objetivos estatales y ciertos fines, por un lado, de naturaleza general, como la integridad estatal, mejoras sociales o justicia social, o por otro lado, a través de artículos específicos, como, por ejemplo, en la Ley Fundamental para la República Federal de Alemania hasta 1990, para el restablecimiento de la unidad alemana en libertad. Junto a la determinación de los fines del Estado se promueve la integración de las normas de derechos fundamentales y normas obligatorias fundamentales. Estas contienen los principios directrices

nacionales y las decisiones valorativas fundamentales para las relaciones de los ciudadanos con el Estado. Asimismo, encarnan la más importante validez del sistema cultural y de valores.

4. Junto a estas tres funciones constitucionales no puede olvidarse otra función de la Constitución, tan importante hoy como en la fase de comienzo del constitucionalismo; la de delimitar jurídicamente el poder y hacerlo controlable. Esta función moldea el Estado de poder en el Estado de Derecho y el Estado constitucional. Este objetivo sirve a la libertad, a la seguridad jurídica que se manifiesta en la garantía de los derechos fundamentales, así como a la división del poder del Estado manifestada en la separación de poderes; y desde la Segunda Guerra mundial, al establecimiento de la jurisdicción constitucional. Los derechos fundamentales y el equilibrio de poderes son expresión de la parte más antigua de la Constitución en esta tríada. Se puede llegar a buscar sus orígenes hasta los inicios de la historia del Estado y de la teoría constitucional, lo que se debe volver a explicar aquí. En este sentido, basta recordar el ya citado artículo 16 de la Declaración Francesa de los Derechos del Hombre y del Ciudadano de 26 de agosto de 1789.

Ya en el siglo XIX se revela que esa protección no era suficiente para garantizar la Constitución como ordenamiento jurídico fundamental del Estado. Para imponer la soberanía de la Constitución se requería de un "guardián de la Constitución" especial. Tenía que ser establecida la *legitimité juridique* antes de la *souveraineté politique*. En el conocido número 78 del *Federalist Papers*, Alexander Hamilton puso de relieve por qué debía haber un guardián judicial de la Constitución. Esa cuestión era para él una obra de *nature and reason of the thing*. Antes que él, había pensado de modo similar el juez inglés Sir E. Coke, aunque no se pudo llevar a cabo en Gran Bretaña. Sin embargo, en los Estados Unidos de Norteamérica en 1803 la *Supreme Court*, en la célebre resolución *Marbury versus Madison*, mentaría el hecho de la supremacía constitucional y con ello su impulso. Así se lograría que todo acto del Estado, también los del Legislativo, tuvieran que ser medidos conforme a la Constitución y que, al contravenir la Constitución, no fuesen válidos. Tal concepción se ha impuesto con los Tribunales Constitucionales décadas después. En cada país ha habido un proceso diferente, pero hoy se considera un patrimonio general. La jurisdicción constitucional ha sido la coronación del Estado de Derecho. El Tribunal Constitucional se ha constituido en el verdadero guardián de la Constitución. Después de largas disputas de muchos siglos entre Derecho y Política la balanza se ha inclinado a favor del Derecho. El Tribunal Constitucional ha sido, por eso mismo, y gracias a su función de guardián de la Constitución, factor de integración en el Estado. Bien se puede afirmar: "dime tu opinión de la jurisdicción constitucional, y te diré qué concepto de la Constitución tienes" (W. Kägi).

IV.

Resumiendo: el constitucionalismo moderno ha dado por resultado, en los últimos 250 años y en la mayoría de los Estados del mundo, paso a paso, a los Estados constitucionales. Es un movimiento global del que no puede sustraerse ya la comunidad estatal, como uno puede observar en todas partes. Continuamente, donde han sido derrocadas las dictaduras o los regímenes totalitarios, el hombre ha hecho valer los postulados jurídico-constitucionales. Particularmente, esto sucedió en los países del antes llamado bloque oriental, que con el establecimiento de nuevas Constituciones han hecho realidad los principios que he expuesto en mi conferencia. Además, pudieron tomar como modelo muchas Constituciones de las que tras 1945 habían surgido en el oeste. No tuvieron que idear nada nuevo, sino que podían dar desarrollo a las ideas trasmitidas. En este sentido podemos registrar una progresiva homogeneidad constitucional en Europa. Sin embargo, también fuera de Europa y en el continente americano ha encontrado su lugar la Constitución moderna. Aquí tenemos que destacar a Japón, que tiene desde 1946 una nueva Constitución, cuya interpretación se distancia de forma creciente de pautas americanas y retorna a las raíces alemanas de la antigua Constitución *Meiji* de 1889. La Constitución Federal de la Confederación Helvética, que ha entrado en vigor en enero de 2000, es el hijo más joven del nuevo movimiento constitucional. Para muchos puede haber comenzado por tanto la "hora mundial de los Estados Constitucionales" (Peter Häberle). Pero seamos sinceros: hay aún mucho que hacer, hasta que triunfe en todas partes la Constitución.

Made in the USA
Middletown, DE
04 November 2026

36541627R10104